Winston H. Elphick D.

EL GRAN TORBELLINAZGO

¿Quieres ser espectador o actor del nacimiento de una nueva galaxia en el liderazgo global?

Winston H. Elphick D.

Winston H. Elphick D.

EL GRAN TORBELLINAZGO

¿Quieres ser espectador o actor del nacimiento

de una nueva galaxia en el liderazgo global?

Copyright © Decamino Editores

Copyright © Diciembre 2024 por Winston H. Elphick Debia

Distribuye Biblioteca AMAZON

Impreso en EE-UU. Columbia SC 2025

Los derechos de esta obra son reservados. Este libro no puede ser reproducido o transmitido de cualquier forma o por cualquier medio, electrónico o mecánico, incluyendo fotocopia, grabación, o por cualquier sistema de almacenamiento y recuperación, sin permiso escrito del propietario del copyright.

Se permite con total agrado de parte del autor, la reproducción del contenido de este libro en forma parcial, citando la fuente.

Winston H. Elphick D.

EL GRAN TORBELLINAZGO

¿Quieres ser espectador o actor del nacimiento

de una nueva galaxia en el liderazgo global?

Copyright © Decamino Editores

Copyright © Diciembre 2024 por Winston H. Elphick Debia

Distribuye Biblioteca AMAZON

Impreso en EE-UU. Columbia SC 2025

Los derechos de esta obra son reservados. Este libro no puede ser reproducido o transmitido de cualquier forma o por cualquier medio, electrónico o mecánico, incluyendo fotocopia, grabación, o por cualquier sistema de almacenamiento y recuperación, sin permiso escrito del propietario del copyright.

Se permite con total agrado de parte del autor, la reproducción del contenido de este libro en forma parcial, citando la fuente.

EL GRAN TORBELLINAZGO

¿Quieres ser espectador o actor del nacimiento de una nueva galaxia en el liderazgo global?

Winston H. Elphick D.

DEDICATORIA

A Verónica.
Compañera incondicional de una ruta de 40 años,
educadora de mis debilidades,
crítica sabia del Líder Torbellino que habita en mí
y eterna amante que inspira mi camino.
Por ser brújula en los momentos de duda,
ancla en las tormentas,
y viento que impulsa mis sueños.
Tu presencia ilumina cada paso,
recordándome que, incluso en el torbellino más feroz,
el amor y la complicidad siempre serán nuestro hogar.

Índice

Introducción. Para quienes desean ser actores en el nacimiento de la nueva galaxia del liderazgo global

Capítulo 1. Bases y expresiones del Gran Torbellinazgo
1. ¿Quieres contestar un test sobre las bases y expresiones del Gran Torbellinazgo?
2. El Gran Torbellinazgo, su esencia, sus raíces, su nacimiento e impacto
2.1 Una inesperada explosión, el Gran Torbellinazgo
2.2 Surgimiento de un nuevo sentimiento mundial
3. Los ámbitos de su actividad
3.1 La forma de operar a nivel personal
3.2 La forma de operar a nivel organizacional
3.3 La forma de operar a nivel social y global
4. El Gran Torbellinazgo y su irrupción en la política "formal"
5. Elementos que componen el Liderazgo Torbellino
5.1 Carisma, imantación y movimiento, el poder de atraer y enviar del Liderazgo Torbellino
5.1.1 Esa seductora Imantación
5.1.2 Características clave de Líder Torbellino
5.2 La velocidad como ventaja competitiva del Liderazgo Torbellino
5.2.1 Características clave de la velocidad como ventaja competitiva
5.2.2 Casos de mal uso de la velocidad como ventaja competitiva
5.3 La comunicación disruptiva y directa del Liderazgo Torbellino
5.3.1 Características clave de la comunicación disruptiva
5.4 Narrativa como poder que inspira en forma extrema
5.4.1 Relación entre la comunicación disruptiva y la narrativa como herramienta de poder
5.4.2 Relación entre la comunicación disruptiva, la narrativa y las mentiras de grandes Líderes y sus *"Fake News"*
5.4.3 Ejemplos en la práctica de comunicación disruptiva, la narrativa y las mentiras

Capítulo 2. El magnetismo del Liderazgo Torbellino y la polarización
1. ¿Quieres responder un test para ver cómo te impacta el magnetismo del Liderazgo Torbellino y la polarización?
2. Redes sociales, comunicación estratégica e impacto social
3. Estrategias para atraer seguidores y generar un "Movimiento"
4. Riesgos de la polarización en política, equipos y organizaciones

5. ¿Por qué la gente respalda este Liderazgo Torbellino?
6. ¿De qué se vale un líder populista para obtener el apoyo de la gente?
7. Impacto del Gran Torbellinazgo en el liderazgo actual
8. Mirada crítica: El riesgo del Liderazgo Torbellino, su caudillismo y la fragilidad institucional
9. ¿Son necesarias las ideologías y los partidos políticos para la sociedad?
10. Diez tips del rechazo del Liderazgo Torbellino a las ideologías y los partidos políticos
10.1 Un ejemplo de políticos anti políticos y su Liderazgo Torbellino
11. Diez tips sobre el valor de las ideologías en el desarrollo social

Capítulo 3: El Gran Torbellinazgo, implicancias para la organización de hoy

1. ¿Quieres contestar un test para ver cómo manejas el Gran Torbellinazgo en tu organización?
2. Características, causas y efectos del Gran Torbellinazgo en expansión
2.1 Características de un Torbellino Organizacional
2.2 Causas comunes de un Torbellino Organizacional
2.3 Efectos del Torbellino Organizacional
3. ¿Qué tipo de liderazgos surgen hoy en las empresas y en las organizaciones similares al de Trump, Milei, Bukele, Musk?
4. ¿Liderazgo organizacional versus Marca Personal?
4.1 Construcción, gestión e influencia de la marca personal en el contexto del Gran Torbellinazgo
4.2 La seducción de que la marca personal supere a la marca organizacional
5. Los riesgos del Gran Torbellinazgo en la organización
5.1 La muerte de la Comunidad Laboral
5.2 Verticalización y el regreso a la Pirámide
5.3 La asfixia del diálogo y la vida comunitaria
5.4 El impacto en la cultura organizacional y social
5.4.1 La creación de lealtades y polarización
5.4.2 Consecuencias en el bienestar personal y la cohesión social
5.4.3 Innovación versus desgaste: el dilema del Gran Torbellinazgo
6. Aprender y gestionar en la disrupción sin perder la humanidad
6.1 La responsabilidad de los Líderes y la necesidad de un liderazgo equilibrado
7. Algunas reflexiones para CEOs y líderes organizacionales
7.1 Priorizar la Misión sobre el Ego personal
7.2 Comunicar con propósito y consistencia
7.3 Fomentar una cultura comunitaria en la comunidad laboral
7.4 Gestionar la influencia con responsabilidad

8. Tips prácticos para liderar en la era del Gran Torbellinazgo
9. Sintetizando, lo bueno y lo malo del Liderazgo Torbellino

Capítulo 4: El Gran Torbellinazgo y el futuro del liderazgo organizacional

1. ¿Quieres responder un test para medir tu percepción del Gran Torbellinazgo y el futuro del liderazgo organizacional?
2. ¿Un maridaje peligroso entre el Liderazgo Disruptivo y el Liderazgo Torbellino?
3. ¿Hacia dónde van el Liderazgo Disruptivo y el Liderazgo Torbellino?
4. La prospectiva y el Liderazgo Torbellino en empresas, gobiernos y comunidades
5. La responsabilidad de los líderes de cara al futuro
5.1 El equilibrio entre disrupción y sostenibilidad
5.2 Mixtura entre los principios del Liderazgo Humanista y el Disruptivo Sostenible
5.3 Mixtura entre el Liderazgo Torbellino y el Liderazgo humanizador del futuro
6. Aplicación del "Memento Mori" al Gran Torbellinazgo
6.1 Memento Mori como contención del poder del Liderazgo Torbellino
6.2 Lecciones del "Memento Mori" para el Gran Torbellinazgo
7. ¿Tiene futuro el Gran Torbellinazgo y su Liderazgo Torbellino?
7.1 El ser humano, creador de infiernos y paraísos
7.2 ¿El Liderazgo Torbellino, creador de infiernos o paraísos?
8. Liderar considerando y auto reconociendo la ambivalencia humana
9. El Gran Torbellinazgo y su Liderazgo Torbellino (bajo condicionalidad)

Capítulo 5: Historias del Gran Torbellinazgo en la organización

1. Siete reseñas de ejecutivos y empresarios a propósito del Gran Torbellinazgo en la organización
2. Ocho historias noveladas a propósito del Gran Torbellinazgo en la organización
3. Metaevaluación del Capítulo 5: Historias del Gran Torbellinazgo en mi organización (interna).
Palabras de despedida: Vamos, la nueva galaxia organizacional no(s) espera.
Sobre el Autor.

Presentación

Para quienes desean ser actores en el nacimiento de la nueva galaxia del liderazgo global

¿Le resuenan estos nombres? Richard Branson, Jack Ma, Marc Benioff, Peter Thiel, Reed Hastings, Travis Kalanick.

Son lideres organizacionales de renombre mundial que han revolucionado la forma de concebir la empresa.

¿Y qué podría decir de estos otros nombres? Donald Trump, Recep Tayyip Erdoğan, Narendra Modi, Rodrigo Duterte, Nayib Bukele, Nicolás Maduro, Jair Bolsonaro, Marine Le Pen, Giorgia Meloni, Santiago Abascal, Matteo Salvini, José Antonio Kast, Javier Milei.

Todos ellos son líderes globales que encarnan una nueva forma de entender y operar en la esfera política.

Este libro busca explorar por qué estos líderes han adquirido tanto protagonismo en el mundo contemporáneo, donde el liderazgo atraviesa una transformación nunca vista, en gran parte debido a la globalización, el cambio constante, la disrupción tecnológica, un entorno de incertidumbre, pérdida de confianza en los liderazgos, escepticismo, turbulencias sociales, políticas, religiosas.

En este marco surge el Gran Torbellinazgo, como una fuerza que desafía las normas tradicionales, reorganiza estructuras y redefine la gestión organizacional y social para realizar los cambios que "la ineficiencia del sistema y sus burócratas" los provocaron y no fueron capaz de solucionarlos. Se convierte así en la expansión de una nueva y poderosa "galaxia organizacional", del liderazgo global y una creativa alternativa de gestión para empresas y organizaciones.

Al igual que las fuerzas gravitacionales del cosmos que actúan como un centro de atracción y caos, el Gran Torbellinazgo reúne energía y materia para formar estructuras influyentes, con líderes dotados de un carisma que busca organizar el entorno, desde un centro de influencia y gravedad disruptiva, para movilizar multitudes, desde nuevas dinámicas organizacionales y sociales.

El liderazgo, a lo largo de la historia, ha reflejado las necesidades y desafíos de cada época. Hoy, más que nunca, se redefine a través de la capacidad de conectar emocionalmente, influir y proyectar una imagen de cambio tangible. Figuras como las anteriormente nombradas, ejemplifican esta tendencia: su autenticidad, carisma y desafío a las estructuras establecidas han captado la atención global, redefiniendo lo que significa liderar y gestionar, destruyendo a antiguas "estrellas" y creando nuevas.

El nombrar a este fenómeno como el "Gran Torbellinazgo" sugiere un impacto intempestivo, una connotación abrupta, una irrupción o choque fuerte. Es el golpe de un gran cambio o una sacudida producida por un torbellino organizacional, ese estado de cambio intenso y rápido dentro de una organización, caracterizado por dinámicas caóticas que desafían la estabilidad y requieren adaptaciones constantes para enfrentar nuevas circunstancias y nuevas estrategias de mejora.

Un "Torbellino" evoca una imagen de fuerza intensa, movimiento rápido y agitación incontrolable. Sugiere una energía que se despliega de manera caótica, arrastrando todo a su paso, y que puede ser tanto destructiva como transformadora. En el plano emocional o metafórico, un torbellino puede representar situaciones de gran confusión, cambios vertiginosos, pasiones intensas o crisis repentinas.

También puede simbolizar la irrupción de algo nuevo que desafía el orden existente, generando movimiento, transformación y una energía poderosa que arrastra todo a su paso, resonando con la imagen de líderes disruptivos y carismáticos, que son capaces de apurar e instalar procesos de mejora, dinamismo, renovación y la necesidad de adaptación ante lo imprevisto… es el inicio de estos tiempos nuevos.

Este liderazgo imanta a multitudes, rompe equilibrios, sacude, impulsa y transforma de manera dinámica el entorno donde surge. El sufijo "azgo" define el fenómeno como una cualidad, acción o efecto prolongado, pues esto no es una moda, llegó para quedarse.

El Gran Torbellinazgo, se podría relacionar con varios términos similares: "Gerentazgo" como rol o función de un directivo; Virreinazgo, referido al cargo o jurisdicción del virrey, pero siendo en realidad un "reyecito" en contextos coloniales; Caudillazgo, como el liderazgo ejercido por un caudillo, a menudo con connotaciones de mando militar o político carismático; Vasallazgo en relación al estado o condición de vasallo en un contexto feudal o de dependencia hacia un amo o señor.

¿No podríamos relacionarlo con un nuevo y emergente "Adelantazgo", que evoca la idea de liderar el camino hacia nuevos horizontes, con un sentido de cambio y progreso; ideal para describir a líderes que buscan innovar y transformar rápidamente. El "Adelantazgo" fue una institución importante durante la colonización española, siendo el cargo de "adelantado", un título otorgado por la Corona de Castilla a ciertos conquistadores y exploradores que tenían la responsabilidad de liderar expediciones en forma agresiva y creativa, colonizar y gobernar nuevos territorios "salvajes" en nombre del rey.

Podríamos haberlo llamado también como "Liderazgo Relámpago" que representa velocidad, impacto instantáneo y decisiones rápidas que sorprenden y generan cambios inmediatos o bien "Liderazgo Tsunami", que alude a un tipo de liderazgo que arrasa, cambia el panorama y provoca transformaciones profundas y muchas veces inesperadas. ¿Por qué no podría ser un "Liderazgo Alfa"? que enfatiza la posición dominante, el control y la capacidad de influir y atraer seguidores con fuerza y carisma.

Si es por imaginar nombres, este liderazgo se podría llamar "Liderazgo Revolución", que busca re-iniciarlo todo; o "Liderazgo Tormenta", que irrumpe de pronto y revuelve todo; o "Liderazgo Volcán", una explosión que emerge con fuerza, pasión y provoca cambios intensos; o "Liderazgo Magneto", una fuerza que atrae y también rechaza; o "Liderazgo Chispa" ese que comienza pequeño, pero enciende grandes cambios e "incendios" transformadores; o "Liderazgo Pulso", uno que transmite energía constante, marca el ritmo y genera un movimiento imparable.

El Gran Torbellinazgo, técnicamente, lo podríamos vincular con un estilo de "Liderazgo Catalizador Disruptivo" cercano a un nuevo estilo de liderazgo innovador pero agresivo, disruptivo pero transformador y comprometido con el bienestar y quejas de las comunidades (paz, seguridad, narcos, fronteras, salud, trabajo, educación), buscando el cambio positivo y la justicia social y alejado del orden establecido y las prácticas, estructuras políticas y sociales tradicionales, reflejando su capacidad para ser un agente de cambio rápido y radical, como un catalizador en una reacción química.

Todos los liderazgos mencionados anteriormente, los hemos querido integrar en el concepto de "Liderazgo Torbellino", el nuevo, el emergente que se sustenta con el poder del impacto y la ruptura, que lidera con influencia, carisma y estrategia, rapidez y cambio, que nace desde el parto de la galaxia del Gran Torbellinazgo y capta la esencia de un liderazgo que irrumpe con fuerza y remueve el entorno, creando tanto oportunidades como amenazas.

Este tipo de liderazgo redefine el entorno, reorganizando sistemas, jerarquías y conexiones de manera rápida y a veces caótica, tal como lo hace una galaxia que evoluciona a partir del colapso y la agregación de materia. Así como una galaxia logra equilibrio y cohesión con el tiempo, ¿podría el Gran Torbellinazgo encontrar su punto de equilibrio y desarrollarse con reales proyecciones? ¿Podría transformar a la organización en un espacio dinámico, resiliente y capaz de adaptarse? ¿Logrará consolidar procesos en la organización, mientras que un exceso de energía descontrolada podría desestabilizarlo y auto destruirlo? ¿Tendrá la capacidad para reorganizar y catalizar el cambio, manteniendo siempre el riesgo de desintegración si la energía no se canaliza de manera adecuada?

Estas páginas te invitan a que exploremos esta transformación innovadora y sin precedentes, junto con el desafío de responder parte de estas interrogantes, desde su definición inicial, profundizando en las bases, expresiones y condiciones que han dado lugar a esta fuerza. A través de dedicados capítulos, examinaremos como opera a nivel personal, organizacional, social y global. Estudiaremos como irrumpe en la política formal, desafiando estructuras, ideologías y tradiciones y como también lo hace en procesos productivos y de gestión en las empresas y organizaciones en general.

Este libro está dividido en cuatro capítulos que abordan distintos aspectos del fenómeno de la nueva galaxia del Gran Torbellinazgo, desde sus elementos constituyentes más destacados, hasta su impacto en la cultura organizacional, definiendo y analizando sus orígenes, características, impacto y riesgos. A través de relatos reales, reflexiones profundas y comparaciones con otros estilos de liderazgo exploraremos como esta forma de liderar ha transformado tanto a empresas como a sociedades.

Su lectura busca proporcionar reflexiones y herramientas para comprender los peligros y las oportunidades que este fenómeno significa para quienes lideran organizaciones sean empresas productivas, de servicios, religiosas, políticas o de fines sociales.

También analizaremos casos de éxito y fracaso, mostrando a los "Embajadores" del Gran Torbellinazgo, líderes políticos y empresarios que han transformado sus industrias y sociedades, llevándolas al éxito gerencial y social sin restricciones.

El Gran Torbellinazgo no solo invita a la admiración; también exige reflexión que le sugerimos en estas páginas, en ellas veremos temas esenciales como ¿Por qué convoca a multitudes y arrasa en circunstancias nunca vistas? ¿Qué tienen estos nuevos líderes que logran seguidores apasionados e incondicionales? ¿Por qué se hacen sus seguidores? ¿Qué define el Liderazgo Torbellino? ¿Es posible liderar con fuerza y disrupción sin sacrificar a las personas? ¿Hasta qué punto es sostenible? ¿Podemos aplicar sus principios en la organización? ¿Qué debemos resguardar y proteger frente a este liderazgo emergente? Finalmente ¿Es viable? ¿O es una nueva "pantomima organizacional", un despliegue de gestos y discursos vacíos que aparentan acción y compromiso, pero carecen de sustancia y verdadero impacto en la cultura y el propósito de la organización?

Estas y otras preguntas guiarán un recorrido donde el liderazgo se redefine cada día y usted no puede ser indiferente a esto, porque el liderazgo del mañana no solo se definirá por la fuerza del cambio de hoy, sino por como equilibramos ese cambio con el bienestar que deseamos a futuro.

Vamos, que la galaxia organizacional crece debido a la expansión del complejo universo social, impulsada por la energía oscura, esta fuerza misteriosa que actúa de manera antigravitacional, y anti statu quo. Teniendo en vista este universo social, focalicemos en una galaxia y sus subsistemas, componentes que pueden desplazarse y reconfigurarse, focalicemos en el subsistema organizacional… ¡Vamos, es el momento, que se acaba el tiempo y esto está explotando y expandiéndose por todos lados!

El Autor

Capítulo 1

Bases y expresiones del Gran Torbellinazgo

Winston H. Elphick D.

Presentación Capítulo 1

El primer capítulo de este libro ofrece una visión integral sobre las raíces y manifestaciones del Gran Torbellinazgo. Comienza definiendo a esta fuerza que moviliza personas y sistemas con un poder intenso. Luego, explora las condiciones y el sustrato que permiten su surgimiento, incluyendo explosiones de situaciones y el desarrollo de un sentimiento global que lo impulsa.

El capítulo detalla los niveles en los que el Gran Torbellinazgo opera, desde el ámbito personal, organizacional, hasta su impacto social y global, mostrando como puede influir desde pequeños grupos hasta sociedades, países y continentes enteros. Se analiza su irrupción en la política formal, evidenciando su capacidad para redefinir estructuras tradicionales.

El enfoque se amplía para desglosar los elementos que componen el Liderazgo Torbellino, como el carisma, la atracción magnética y el poder del movimiento. También se aborda su velocidad como ventaja competitiva, con ejemplos tanto de su uso constructivo como de riesgos asociados.

Finalmente, el capítulo profundiza en la comunicación disruptiva, las narrativas polarizadoras y su potencial para inspirar, engañar o manipular, ofreciendo ejemplos prácticos de como estas herramientas han sido utilizadas por líderes para movilizar masas y transformar su entorno.

1. ¿Quieres contestar un test sobre las bases y expresiones del Gran Torbellinazgo?

Test: Bases y expresiones del Gran Torbellinazgo

Este test está diseñado para explorar tu conocimiento y percepción sobre el Gran Torbellinazgo, desde sus raíces y elementos clave hasta su impacto en los diferentes niveles y su manifestación en el liderazgo.

Te pido que lo puedas responder, te aseguro que te servirá.

En cada pregunta selecciona una de las dos opciones (A/B) que mejor refleje tu entendimiento o perspectiva. Anota el número de la pregunta y letra elegida, luego las deberás contar.

1. ¿Cómo percibes el nacimiento del Gran Torbellinazgo?
A) Como un fenómeno complejo impulsado por crisis, cambios y la necesidad de renovación.
B) Como una moda temporal que genera caos sin un impacto duradero.

2. ¿Cuáles crees que son las condiciones que propician el surgimiento del Gran Torbellinazgo?
A) Factores como crisis globales, disrupción tecnológica y movimientos sociales convergentes.
B) La necesidad de líderes carismáticos y oportunistas que aprovechan el descontento social.

2.1 Una inesperada explosión, el Gran Torbellinazgo
Pregunta: ¿Qué tan importante consideras que es la confluencia de múltiples eventos críticos en el surgimiento del Gran Torbellinazgo?
A) Fundamental; es la chispa que da inicio al fenómeno.
B) Menos relevante; es más cuestión de individuos que del contexto social.

2.2 Surgimiento de un nuevo sentimiento mundial
Pregunta: ¿Crees que el Gran Torbellinazgo refleja un cambio cultural profundo a nivel global?
A) Sí, representa una transformación en como la sociedad percibe el liderazgo.
B) No necesariamente, es más una reacción momentánea referida a personas puntuales.

3. Los ámbitos de su actividad
Pregunta: ¿En qué nivel consideras que el Gran Torbellinazgo tiene mayor impacto?
A) A nivel social y global, movilizando grandes masas.
B) A nivel personal y organizacional, transformando la gestión de manera concreta.

3.1 La forma de operar a nivel personal
Pregunta: ¿Cómo afecta el Gran Torbellinazgo a los líderes individuales?
A) Los impulsa a desafiar normas y asumir riesgos para el cambio.
B) Puede fomentar comportamientos impulsivos y destructivos.

3.2 La forma de operar a nivel organizacional
Pregunta: ¿Qué impacto tiene en las organizaciones?
A) Las fuerza a innovar y a adaptarse rápidamente.
B) Puede correr el riesgo de desestabilizarlas con cambios constantes.

3.3 La forma de operar a nivel social y global
Pregunta: ¿Cómo ves su influencia a nivel social?
A) Como una fuerza de movilización y transformación.
B) Como una fuente de división y polarización.

4. El Gran Torbellinazgo y su irrupción en la política "formal"

Pregunta: ¿Consideras que su impacto en la política formal es positivo?
A) Sí, aporta frescura y desafía las estructuras tradicionales.
B) No, tiende a crear inestabilidad y divisiones profundas.

5. Elementos que componen el Liderazgo Torbellino

Pregunta: ¿Qué aspecto del liderazgo torbellino consideras más relevante?
A) Su carisma y poder de atracción.
B) Su capacidad de comunicación disruptiva.

5.1 Carisma, imantación y movimiento

Pregunta: ¿Qué importancia tiene el carisma en este tipo de liderazgo?
A) Es clave para atraer y movilizar seguidores.
B) Puede ser superficial si no se acompaña de resultados.

5.2 La velocidad como ventaja competitiva del Liderazgo Torbellino

Pregunta: ¿La velocidad siempre es positiva?
A) Sí, permite adelantarse y ser más competitivo.
B) No, puede generar decisiones erróneas y caos.

5.3 La comunicación disruptiva y directa del Liderazgo Torbellino

Pregunta: ¿Cómo ves el uso de la comunicación disruptiva?
A) Es efectiva para captar la atención y movilizar.
B) Puede ser peligrosa si polariza o distorsiona la verdad.

5.4 Narrativa como poder que inspira

Pregunta: ¿Qué papel juega la narrativa en este liderazgo?
A) Es una herramienta poderosa para inspirar y unificar.
B) Puede ser usada para manipular o polarizar.

Tabla de Corrección y Niveles de Puntajes del Test sobre el Gran Torbellinazgo

A continuación, se presenta una tabla de corrección y una clasificación creativa de los niveles de puntajes para evaluar tu percepción sobre el Gran Torbellinazgo.

Se asignarán puntos por cada respuesta seleccionada y se determinará el nivel alcanzado.

Puntajes:
- Respuesta A = 2 puntos
- Respuesta B = 1 punto

Corrección del Test

Pregunta	Respuesta	Puntaje
1. ¿Cómo percibes el nacimiento del Gran Torbellinazgo?	A/B	2 / 1
2. Condiciones que propician su surgimiento	A/B	2 / 1
2.1 Explosión de situaciones, momentos, hechos	A/B	2 / 1
2.2 Surgimiento de un nuevo sentimiento mundial	A/B	2 / 1
3. Ámbitos de actividad	A/B	2 / 1
3.1 Operar a nivel personal	A/B	2 / 1
3.2 Operar a nivel organizacional	A/B	2 / 1
3.3 Operar a nivel social y global	A/B	2 / 1
4. Irrupción en la política "formal"	A/B	2 / 1

Pregunta	Respuesta	Puntaje
5. Elementos del Liderazgo Torbellino	A/B	2 / 1
5.1 Carisma e imantación	A/B	2 / 1
5.2 Velocidad como ventaja	A/B	2 / 1
5.3 Comunicación disruptiva	A/B	2 / 1
5.4 Narrativa y poder inspirador	A/B	2 / 1

Total máximo de puntos: 28

Niveles de Puntajes y Clasificación Creativa:

Puntaje Obtenido	Nivel	Porcentaje (%)
24 - 28	Torbellino Supremo	86% - 100%
18 - 23	Agitador Estratégico	65% - 85%
12 - 17	Disruptor Prudente	43% - 64%
6 - 11	Moderador Cauteloso	22% - 42%
0 - 5	Tradicionalista Resistente	0% - 21%

Interpretación de los Resultados

- **Torbellino Supremo (24 - 28 puntos)**
  Llegaste plenamente el espíritu del Gran Torbellinazgo y comprendes cómo canalizar su energía de manera eficaz para generar cambios profundos y duraderos. Eres un verdadero maestro del Gran Torbellinazgo, capaz de canalizar su fuerza disruptiva para inspirar, movilizar y transformar sin perder el equilibrio (a veces)... ¿100% te la juegas por esto?

- **Agitador Estratégico (18 - 23 puntos)**
  Sabes cuándo aprovechar el liderazgo torbellino y cuándo moderarlo, equilibrando el caos y la estabilidad de forma estratégica.
  Posees un enfoque equilibrado del liderazgo torbellino; reconoces su potencial transformador, pero también sus riesgos y límites.

- **Disruptor Prudente (12 - 17 puntos)**
  Ves el valor de la disrupción, pero prefieres moverte con cautela para no perder de vista el impacto a largo plazo.
  Te sientes cómodo/a con la disrupción, pero prefieres mantener ciertas estructuras y controlar el impacto de los cambios.

- **Moderador Cauteloso (6 - 11 puntos)**
  Tiendes a preferir el equilibrio y la estabilidad, manteniendo un enfoque crítico sobre la disrupción.
  Eres escéptico/a frente al Gran Torbellinazgo, prefiriendo evitar el caos y los extremos, aunque te reconoces dispuesto/a a aceptar el cambio moderado.

- **Tradicionalista Resistente (0 - 5 puntos)**
  Valoras el orden tradicional y eres escéptico/a frente al Gran Torbellinazgo, priorizando estructuras y procesos predecibles.
  Prefieres preservar el orden y las estructuras existentes, viendo al Gran Torbellinazgo como una amenaza a la estabilidad...

¿No te gustaría "chasconearte" un poco? ¿O ya no tienes un pelo de torbellino?

Tu Meta Evaluación del Test: Bases y expresiones del Gran Torbellinazgo

El llamado está en "meta" evaluarte. El término "meta" proviene del griego que significa "más allá", "después" o "sobre". En el contexto de conceptos como "metaevaluación" o "metacognición", se utiliza para indicar un nivel superior de análisis, reflexión o control sobre un proceso específico. Por ejemplo, "metacognición" se refiere a pensar sobre el propio proceso de pensamiento, y "metaevaluación" a evaluar la propia evaluación. En general, "meta" denota algo que trasciende, examina o se posiciona por encima del concepto o proceso al que hace referencia.

Una metaevaluación es un proceso de evaluación sobre el propio proceso evaluativo; es decir, consiste en analizar y valorar la calidad, la utilidad, y la efectividad de una evaluación que se ha realizado. Su propósito es garantizar que la evaluación sea precisa, justa, y genere resultados útiles, reflexionando sobre su metodología, criterios, coherencia, y resultados. En esencia, permite identificar áreas de mejora, detectar posibles sesgos y fortalecer futuros procesos evaluativos, asegurando que cumplan con sus objetivos de manera efectiva.

La metaevaluación del test "Bases y Expresiones del Gran Torbellinazgo" te ofrece un análisis sobre tu comprensión y manejo de este fenómeno transformador y disruptivo. A través de tus respuestas, se revela cómo percibes y actúas frente al surgimiento y expansión del Gran Torbellinazgo, desde su impacto en la organización y la sociedad hasta su influencia a nivel personal.

Si tu enfoque es altamente receptivo quieres abrazar el cambio, es probable que valores el potencial de este liderazgo para movilizar, desafiar estructuras y fomentar la innovación.

Si tu mirada profesional va en ese sentido, te llamo a un análisis, ten cuidado con el sesgo de gestión monocular. Busca reflexionar de manera equilibrada sobre tu percepción y manejo de este fenómeno, sin caer en el sesgo de sobrevalorarlo.

El Gran Torbellinazgo representa una fuerza disruptiva y transformadora, pero, como muestran tus respuestas, su impacto puede ser tanto constructivo como problemático. Si has mostrado una inclinación hacia aceptar su energía disruptiva, es importante reconocer las oportunidades de innovación, pero también los riesgos de desestabilización, polarización y pérdida de cohesión. Por otro lado, si tu enfoque ha sido más cauteloso, se resalta tu capacidad de mantener el orden y la estabilidad, aunque podrías perder oportunidades de cambio positivo.

La clave de esta metaevaluación es encontrar el equilibrio adecuado: ni glorificar el Gran Torbellinazgo como una solución universal ni rechazarlo como una fuerza únicamente desestabilizadora. Sin embargo, un enfoque demasiado disruptivo puede requerir equilibrio para evitar caos o polarización excesiva.

Si tus respuestas se inclinan hacia la moderación y cautela, reflejas un entendimiento de los riesgos asociados, como la fragmentación organizacional y la posible pérdida de cohesión, mostrando preferencia por la estabilidad y el orden.

Tu capacidad de liderar bajo este paradigma dependerá de cómo puedas integrar sus elementos, como el carisma, la comunicación disruptiva y la velocidad, con una gestión ética, inclusiva y orientada al largo plazo. Así, transformarás el potencial disruptivo en un cambio constructivo que beneficia tanto a tu organización como a la sociedad en general.

Esta metaevaluación busca destacar tus fortalezas, como la capacidad para actuar de manera estratégica, aprovechar el carisma o manejar la velocidad como ventaja competitiva, así como posibles áreas de mejora, como la necesidad de gestionar la polarización y la comunicación disruptiva. El análisis de tu perfil revela cómo puedes liderar de manera más efectiva y responsable, ¿Podrías transformar la energía del Gran Torbellinazgo en un motor para el cambio positivo, sostenible e inclusivo? Yo creo que sí.

2. El Gran Torbellinazgo, su esencia, sus raíces, su nacimiento e impacto

El liderazgo contemporáneo está experimentando un cambio de paradigma impulsado por figuras disruptivas y carismáticas tanto en el ámbito político como empresarial, cambios que irrumpen con fuerza, generan movimientos rápidos y poláriza al entorno, transformando las estructuras tradicionales. Este fenómeno lo representamos como un gran "Torbellino" que fluye en un movimiento circular y en espiral, creando una columna de rotación y cambio intensa, observable a grandes distancias.

Este fenómeno existe en la naturaleza de diversas formas, como en tornados, remolinos de agua o incluso en el viento que gira de manera caótica y rápida. Los torbellinos se caracterizan por su capacidad de arrastrar y absorber todo a su paso, debido a la fuerza centrípeta generada por la rotación. Su energía y su capacidad para girar rápidamente hacen que puedan ser tanto fascinantes como destructivos y aterradores.

La metáfora del "Torbellino" evoca la fuerza de un fenómeno que atrae, arrastra y transforma todo a su paso, creando un entorno en el que los actores sociales deben adaptarse rápidamente a los cambios, para bien o para mal.

Así como en un torbellino climático, interactúan diferentes factores que lo provocan, como masas de aire con temperaturas, presiones y humedades contrastantes, diferencia de presión y amplificación de energía, así también ocurre con un "torbellino social".

Existen condiciones que potencian y sustratos que alimentan al Gran Torbellinazgo, confirmando que pocas cosas son casuales en la vida humana. Casi todo tiene una causa y un efecto, entonces ¿Cuál es su causa? ¿Sobre qué sustratos ha madurado su semilla? ¿Qué provoca este hecho tan gravitante para el planeta y la vida de todos sus habitantes?

El Gran Torbellinazgo es previo al surgimiento del Liderazgo Torbellino y se hace visible mediante dos complejos acontecimientos:

- Una inesperada explosión
- El surgimiento de un nuevo sentimiento mundial

2.1 El Gran Torbellinazgo, una inesperada explosión

Este fenómeno se expresa en un acto explosivo, sorprendente, una acción disruptiva que surge desde la acumulación de insatisfacciones sociales y provoca un acto desafiante y rupturista contra las estructuras y sistemas preexistentes, sacudiendo profundamente el statu quo. Se manifiesta cuando una situación global o una crisis imprevista golpea de manera abrupta y brutal, dejando a la sociedad en un estado de agitación que exige una respuesta rápida y decisiva.

Son situaciones de crisis que actúan como catalizadores de cambios profundos y significativos como pandemias globales, como el COVID-19; protestas masivas, como los movimientos por la justicia social y los derechos humanos; avances tecnológicos disruptivos, que transforman los modelos de negocio y las interacciones humanas; o movimientos culturales que reconfiguran la manera en que las sociedades se comprenden a sí mismas y a los demás.

El Gran Torbellinazgo actúa como un catalizador de cambio profundo, poniendo de manifiesto las debilidades y fortalezas del sistema existente. Su naturaleza disruptiva genera una amplia gama de respuestas, desde actos de solidaridad, resiliencia y cooperación hasta reacciones de resistencia, miedo y violencia extrema. En algunos casos, este torbellino de transformación puede ser una oportunidad para un progreso significativo y una renovación del tejido social; en otros, puede llevar a un recrudecimiento de conflictos y divisiones. En última instancia, su impacto dependerá de la forma en que las sociedades y sus líderes gestionen el cambio, canalizando la energía disruptiva hacia la creación de un futuro más equitativo, inclusivo y sostenible.

Conclusión

La base y el sustrato del Gran Torbellinazgo son las malas condiciones de vida de los pueblos, violencia y enfermedades, insatisfacción, angustia, decepción de los liderazgo en ejercicio, incredulidad frente a las promesas de políticos tradicionales, la creación larvada de una fuerza insostenible, un volcán social, explosión, estallidos, surgimiento de un nuevo liderazgo (Torbellino), caudillismos, cambios radicales y raudos, ¿resultados? Ya lo dirá el tiempo.

Ejemplos del Gran Torbellinazgo explosión, situaciones, momentos, hechos

Pandemia de COVID-19

El COVID-19 se considera un Gran Torbellinazgo debido a su capacidad para provocar un cambio global rápido y disruptivo, transformando múltiples aspectos de la vida humana en poco tiempo. No solo fue una crisis sanitaria; su impacto abarcó lo social, económico, político y cultural, dejando huellas duraderas.

  a. **Transformación de las estructuras sociales y acentuación de liderazgos**

   La pandemia alteró las dinámicas de interacción social, con confinamientos, uso de mascarillas y distanciamiento, afectando la salud mental y las relaciones humanas. Se acentuaron liderazgos negativos, con gobiernos autoritarios que restringieron derechos civiles y populistas que minimizaron el virus, promoviendo teorías conspirativas y desinformación. El liderazgo negligente y polarizador exacerbó las divisiones sociales y la desconfianza hacia las medidas sanitarias, mientras que las respuestas centralizadas y burocráticas retrasaron acciones críticas.

b. Disrupción económica global

El COVID-19 generó una crisis económica sin precedentes, con la pérdida masiva de empleos, quiebras empresariales y caída del PIB. Las restricciones forzaron a muchas empresas a adaptarse al teletrabajo o cerrar, exacerbando desigualdades y transformando las economías.

c. Transformación del mundo laboral

El trabajo remoto y la digitalización se aceleraron, obligando a las organizaciones a cambiar sus estructuras operativas. Esto ha redefinido la manera de trabajar y gestionar recursos humanos, generando un torbellino de cambios aún vigentes.

d. Impacto en la salud pública y la movilización científica

Los sistemas de salud globales fueron sometidos a una presión extrema, evidenciando desigualdades y fallas. La respuesta incluyó avances rápidos, como el desarrollo de vacunas, pero también expuso problemas de infraestructura y acceso desigual a servicios.

e. Cambio en la dinámica política y geopolítica

La pandemia evidenció fortalezas y debilidades de los sistemas de gobernanza. Algunos países manejaron la crisis de manera coordinada, mientras que otros enfrentaron desinformación y conflictos. El COVID-19 reconfiguró relaciones internacionales y provocó competencia por recursos esenciales.

f. Desafío a la globalización

El cierre de fronteras y la interrupción del comercio llevaron a cuestionar la dependencia global de productos esenciales. Esto provocó tensiones por el acceso a vacunas, como el bloqueo en 2021 de 250.000 dosis en Italia destinadas a Australia.

g. Impacto psicológico y emocional

La pandemia desencadenó problemas de salud mental a gran

escala debido al confinamiento y la incertidumbre, resaltando la importancia del bienestar emocional.

Conclusiones

El COVID-19 fue un Gran Torbellinazgo que alteró estructuras sociales, económicas y políticas. Obligatorió a individuos, organizaciones y gobiernos a adaptarse en tiempo real, dejando un legado de disrupción que perdurará.

Caída del Muro de Berlín (1989)

Es un Gran Torbellinazgo porque simbolizó un cambio profundo, disruptivo y rápido que transformó la política, la sociedad y el orden mundial. Fue un evento que marcó el fin de la Guerra Fría, desmantelando la división ideológica, política y física que había separado a Europa en bloques comunistas y capitalistas durante décadas. Aquí hay algunas razones por las que este momento puede ser descrito como un Gran Torbellinazgo.

a. **Transformación global del orden político**
   La caída del muro puso fin al dominio soviético sobre Europa del Este y abrió el camino para la reunificación alemana y la democratización de países bajo regímenes comunistas. Los sistemas autoritarios colapsaron rápidamente, y muchos países del bloque oriental abrazaron reformas democráticas y de mercado. Este evento alteró radicalmente las relaciones internacionales y trajo consigo un nuevo equilibrio de poder en el mundo.

b. **Impacto social y cultural**
   Para millones de personas en Europa del Este, la caída del muro representó el fin de la represión y el aislamiento, y la posibilidad de acceder a libertades básicas, democracia y oportunidades económicas. Este proceso generó un Torbellino de cambios sociales, donde las sociedades tuvieron que adaptarse rápidamente a nuevas realidades políticas, económicas y culturales.

c. **Desmoronamiento de barreras físicas e ideológica**
El Muro de Berlín no solo era una barrera física, sino un símbolo de la opresión y la división. Su caída fue un acto de liberación y un rechazo colectivo al sistema que lo sostenía. El evento demostró el poder de las masas y de los movimientos populares para desafiar regímenes autoritarios y exigir un cambio.

d. **Inspiración y movilización global**
La caída del muro inspiró movimientos democráticos en otros países, sirviendo como catalizador para protestas y movilizaciones de personas que desafiaron la represión y reclamaron su libertad, es un ejemplo claro de un Gran Torbellinazgo que moviliza a las masas para transformar estructuras arraigadas.

Conclusión

La caída del muro de Berlín fue un Gran Torbellinazgo porque desató un cambio repentino, masivo y de gran magnitud, reconfigurando el mundo en términos políticos, sociales y culturales, y marcando el fin de una era y el inicio de un nuevo orden mundial.

La Primavera Árabe (2010-2012)

Puede ser considerada como un Gran Torbellinazgo porque es un cambio masivo, rápido y disruptivo en la política y las sociedades de varios países del norte de África y el Medio Oriente. Este fenómeno fue caracterizado por una serie de levantamientos populares que, impulsados por un profundo descontento con los regímenes autoritarios y opresivos, buscaron transformaciones políticas, sociales y económicas. Aquí están algunas razones que ilustran por qué la Primavera Árabe encarna un Gran Torbellinazgo.

a. **Desafío masivo al statu quo autoritario**
En países como Túnez, Egipto, Libia, Siria y Yemen, la Primavera Árabe marcó un rechazo directo y masivo a las décadas de represión, corrupción, y falta de derechos civiles y

políticos. El movimiento fue catalizado por un hartazgo colectivo hacia líderes autoritarios que monopolizaban el poder y limitaban las libertades de la ciudadanía. Esta serie de levantamientos representó un Torbellino de cambio que puso fin a regímenes de larga duración o los desestabilizó.

b. **Efecto domino y movilización de masas**
Lo que comenzó con la inmolación de un vendedor ambulante, Mohamed Bouazizi, en Túnez como protesta contra el abuso policial, desencadenó una ola de protestas y levantamientos en toda la región. Este efecto dominó, evidenció como el descontento latente podía convertirse en un movimiento masivo que desafió la estabilidad y el statu quo en diversos países. La movilización de millones de personas demostró el poder de las masas para organizarse, desafiar la autoridad y exigir un cambio estructural.

c. **Rápido colapso de regímenes**
En pocos meses, regímenes autoritarios que llevaban décadas en el poder, como los de Zine El Abidine Ben Ali en Túnez, Hosni Mubarak en Egipto y Muamar Gadafi en Libia, cayeron o fueron derrocados. El cambio tan rápido y disruptivo en los sistemas de gobierno muestra como este liderazgo puede transformar el orden establecido de manera abrupta, sacudiendo las estructuras de poder desde sus cimientos.

d. **Reconfiguración de las estructuras políticas y sociales**
La Primavera Árabe no solo fue un rechazo a los líderes individuales, sino también un intento de reconfigurar las estructuras políticas hacia sistemas más democráticos, transparentes y representativos. Aunque los resultados variaron de país a país, con algunos logrando reformas parciales y otros cayendo en conflictos, el impacto global del movimiento mostró un anhelo de cambio que trascendió fronteras.

e. **Demanda de justicia social y derechos humanos**
Los manifestantes exigieron justicia social, mejores condiciones de vida, respeto por los derechos humanos, y un

fin a la corrupción y la represión. Estas demandas fueron el motor que impulsó este nuevo liderazgo, sacudiendo los cimientos de los regímenes autoritarios e inspirando a otras regiones del mundo a movilizarse en favor de la justicia.

f. **Uso de las redes sociales y nuevas formas de organización**
La Primavera Árabe demostró el poder de las redes sociales para organizar, movilizar y difundir información en tiempo real. Este componente digital amplificó el impacto del movimiento, permitiendo una coordinación que desbordó las capacidades represivas de los regímenes y mostró una nueva forma de desafiar el poder.

Conclusión

La Primavera Árabe fue un Gran Torbellinazgo porque transformó de manera rápida y disruptiva las estructuras políticas anquilosadas, impulsó el deseo de justicia social, derrocó regímenes y reconfiguró la región, demostrando como el descontento y la movilización masiva pueden desafiar y cambiar el orden establecido en busca de una nueva realidad más justa e inclusiva.

Brexit (Reino Unido 2016)

El término "Brexit" es una combinación de las palabras en inglés "Britain" (Reino Unido) y "Exit" (salida), y se refiere al proceso mediante el cual el Reino Unido decidió abandonar la Unión Europea.

Nadie esperaba que el Reino Unido dejara la Comunidad Europea, era impensable que uno de sus fundadores hiciera ese acto "demencial", los políticos tradicionales lo llamaron. Sin embargo el referéndum del Brexit en 2016, certificó que el 52% de los votantes deseaba salir de la Unión Europea, fue un Gran Torbellinazgo popular que marcó un rechazo a la política tradicional y a las élites de Bruselas. El resultado cambió el rumbo de la política británica y europea, rompiendo con la idea de integración europea, alterando la estabilidad del bloque europeo y generando divisiones internas y una redefinición del Reino Unido en el contexto global.

El pueblo británico apoyó el Brexit y se lo enrostró a sus políticos (quienes no lo esperaban), aunque el resultado fue ajustado y reflejó una sociedad profundamente dividida y polarizada, en dos direcciones fuertemente contrapuestas.

Durante la campaña Johnson llamaba al "Vote Leave", un "Vota por Salir" no solo del Brexit, sino también de la pobreza, las injusticias, los malos políticos, la inmigración, la inflación, "recuperar el control" interno y las leyes, la soberanía nacional, las fronteras y la economía del Reino Unido, prometiendo que el Brexit traería beneficios y autonomía al país, utilizando su carisma y su capacidad de comunicación para atraer a votantes a favor de la salida.

El papel de Boris Johnson en la campaña, consolidó su posición como una figura central en el movimiento pro-Brexit, convirtiéndolo en primer ministro en 2019, desde donde dirigió la salida definitiva del Reino Unido de la UE el 31 de enero de 2020.

La estrecha victoria reflejó un apoyo, pero también marcó el inicio de un proceso complejo y polémico para concretar la salida, que generó debates y tensiones políticas durante años.

Algo breve sobre el tipo de liderazgo en este proceso: El liderazgo de Boris Johnson se caracterizó por su estilo carismático, populista y controvertido, marcado por un enfoque directo y una habilidad para conectar con el público mediante un lenguaje accesible y retórico persuasivo. Johnson fue la figura responsable del Brexit, defendiendo con fervor la salida del Reino Unido de la Unión Europea lo que le permitió consolidar su posición política.

Durante su tiempo como primer ministro, mostró una capacidad para tomar decisiones rápidas y un liderazgo desafiante, aunque su mandato estuvo marcado por críticas relacionadas con su manejo de la pandemia de COVID-19, escándalos internos y problemas de confianza, lo que terminó erosionando su popularidad y generando divisiones en su partido.

¿Qué pasó después de esto con el liderazgo de Boris Johnson?

Criticado por el manejo de la pandemia y sus laxas políticas de confinamiento. Luego llegaron los escándalos, como el llamado "Partygate", que involucró violaciones a las restricciones de confinamiento por parte de funcionarios gubernamentales, incluyéndolo a él mismo, lo que erosionó su credibilidad y generó una pérdida de confianza. Estas controversias, sumadas a la desconfianza y a otras tensiones políticas internas, llevaron a que Boris Johnson enfrentara una creciente presión, culminando en su renuncia como líder del Partido Conservador y, posteriormente, siendo primer ministro en julio de 2022.

Al 2024, Boris Johnson está centrado en generar recursos, con actividades como la publicación de su libro autobiográfico titulado Unleashed (Desatado), que lo grafica muy bien. Luego expone en seminarios en todo el mundo, como el de octubre de 2024 en Argentina, junto con Javier Milei en la Casa Rosada.

Además ha incursionado en el ámbito publicitario, con un millonario contrato con la casa de apuestas Paddy Power... este es el riesgo de seguir a lideres caudillistas, rupturistas y demagogos.

Conclusión

El Brexit fue una decisión no técnica, sino intuitiva y visceral de los votantes que optaron por abandonar el bloque europeo y que hoy, tardíamente lo lamentan. Impulsado por el sentimiento de recuperar el control sobre sus leyes, fronteras y economía, fue aprovechado por lideres disruptivos, provocando un cambio político importante en el Reino Unido.

El proceso fue largo y complejo, generando tensiones internas, debates sobre la soberanía y consecuencias económicas, polarizó a la sociedad británica y marcó un cambio profundo en sus relaciones comerciales y políticas con Europa. Culminó oficialmente con la salida el 31 de enero de 2020.

2.2 Surgimiento de un nuevo sentimiento mundial

El Gran Torbellinazgo es una respuesta pronta al profundo y creciente sentimiento colectivo de rechazo al orden político, económicos, religioso y social vigente. Este fenómeno se manifiesta cuando las estructuras tradicionales, creadas para ofrecer estabilidad y dirección, dejan de satisfacer las necesidades, deseos y expectativas de las personas, generando una fractura entre las instituciones y la ciudadanía. La insatisfacción acumulada con el sistema existente lleva a una movilización intensa y disruptiva que busca dar lugar a nuevas formas de expresión, organización y liderazgo.

El rechazo al statu quo no es un simple descontento; es una respuesta visceral al agotamiento y derrumbe social que provocan las promesas no cumplidas por los sistemas políticos, económicos y religiosos que han demostrado ser ineficaces, excluyentes o desconectados de las realidades cotidianas. En un mundo donde las desigualdades persisten, la corrupción y el nepotismo permanecen arraigados y la desigualdad de oportunidades crece, este descontento se convierte en una demanda urgente de cambio estructural. La percepción de que las élites políticas y religiosas no representan ni comprenden las necesidades del pueblo alimenta un torbellino de emociones, que abarca desde la indignación hasta la esperanza, (ilusa y utópica para algunos) de un nuevo camino.

Este segmento te lo represento con un relato novelado, a partir de un hecho mundial y real.

La calle estaba llena de gente, el aire vibraba con los cánticos y los gritos que rompían el silencio de años de sufrimiento silenciado. "¡Las Vidas Negras Importan!" se repetía en pancartas, en voces alzadas y en las miradas de aquellos que caminaban hombro a hombro. Era más que un eslogan; era el clamor de generaciones que se negaban a ser ignoradas. En ese instante, el Gran Torbellinazgo había tomado forma: un torbellino de lucha que giraba con una intensidad que nadie podría haber anticipado.

Esto no nació en el vacío. Era la culminación de siglos de racismo, opresión y violencia sistemática contra la comunidad negra, una herida que nunca había dejado de sangrar. Pero fue el asesinato de George Floyd en 2020 lo que encendió la chispa definitiva. Un video que mostraba su vida apagándose bajo la rodilla de un policía recorrió el mundo, provocando horror, ira y un dolor compartido que no pudo ser contenido.

La primera manifestación fue espontánea, como una ola que rompe sin avisar. En ciudades de todo el país, y luego más allá de sus fronteras, millones de personas salieron a las calles. Las pancartas alzadas y las consignas gritadas se convirtieron en símbolos de un movimiento que trascendía la lucha individual. La voz de George Floyd, apagada para siempre, se convirtió en la voz de todos aquellos que habían sido silenciados. Era el Gran Torbellinazgo manifestándose, un torbellino que no se detendría hasta desmantelar los pilares del racismo estructural.

En ese torbellino, las estructuras tradicionales se tambalearon. Las fuerzas policiales, las instituciones políticas, las empresas y hasta los templos religiosos tuvieron que confrontar la realidad: sus promesas de igualdad y justicia habían sido vacías. En vez de estabilidad, estas estructuras ofrecían una indiferencia helada hacia las vidas de aquellos que consideraban prescindibles. Black Lives Matter no fue solo un rechazo al racismo. Fue un rechazo a un sistema que permitía que este racismo siguiera enraizado, año tras año, generación tras generación.

El Gran Torbellinazgo que representaba BLM se expandió rápidamente más allá de Estados Unidos. Manifestaciones en Europa, América Latina, África y Asia dejaron en claro que el racismo no era solo un problema estadounidense, sino una plaga global. En cada país, las personas alzaban su voz no solo por George Floyd, sino por las vidas negras, indígenas, migrantes y marginadas que el sistema había aplastado una y otra vez. El torbellino de BLM era una fuerza transformadora, desafiando las normas establecidas, movilizando a miles en marchas, debates y acciones que buscaron replantear el significado de la justicia.

Sin embargo, la historia del Gran Torbellinazgo nunca es sencilla. En el centro de su fuerza, también habitan el caos y la polarización. Los detractores intentaron desacreditar el movimiento, reduciéndolo a vandalismo o acusando a sus líderes de ser oportunistas. La policía y las fuerzas del orden reprimieron manifestaciones pacíficas con violencia, haciendo aún más evidente la brutalidad que Black Lives Matter buscaba exponer. Los discursos de odio y la desinformación se multiplicaron, buscando dividir y fragmentar la unidad que el movimiento había creado.

Aun así, BLM persistió. La comunicación disruptiva, las narrativas poderosas y el coraje de millones de personas que marcharon y hablaron desafió el statu quo. Las conversaciones sobre racismo sistémico se convirtieron en un tema central en la política, en las empresas y en el hogar. Se impulsaron reformas, se creó conciencia y se cuestionaron normas que antes parecían inamovibles. El torbellino había logrado empujar el cambio.

Pero como cualquier Gran Torbellinazgo, el camino estaba lleno de obstáculos. El desafío era pasar de la protesta a la acción permanente; de las calles a las leyes, de la indignación a la transformación estructural. Black Lives Matter forzó a las élites políticas y económicas a escuchar, a repensar sus privilegios y a aceptar que la justicia no puede ser negociada. El torbellino se movió con fuerza, pero aún quedaba mucho por hacer. Y así, en cada rincón del mundo donde las palabras "Las Vidas Negras Importan" resonaban, el Gran Torbellinazgo continuaba girando. No como un fenómeno que destruía sin sentido, sino como una fuerza que desmantelaba para construir algo más justo. A veces caótico, a veces doloroso, siempre necesario. Lo que empezó como un grito en la calle se convirtió en una demanda global de justicia, igualdad y dignidad para todos. El torbellino, con sus fuerzas implacables, no permitiría que la indiferencia volviera a ser la norma.

Conclusión

BLM evidenció la profunda insatisfacción con las estructuras de poder que perpetúan la discriminación, se convirtió en un gigante desafío del statu quo y el sistema que perpetúa la discriminación y la desigualdad, mostrando sentimientos colectivos de rechazo y visualizar la indignación y el hartazgo generalizado hacia el racismo sistémico, la brutalidad policial y la injusticia racial que persisten en las culturas y las estructuras de poder. Pero junto con esto, empujó a las sociedades en el mundo, a replantearse sus valores, políticas y estructuras.

Esta movilización global impulsó reformas policiales, debates sobre el racismo institucional y un cambio cultural hacia una mayor conciencia y lucha contra la discriminación. La fuerza del movimiento radicó en su capacidad para canalizar el dolor, la frustración y la esperanza en una demanda colectiva de un futuro más justo e igualitario, evidenciando la necesidad de transformar un sistema que no representa ni protege a todos por igual.

Ejemplos del surgimiento de un nuevo sentimiento mundial

A continuación te presento tres ejemplos que ilustran el Gran Torbellinazgo como una expresión de rechazo al statu quo político, económico, social y religioso, así como la búsqueda de nuevas formas de liderazgo y transformación. Presento el hecho, la situación y los sentimientos que surgen en la gente para reaccionar de esta forma y la forma en que nuevos sentimientos cubren la superficie de gobiernos, reinos y estados.

a. El Movimiento #MeToo
El hecho

El Movimiento #MeToo, "Yo También", se popularizó a nivel mundial en octubre de 2017, cuando la actriz Alyssa Milano utilizó el hashtag #MeToo en redes sociales para animar a las mujeres a compartir sus experiencias de acoso y abuso sexual, en respuesta a las denuncias contra el productor de cine Harvey Weinstein. Sin embargo, el movimiento fue iniciado originalmente por la activista Tarana Burke en 2006 en una forma de apoyo y empoderamiento para las sobrevivientes de abuso sexual, especialmente mujeres de comunidades marginalizadas.

Este movimiento global, que comenzó con denuncias de abuso y acoso sexual en la industria del entretenimiento y se extendió a múltiples sectores, sacudió las estructuras de poder patriarcales y puso en evidencia la cultura de impunidad hacia la violencia de género.

El Gran Torbellinazgo representado por el #MeToo desestabilizó liderazgos establecidos, expuso abusos en grandes corporaciones y gobiernos, y empoderó a millones de personas a nivel mundial a alzar la voz contra la violencia y exigir cambios en las dinámicas de poder, promoviendo la igualdad de género.

Los sentimientos en la gente

#MeToo explota en una poderosa expresión de sentimientos colectivos de rechazo hacia la cultura de impunidad y el poder patriarcal que perpetúan el abuso y la violencia de género, canalizando la indignación y el deseo de cambio de millones de personas, especialmente mujeres, alrededor del mundo.

El movimiento desestabilizó liderazgos establecidos al sacar a la luz décadas de abusos ocultos en grandes corporaciones, instituciones y gobiernos, desafiando la cultura del silencio que había protegido a los agresores. Las denuncias, respaldadas por testimonios masivos y campañas de visibilización en redes sociales, empoderaron a muchas mujeres a alzar la voz, uniendo sus experiencias y demandas para transformar las dinámicas de poder.

Este rechazo al statu quo impulsó reformas legislativas, protocolos contra el acoso en empresas y una mayor conciencia sobre la necesidad de crear espacios seguros e igualitarios. El sentimiento colectivo de cambio que nació con el #MeToo y su liderazgo agresivo y acusador generó justicia, reparación y el compromiso de romper con estructuras que perpetúan la violencia de género, promoviendo una sociedad más equitativa y libre de abusos.

b. Primavera Árabe (2010-2012)
El hecho

Este conjunto de levantamientos populares en varios países del norte de África y Medio Oriente fue un claro ejemplo de como el descontento con regímenes autoritarios y corruptos puede desencadenar un Gran Torbellinazgo. La Primavera Árabe representó una demanda masiva de justicia, democracia y derechos humanos, Se tradujo en levantamientos populares masivos que sacudieron las estructuras de poder, derrocando a líderes autoritarios en países como Túnez, Egipto y Libia y actuando en menor forma en otros como Argelia, Marruecos, Jordania, Baréin, Yemen, Siria y Omán.

El movimiento en algunos países derivó en violencia, persecución y guerra civil que han tenido consecuencias devastadoras. En otros, fueron reprimidos y encarcelados con apoyo de fuerzas tanto internas como externas y una enorme represión. En otros, se les escuchó y se hicieron cambios legislativos y concesiones menores.

Aunque sus resultados han sido mixtos, con avances y retrocesos, este movimiento mostró el poder de las masas para desafiar el statu quo político y buscar nuevas formas de gobernanza.

Los sentimientos en la gente

La **Primavera Árabe** evidenció formas de esclavitud acumulada y el descontento y frustración de la gente, provocado por la represión, la falta de oportunidades económicas, la corrupción endémica, la opresión política y sus regímenes autoritarios, corruptos, con nepotismo, cleptocracia familiar o dinastías familiares.

Todo eso fue el abono que les llevaron a explotar en una furia colectiva incontenible, contra los políticos y sus culturas patriarcales, fundamentalistas y tradicionalistas como las de estos países… eran nuevos sentimientos colectivos, nunca antes vistos en estos países, de pueblos considerados "disciplinados" y sumisos.

Era un grito colectivo de cambio, con levantamientos populares masivos que tienen el potencial de reconfigurar naciones enteras, impulsado por un sentimiento colectivo de empoderamiento, resistencia y la sed de justicia, democracia y respeto a los derechos humanos. Era la llegada del Gran Torbellinazgo, que empujaba a masas movidas por un profundo anhelo de libertad y dignidad, desafiando a los poderosos e intocables regímenes que los habían gobernado con mano de hierro.

c. Protestas en Colombia (2021)
El hecho

Las protestas en Colombia se iniciaron como una respuesta al proyecto de reforma tributaria pero pronto se convirtieron en un Gran Torbellinazgo que canalizó el descontento acumulado con el gobierno, la desigualdad social, la falta de viviendas y calidad en la salud y educación, la violencia policial y la falta de oportunidades para los jóvenes. Las manifestaciones masivas, especialmente lideradas por jóvenes y colectivos sociales, reflejaron el rechazo al statu quo político y la demanda de un modelo más inclusivo, justo y democrático.

Los sentimientos en la gente

Lo que comenzó como un rechazo de un proyecto de ley, se transformó rápidamente en un Gran Torbellinazgo social que canalizó amplios sentimientos de descontento y cansancio con un sistema político que muchos consideraban sordo a las necesidades del pueblo, corrupto y amparado en la violencia policial; generador de desigualdad social, con falta de oportunidades para los jóvenes y altas tasas de cesantía.

Esto impulsó movilizaciones masivas en todo el país, con marchas, bloqueos y protestas pacíficas, aunque también con enfrentamientos que reflejaron la complejidad y profundidad de la crisis social, evidenciando la frustración de una generación que exige un modelo de gobernanza más inclusivo, justo y democrático, cuestionando no solo al gobierno de turno, sino a un sistema que perpetúa la exclusión y la falta de oportunidades.

Las calles de Colombia fueron testigo de la fuerza que provocan los sentimientos de un pueblo dolido y con anhelo de justicia, igualdad y mejores condiciones de vida, desafiando las estructuras políticas tradicionales, exigiendo un nuevo pacto social basado en el respeto, la equidad y la dignidad de todos los ciudadanos.

Conclusiones

El Gran Torbellinazgo, es efectivamente la explosión de una galaxia, imparable, arrolladora y por cierto explicable en el surgimiento de un nuevo sentimiento y conciencia mundial en las personas.

Este sentimiento les impulsa a romper con las normas establecidas y abrazar nuevas formas de organización y liderazgo. Esto puede verse reflejado en el surgimiento de movimientos sociales que abogan por la justicia social, la igualdad de género, LGBTQIA+, la acción climática o el respeto a los derechos humanos. A nivel político, se traduce en un rechazo al liderazgo tradicional, promoviendo el ascenso de figuras disruptivas que prometen desafiar el orden establecido y ofrecer soluciones rápidas a problemas complejos. En el ámbito religioso, muchas personas buscan alternativas espirituales fuera de las instituciones tradicionales, optando por caminos más inclusivos, flexibles y conectados con la realidad actual.

Sin embargo, este sentimiento global de rechazo no está exento de riesgos. La desilusión con los sistemas existentes puede generar espacios para líderes populistas y autoritarios-benevolentes que explotan el dolor de la gente y su descontento, utilizando discursos polarizantes y simplistas que dividen a las sociedades en lugar de construir consensos.

Esto puede convertirse, en manos de estos líderes, en una herramienta para consolidar poder personalista en lugar de promover una transformación real y equitativa. A pesar de estos desafíos, representa una oportunidad real para que las sociedades cuestionen sus fundamentos, reimaginen sus instituciones y construyan un nuevo liderazgo basado en la empatía, la justicia social y el compromiso con el bienestar colectivo.

El surgimiento de este sentimiento global no es meramente una expresión de rechazo, sino también una búsqueda activa de alternativas que sean más justas, inclusivas y capaces de responder a los desafíos de un mundo en constante cambio. En este contexto, es el catalizador de un movimiento transformador que busca crear un orden nuevo y más acorde con las necesidades del siglo XXI.

3. Los ámbitos de su actividad

3.1 La forma de operar a nivel personal

Te cuento este testimonio de "un malabarista" del Gran Torbellinazgo personal: En un tiempo tranquilo de su vida, justo cuando pensaba que la estabilidad era un derecho y la rutina su mejor aliada, llegó el Gran Torbellinazgo personal. No fue una entrada elegante, sino más bien un irrumpir arrollador, como una ráfaga que empuja todo sin pedir permiso. No había aviso ni preparativos para recibirlo; de repente, las emociones se convirtieron en un revoltijo de colores, como cuando el viento remueve hojas secas. Las certezas pasaron a ser arena en un reloj roto. Todo se desmoronaba y se reconstruía al mismo tiempo.

"¿Qué es esto?", pensó. El Torbellino había llegado, y con él, una vorágine de emociones imposibles de controlar. Una mezcla de alegría, enojo, miedo, tristeza, esperanza, todo revuelto como si alguien, en un juego cruel, agitara sus entrañas sin piedad. No había lógica, solo caos. Era como ver un desfile de emociones desfilando con ritmo propio, una tras otra, a veces en fila, a veces todas juntas, aplastándose unas a otras. Un torbellino real, interno, imposible de domar con el control habitual que tanto le gustaba creer que tenía.

Los días se convirtieron en escenarios de combates internos. Cada pequeño cambio, cada giro inesperado, cada palabra no dicha se convertía en una chispa que prendía fuegos emocionales. Se sentía como un malabarista que, con los ojos vendados, lanzaba cuchillos al aire y trataba de atraparlos sin cortarse. En este escenario "atorbellinado", no había tiempo para detenerse a pensar, solo para reaccionar. El miedo a perder el control lo asaltaba en cada esquina. Las dudas se multiplicaban. ¿Estaba tomando las decisiones correctas? ¿Podría soportar el peso de la incertidumbre?

El Gran Torbellinazgo personal no era simplemente una crisis de emociones. Se presentaba como un reto total: creencias, hábitos, comportamientos, todo se ponía en duda. Era la realidad dándole una bofetada en la cara. Despierta, parecía decirle, no puedes seguir haciendo lo mismo. Se sintió despojado, como si cada capa de comodidad y falsa seguridad que se había tejido con el tiempo fuera arrancada. "Deja de mentirte", parecía gritarle el Torbellino, arrasando con su vieja idea de quién creía ser.

La transformación personal puede ser una tormenta, y en este caso, el Gran Torbellinazgo personal llegó para recordar que los cambios no piden permiso. Las crisis existenciales lo despojaron de su zona de confort. Los cuestionamientos sobre quién era, hacia dónde iba, y por qué hacía lo que hacía, pasaron a ser compañeros constantes. Reinventarse no era una opción, era una necesidad. Romper viejas cadenas, desafiar los miedos que tanto había evitado, y enfrentarse al reflejo más oscuro de sí mismo no era agradable, pero sí necesario.

La paradoja del Torbellinazgo es que, en su caos, también invita al renacimiento. Al final de la tormenta, al fondo de la agitación, había una oportunidad escondida. Aprender a surfear las olas de la incertidumbre, a reírse de la rigidez que antes lo atrapaba, y encontrar sentido en cada fragmento roto. Las heridas se convertían en grietas por donde entraba la luz. Allí, en la tormenta, nacía una nueva versión de sí mismo. Más fuerte, más consciente, más vivo.

Y así, al observar las cenizas de su pasado, el Torbellino se transformaba de enemigo en maestro. Un proceso de metamorfosis brutal pero enriquecedor, un recordatorio de que la calma no es un derecho eterno y que el cambio es la única constante real. El Gran Torbellinazgo personal enseñó que no hay crecimiento sin dolor, ni luz sin sombra. Al final, el Torbellino no solo destruyó; también abrió el camino para algo nuevo.

Porque, en definitiva, al igual que un Torbellino físico, lo que parecía solo caos, confusión y destrucción, terminó por ser una oportunidad de reconstrucción, crecimiento y una nueva claridad. La vida, aunque nunca sería la misma, se sentía ahora más genuina, menos predecible, pero mucho más suya.

Ejemplos del Gran Torbellinazgo a nivel personal

   a. **Cambio laboral**
   Una persona que decide optar por sus intereses, deseos y libertad por sobre un muy buen y estable trabajo, para perseguir un proyecto apasionante, enfrentando la incertidumbre y el riesgo, pero también abriendo un camino hacia una vida más auténtica y alineada con sus propósitos.
   b. **Reinvención profesional tras una crisis**
   Imagina a una persona que, tras perder su empleo debido a una crisis económica, decide romper con su carrera tradicional y emprender un camino completamente nuevo. Enfrenta miedos, incertidumbre y dudas, pero también descubre talentos y pasiones que no había explorado antes. Este Gran Torbellinazgo personal lo impulsa, lo empuja (y cuidado, también lo podría botar) a adaptarse, reinventarse y construir una vida más alineada con sus aspiraciones, aunque el proceso implique una transformación profunda y caótica que sacuda su identidad anterior.
   c. **Superación de una adicción**
   Un individuo que decide enfrentarse a una adicción atravesará por un Gran Torbellinazgo emocional y psicológico. Este proceso puede implicar rupturas con antiguas relaciones, desafíos físicos y emocionales, y una lucha constante por el

control. El Torbellino interno es un cambio disruptivo que transforma su vida, redefiniendo su autoestima, valores y propósito. Aunque es un camino lleno de altibajos, la persona emerge con una perspectiva renovada, resiliente y un nuevo compromiso con su bienestar.

Conclusiones

El Gran Torbellinazgo a nivel personal se puede expresar en forma de un período de cambio interno intenso y profundo que desafía creencias, hábitos y comportamientos establecidos. Puede surgir en una crisis existencial, un momento de transformación personal o una necesidad urgente de cambio. Las personas se enfrentan a la disrupción de su zona de confort y deben reinventarse, cuestionando sus objetivos, valores y dirección en la vida. Este proceso, aunque desafiante, puede ser un catalizador para el crecimiento, el autoconocimiento y la renovación personal.

Este fenómeno puede incluir sentimientos de alegría, tristeza, enojo, ira, miedo, confusión y esperanza que giran y se superponen, generando una sensación de agitación interna y falta de control.

Este Torbellino refleja una experiencia emocional profunda y abrumadora, donde las emociones pueden chocar entre sí y ser difíciles de procesar o manejar. Suele ocurrir en momentos de crisis, cambio, pérdida, situaciones inesperadas o eventos de gran impacto personal.

Igual que un torbellino físico, un "torbellino de emociones" puede llevar a una persona a sentirse arrastrada por sus sentimientos, sin una dirección clara, hasta que logre encontrar un punto de calma o equilibrio... allí podrá ver también los efectos beneficiosos de este momento "atorbellinado" y sus efectos en su crecimiento, desarrollo y madurez.

3.2 La forma de operar a nivel organizacional

Este relato es real, sucedió, sucede y sucederá... El sol se filtraba con timidez a través de las persianas de la sala de juntas, iluminando los rostros tensos de los directores ejecutivos de VenturoCorp. La atmósfera estaba cargada de expectativa y nerviosismo, como si todos supieran que algo grande estaba a punto de suceder, pero nadie se atreviera a decirlo en voz alta. El antiguo CEO, un hombre acostumbrado al lento andar de los procesos burocráticos, había sido reemplazado de la noche a la mañana por Claudia Marín, una líder con fama de romper esquemas y desafiar convenciones. Se decía que, allí donde ponía pie, se levantaban polvaredas de cambio que no dejaban a nadie indiferente. Claudia era el Gran Torbellinazgo hecho carne.

El primer día de su nombramiento, Claudia entró a la sala con pasos decididos, acompañada de un equipo reducido de asesores que parecían compartir su energía incansable. Sin preámbulos, dejó caer su primer anuncio como un rayo en medio de una tormenta: "La estructura actual de VenturoCorp es un dinosaurio. Si no evolucionamos, seremos arrasados. La transformación empieza hoy". En ese momento, los murmullos crecieron y se entremezclaron con suspiros contenidos. Algunos asistentes se miraban con escepticismo, otros con temor. Pero todos sabían que no había marcha atrás.

La primera medida de Claudia fue desmantelar las capas jerárquicas que habían convertido a la empresa en un laberinto de decisiones lentas y burocráticas. "Cada uno de ustedes tiene un nuevo rol", dijo, entregando sobres a los directores con un ligero toque de teatralidad. "Olvídense de los títulos; seremos un organismo vivo, no una pirámide de mármol". Algunos recibieron la noticia con alivio, otros con visible incomodidad. En los días siguientes, la reorganización interna desató una ola de emociones encontradas. El área de Recursos Humanos, acostumbrada a procesar cambios graduales, se convirtió en un centro de contención emocional. "No es solo el cambio, es cómo se nos impone", se quejaba un gerente de finanzas a su compañero de equipo.

Las tensiones aumentaron cuando Claudia anunció la integración masiva de tecnologías emergentes. Las antiguas hojas de cálculo y los sistemas de gestión obsoletos fueron descartados en un abrir y cerrar de ojos. "La inteligencia artificial no es el futuro, es el presente", proclamó, mostrando en una presentación cómo los algoritmos transformarían los procesos de producción y atención al cliente. Para algunos, la idea de colaborar con asistentes virtuales era emocionante; para otros, era una amenaza directa a su rol y relevancia en la organización. "La tecnología no puede sustituir el criterio humano", murmuró un empleado veterano, sintiéndose cada vez más desplazado.

Las semanas siguientes fueron un torbellino de actividades: reentrenamientos, evaluaciones de desempeño y reuniones interminables para redefinir los objetivos estratégicos. Claudia, sin embargo, no cedía. No conocía la pausa ni la complacencia. "El mercado exige resultados inmediatos. Si nosotros no cambiamos, otros nos harán irrelevantes". Sus palabras inspiraban tanto como agotaban. Los más jóvenes, acostumbrados al vértigo, seguían su ejemplo con entusiasmo, mientras que otros añoraban los días de estabilidad. Las líneas jerárquicas se desdibujaron; los equipos multidisciplinarios, los "speedboats" de Claudia, trabajaban a un ritmo frenético para lanzar nuevas soluciones y servicios. VenturoCorp se convirtió en una máquina en constante movimiento.

Pero el Torbellinazgo también tenía su cara oscura. La velocidad del cambio empezó a generar fracturas internas. Los errores se multiplicaron, las tensiones explotaron, y los despidos de aquellos que no se adaptaban rápidamente se convirtieron en un recordatorio constante de que nadie era intocable. "Es necesario cortar para sanar", explicaba Claudia a sus asesores, con una mirada dura pero convencida de sus decisiones. La moral de algunos equipos tocó fondo; sin embargo, otros florecieron al ver el impacto de sus innovaciones en el mercado.

Durante una reunión clave, Claudia se dirigió a todos los empleados a través de una videoconferencia. "Sé que están cansados, que sienten que el suelo se mueve bajo sus pies. Pero este es el costo del cambio. Si lo enfrentamos juntos, saldremos fortalecidos". Sus palabras resonaron como un eco. Algunos comenzaron a confiar en ella y en su visión de futuro. Pero otros seguían recelosos, resistiendo en silencio o esperando el momento oportuno para abandonar el barco.

Meses después, los resultados hablaron por sí solos. VenturoCorp no solo sobrevivió, sino que empezó a liderar el mercado con soluciones innovadoras. Los competidores, que alguna vez se burlaron de la "caótica" reestructuración de Claudia, se vieron obligados a imitar su modelo. El Gran Torbellinazgo había cumplido su promesa: transformó a la empresa, desarraigó lo que no funcionaba y creó algo nuevo. Pero dejó cicatrices.

En una conversación privada con uno de sus asesores, Claudia reflexionó: "El cambio rápido es brutal, pero el estancamiento lo es aún más. Solo el tiempo dirá si hemos creado algo que perdure o solo un remolino que consume todo a su paso". Así, en el epicentro del Torbellinazgo, VenturoCorp siguió girando, adaptándose, sobreviviendo. Era una historia de transformación, de luces y sombras, de sacrificios y renovaciones. Una historia que no estaba destinada a concluir, sino a seguir evolucionando con cada sacudida del Torbellinazgo.

Nota sobre los "speedboats" de Claudia

En el contexto Gran Torbellinazgo y del management moderno, speedboats es un nuevo término utilizado para describir equipos o proyectos ágiles (y frenéticos) y pequeños dentro de una organización grande que actúan de manera autónoma, rápida y con alto enfoque en la innovación y adaptación. La idea se contrasta con los "super tankers" (o grandes barcos) que representan el proceso lento y burocrático de las organizaciones y equipos tradicionales.

Claves del concepto Speedboats en las empresas

a. **Rapidez y flexibilidad**: Los speedboats permiten a las organizaciones responder de manera ágil a los cambios del mercado, explorar nuevas oportunidades o probar

innovaciones sin la rigidez y lentitud de los procesos tradicionales.
b. **Experimentación y pruebas rápidas**: Estos equipos tienen la libertad de experimentar y, en caso de fracaso, aprender rápidamente. Esto permite un ciclo de innovación acelerado.
c. **Autonomía**: Por lo general, los speedboats son pequeños grupos de trabajo especializados que operan de forma más independiente que el resto de la organización. Esto facilita la toma de decisiones rápidas y una ejecución más dinámica.
d. **Orientación al cliente y al mercado**: Se centran en entender y responder a las necesidades de los clientes y las tendencias del mercado de forma más rápida que los equipos tradicionales.
e. **Menor riesgo para la organización**: Al operar de manera independiente, un speedboat que falle en su objetivo no pone en riesgo la estabilidad de toda la organización, lo que permite asumir mayores riesgos en innovación.

Este concepto es especialmente popular en organizaciones que buscan ser competitivas en mercados disruptivos y en procesos de transformación digital. Es una forma de fomentar la mentalidad emprendedora y la innovación dentro de grandes estructuras organizativas.

Conclusión

La forma de operar a nivel organizacional del Gran Torbellinazgo es bivalente: cuando se gestiona con acierto, puede conducir a una profunda renovación y éxito organizacional; cuando no se aborda correctamente, puede generar inestabilidad y pérdida de dirección. La clave radica en equilibrar la disrupción con una gestión estratégica que mantenga el propósito organizacional en el tiempo y una comunicación clara que oriente y motive a todos los involucrados hacia un propósito común. En el ámbito organizacional representa un proceso de cambio acelerado y disruptivo que afecta profundamente la estructura, la cultura y la operatividad de las empresas e instituciones. Este fenómeno se puede desencadenar por factores como:
a. La llegada de nuevos liderazgos que introducen visiones radicales (y en ocasiones extenuantes). El nombramiento de un

nuevo CEO o líder con una visión innovadora puede ser el motor de un cambio profundo, impulsando una nueva cultura organizacional y redefiniendo objetivos estratégicos.
b. Una reestructuración interna radical, que puede incluir desde el rediseño de las estructuras jerárquicas y la redefinición de roles hasta la transformación de los procesos internos para adaptarse a las nuevas demandas.
c. La necesidad de adaptarse a tecnologías emergentes. La incorporación de nuevas tecnologías o herramientas digitales puede transformar la forma en que se comunican los equipos, optimizan los flujos de trabajo y se toma decisiones, lo que puede resultar en un incremento de la eficiencia y la capacidad de innovación.
d. Crisis económicas que demandan una reestructuración urgente.
e. La presión del mercado por ser más competitivos y productivos.

En cada caso, el Gran Torbellinazgo impulsa a la organización a replantear su rumbo, transformando lo que hasta entonces era la cultura (y pasividad) establecida.

Ejemplos del Gran Torbellinazgo a nivel organizacional

Transformación digital de una empresa tradicional

La transformación de empresas tradicionales hacia modelos digitales, impulsada por líderes 0adaptabilidad, trae grande beneficios y grandes "torbellinos" organizacionales en sus equipos.

Una empresa tradicional, que durante décadas ha operado de manera presencial y basada en procesos manuales, enfrenta la necesidad de digitalizarse para mantenerse competitiva. Este Gran Torbellinazgo organizacional implica cambios rápidos y profundos: adopción de nuevas tecnologías, capacitación en nuevas habilidades, reestructuración de equipos, transformación de la cultura organizacional y un enfoque en la innovación. Durante el proceso, puede haber resistencia al cambio, incertidumbre y confusión, pero si se gestiona adecuadamente, la empresa podrá emerger más competitiva y alineada con las demandas del mercado actual.

Crisis reputacional y renovación de liderazgo

Una organización enfrenta una crisis reputacional severa, ya sea por un escándalo ético, malas prácticas empresariales o problemas de gobernanza. En respuesta, la empresa experimenta un Gran Torbellinazgo al renovar su liderazgo, redefinir sus valores y políticas, y comprometerse con la transparencia y la ética. Este cambio disruptivo requiere un profundo ajuste cultural y organizacional, desde la comunicación interna hasta la relación con los clientes y socios. Aunque el proceso puede ser doloroso y generar incertidumbre, ofrece una oportunidad para reconstruir la confianza y establecer una cultura organizacional más sólida y comprometida.

3.3 La forma de operar a nivel social y global

Te lo cuento con un relato, una historia novelada, pero real: Era una tarde cualquiera cuando comenzó a desatarse el Gran Torbellinazgo en el ámbito social. En las oficinas, fábricas, calles y parlamentos, los ecos de un murmullo creciente resonaban: una agitación de voces inconformes, un descontento que parecía haberse filtrado hasta el tuétano de la sociedad. La crisis económica apretaba con su puño de hierro; la injusticia social se sentía como una camisa de fuerza; los políticos repetían discursos vacíos, y el pueblo, antes silente, comenzaba a rugir y a tomarse las calles.

En este contexto emergió el Gran Torbellinazgo, un fenómeno que, sin previo aviso, irrumpió en el tejido social, sacudiéndolo con una fuerza que nadie había previsto.

No era una idea, ni un movimiento en particular; era una energía, un vendaval de cambios profundos y disruptivos que no conocía límites. Los primeros signos se manifestaron cuando grupos de ciudadanos comunes, cansados de las promesas incumplidas, salieron a las plazas, a las calles y al ciberespacio exigiendo algo más que meras reformas cosméticas. Las redes sociales ardían con denuncias, exigencias y llamados a la acción. No importaba si el motivo era la corrupción, el hambre, la igualdad de género o el cambio climático; todos compartían una misma indignación que parecía resonar con el estruendo de mil tormentas.

Todo se sintió como una ráfaga, un empuje irresistible que rompía el fino cristal de la estabilidad. Calles llenas de gente, pancartas al aire, voces que vibraban al unísono reclamando justicia, equidad y un cambio que hacía tiempo se había prometido pero nunca materializado. El aire estaba cargado, no solo de ruido, sino de una energía difícil de contener. Los movimientos colectivos crecían como olas incontrolables, y cada una rompía con mayor fuerza que la anterior.

La rabia y el descontento eran el combustible; la búsqueda de igualdad y el deseo de derribar estructuras injustas eran la chispa que había encendido el fuego. Todo empezó con murmullos de inconformidad, reuniones silenciosas en sótanos y cafés, pero pronto se tornó en marchas, asambleas abiertas, un tsunami de voces que ya no podían ser acalladas. Este Gran Torbellinazgo sacudía los cimientos de las estructuras sociales que hasta entonces habían permanecido inmutables. Nada se salvó de ser cuestionado: normas, valores, costumbres... todo era susceptible de ser transformado, destruido o reinventado.

Mientras algunos celebraban el advenimiento de un nuevo orden, otros se sentían atrapados en un caos incomprensible. "La igualdad no debe esperar", "Tanto me quitaste, que me quitaste hasta el miedo" gritaban unos. "La tradición debe ser preservada", "Primero mi país" replicaban otros desde la seguridad de sus balcones. Las narrativas que emergieron eran poderosas, convincentes, y muchas veces polarizaban aún más a una sociedad dividida entre la necesidad de cambio y el temor a la pérdida de identidad. Narrativas disruptivas, mensajes que apelaban al corazón y a las emociones, movilizaban multitudes. En cada esquina, la gente debatía, soñaba, y temía el rumbo que el Torbellinazgo les obligaba a tomar.

La tecnología, como siempre, hizo su parte. Las redes sociales se convirtieron en plazas públicas donde el torbellino era más fuerte y feroz, propagando con rapidez causas, ideas y, a veces, el caos mismo. Con cada clic, con cada publicación viral, la crisis, intensificaba su impacto. Ya no había distancia entre países o culturas: lo que sucedía en un rincón remoto del mundo podía, en cuestión de horas, hacer eco en otra parte del planeta.

En el plano global, los cambios climáticos, las crisis económicas y las revoluciones tecnológicas se convirtieron en catalizadores de este torbellino. Sociedades enteras se encontraban ante un espejo roto: lo que veían reflejado no siempre les gustaba, pero sabían que el cambio era inevitable.

Líderes carismáticos emergieron, muchos de ellos disruptivos, prometiendo un nuevo orden, una nueva manera de hacer las cosas. Algunos llevaban esperanza; otros, caos y fractura. Lo único seguro era que nada volvería a ser como antes.

El Gran Torbellinazgo, a nivel social y global, era un proceso implacable. En algunos lugares dejó a su paso innovaciones que transformaron la sociedad para bien, creando estructuras más justas, igualitarias y conscientes.

En otros, trajo caos, destrucción y división, destruyendo puentes que nunca se reconstruyeron. Lo que se aprendió, entre aciertos y fracasos, fue que la transformación y la cohesión, la ruptura y el cambio, siempre caminarían de la mano en el torbellino de la historia humana.

Ejemplos del Gran Torbellinazgo a nivel social y global

Estallido Social en Chile (2019)

El estallido o revuelta social chileno en un ejemplo clásico de una explosión social: se sabe como se inicia, nunca como puede terminar. El inicio fue el alza del precio del pasaje del metro de Santiago en $30, pero que en realidad termina declarando: "no son los $30, sino son 30 años de injusticia social", eslogan del macro descontento con el modelo económico neoliberal, la desigualdad, la falta de justicia social, inequidad, corrupción, etc.

Millones de personas en las calles, por meses hacían estallar sus sentimientos colectivos, acumulados durante décadas: rechazando el statu quo económico, social y político; logrando forzar a la clase política a escuchar las demandas de una sociedad que clamaba por un cambio estructural profundo, exigiendo cambios en educación, salud, pensiones, justa distribución económica, sistema de pensiones (AFP), costos de vida, percepción de abuso y corrupción, nuevas leyes de integración y diversidad, acuerdos políticos, hasta un proceso para redactar una nueva Constitución (que posteriormente fracasó, talvez por el afán de cambiarlo todo, radicalmente y de forma urgente), cuestionando décadas de malas políticas.

El Gran Torbellinazgo chileno no solo puso de manifiesto las fallas del sistema económico, sino que también evidenció el poder de los nuevos sentimientos en las masas insatisfechas, pero que reconocen su poder para generar cambios, desafiar el orden establecido y exigir un futuro más inclusivo y justo. Era el poder de las mayorías pobres, oprimidas por una minoría privilegiaba, masas que no renunciarían a los cambios disruptivos que exigían.

De allí salieron nuevos estilos de liderazgos sociales, políticos, económicos, llegando a ser elegidos para dirigir el gobierno. ¿Todo fue exitoso y Chile experimenta cambios relevantes?, es un tema para evaluar ¿no le parece?

También se produce un cambio en el mundo político, donde el rechazo al statu quo hace que surjan liderazgos disruptivos y nuevos partidos políticos, reflejando una reorganización del panorama político y una canalización de demandas sociales a través de nuevas fuerzas políticas. Algunos de los partidos que emergieron o cobraron protagonismo tras el estallido social incluyen a los siguientes.

a. **Partido de la Gente (PDG)**
Fundado por Franco Parisi, se convirtió en una fuerza importante en las elecciones de 2021, especialmente al captar un voto descontento con los partidos tradicionales.

b. **Partido Republicano**
Liderado por José Antonio Kast, tomó fuerza en el contexto posterior al estallido social con una postura conservadora y crítica de las propuestas de cambio del proceso constituyente.

c. **Convergencia Social**
Formado en 2018 y vinculado a líderes como Gabriel Boric, jugó un papel clave en el proceso constituyente y en las elecciones de 2021.

d. **Partido por la Dignidad**
Diversas agrupaciones que buscaron representar las demandas emergentes de las movilizaciones.

En total, alrededor de 10 nuevos partidos políticos fueron registrados entre 2019 y 2021 en Chile, evidenciando un cambio radical en la diversificación del sistema político y el surgimiento de fuerzas que buscan representar el descontento y las demandas de cambio expresadas en el estallido social. Este proceso refleja una transformación significativa en el panorama político chileno, con mayor fragmentación y pluralidad.

Ya no existen los tradicionales grupos de izquierda, derecha y centro… hoy es complejo entender la identidad de las nuevas tendencias ideológicas.

Conclusión

La metáfora del "torbellino social" evoca la fuerza de un fenómeno que atrae, arrastra y transforma todo a su paso, creando un entorno en el que los actores sociales deben adaptarse rápidamente a los cambios, para bien o para mal.

Este se manifiesta en un proceso de disrupción y cambio rápido en distintos niveles, desafiando lo establecido y forzando una adaptación y transformación. En el nivel personal, promueve el autoconocimiento y la renovación; en el organizacional, impulsa la innovación y la reestructuración; en el social, moviliza a las masas hacia reformas y justicia; y en el mundial, redefine las relaciones globales y la dinámica internacional.

Su impacto puede ser positivo y negativo, puede convertirse en un motor de progreso y cambio, o en un elemento de desestabilización y conflicto, dependiendo de como se gestione y de las fuerzas que lo impulsen… he aquí el gran cuestionamiento que debemos hacer y hacernos, no darlo por hecho y que siga su camino, sino ver hacia que caminos podemos orientar estos actos de crisis y de búsqueda ¿Qué rol juega la familia, los partidos políticos, la escuela, las iglesias en ellos?

4. El Gran Torbellinazgo y su irrupción en la política "formal"

Un relato de una historia cercana: Era un día como cualquier otro en el gran y elegante salón de la Asamblea Central, un lugar donde las decisiones políticas más importantes eran debatidas, refinadas y, con frecuencia, dejadas languidecer en el incesante mar de formalismos. Las paredes, decoradas con retratos de antiguos líderes, eran testigos silenciosos de los monólogos eternos y promesas solemnes que quedaban atrapadas en un bucle de discursos. Pero esa monotonía estaba por cambiar. Nadie lo sabía aún, pero el Gran Torbellinazgo estaba a punto de hacer su gran entrada.

Todo comenzó con un rumor que se propagó con la velocidad de un rayo: un nuevo líder, un auténtico outsider, estaba dispuesto a desafiar el status quo. Se decía que no respetaba las reglas de la "política formal" y que sus discursos eran más como explosiones que como meras palabras. Algunos lo llamaban revolucionario; otros, un peligro para la estabilidad. Su nombre se pronunció en voz baja al principio, pero con cada día que pasaba, se tornaba imposible de ignorar. Y cuando finalmente apareció, lo hizo con un estruendo.

El nuevo líder irrumpió en la Asamblea Central con el porte de quien ha venido a demoler murallas y levantar puentes de fuego. No era un político en el sentido tradicional. Su ropa, su lenguaje, incluso su forma de caminar lo diferenciaban de los veteranos del poder. No perdió el tiempo con cortesías ni cumplidos. Su primer discurso fue como una tormenta de palabras que azotó a todos los presentes. Prometió cambios radicales, exclamó que la paciencia del pueblo estaba agotada, y sentenció que el viejo sistema debía ser demolido para que algo mejor, más justo, pudiera emerger de sus cenizas. Algunos aplaudieron con fervor; otros se hundieron en sus sillas con el rostro pálido.

Los días que siguieron fueron un torbellino de eventos. Las calles se llenaron de gente, unos clamando por la "revolución necesaria" y otros temiendo por el "caos inminente".

Las pancartas y las voces se mezclaban en un coro de esperanza y furia. Los políticos tradicionales, que habían pasado décadas manejando el poder como un juego de ajedrez, no sabían cómo lidiar con esta fuerza que no se atenía a ninguna regla conocida. Intentaron debatirlo, sofocarlo, ridiculizarlo. Pero el nuevo líder simplemente amplificaba su mensaje. Su carisma era como un imán que atraía a los desencantados y desilusionados. Las promesas de cambio rápido, de barrer con la corrupción y devolver el poder al pueblo, resonaban en los corazones de muchos.

Dentro de la Asamblea, el Gran Torbellinazgo se manifestaba con la fuerza de una tempestad. Los pasillos, antes silenciosos y cargados de protocolo, se convirtieron en un campo de batalla.

Cada decisión, cada reforma, cada propuesta era un pulso de poder entre el nuevo orden y el antiguo régimen. "¿Por qué seguimos discutiendo en círculos?", gritó un día el líder, golpeando con fuerza la mesa. "¡El pueblo no puede esperar más! ¡Necesitan resultados, no promesas huecas!". Algunos lo vitoreaban; otros se enfurecían. Pero nadie permanecía indiferente.

Con el tiempo, la intensidad de los enfrentamientos dejó cicatrices. Hubo días en que el torbellino parecía ser demasiado, arrastrando consigo no solo a sus seguidores, sino también las esperanzas de una nación entera. Las reformas prometidas avanzaban, pero el caos también crecía. La polarización se hizo más profunda. Familias se dividían, amigos se distanciaban, y cada elección se sentía como una guerra civil disfrazada. "Esto es lo que ocurre cuando se juega con fuego", susurraban los críticos. "Así es como renace una sociedad", respondían los fervientes defensores.

El Gran Torbellinazgo no fue solo un fenómeno; fue un cambio de paradigma. Transformó la política formal en algo vivo, impredecible y lleno de pasión. Los resultados fueron mixtos: algunos logros brillantes y momentos de auténtica transformación; pero también divisiones, desilusión y nuevas formas de poder que, para bien o para mal, no se parecían a nada que el viejo sistema hubiese conocido.

Al final, el líder torbellino miró el paisaje que había ayudado a construir y destruir. Sabía que su tiempo en el centro del huracán no sería eterno. "Hemos despertado a la sociedad, ahora, dependerá de ellos decidir si quieren seguir construyendo o volver al letargo", dijo un día a su círculo más cercano. Y así, el torbellino que había comenzado con promesas de cambio siguió su curso, dejando a la política y al pueblo con la difícil tarea de encontrar un nuevo equilibrio en medio de los restos y las semillas del cambio.

Conclusiones

En la política, este fenómeno, se refleja como un rechazo masivo y profundo hacia los grupos políticos "tradicionales", vistos como ineficaces, corruptos y desconectados de las necesidades del pueblo, con décadas (o siglos) de promesas incumplidas y políticas que perpetúan la desigualdad y exclusión social.

Desde este descontento y frustración colectiva, han surgido movimientos y elecciones expresando el deseo de "barrer" y romper con el pasado, llevando al poder a líderes radicales, carismáticos y disruptivos que apelan a las emociones, el desencanto, el deseo de transformación y prometen "no ser políticos", utilizando una comunicación directa y provocadora y narrativas poderosas que apelan al nacionalismo, el populismo o la necesidad de cambio rápido.

Este liderazgo sacude la política tradicional, polariza a la sociedad y redefine las prioridades del debate público, que si bien puede ser necesario, conlleva riesgos de fragmentación social y conflictos internos.

Nuevos tiempos, nuevos estilos de líderazgos

El Gran Torbellinazgo en la política es liderado por quienes irrumpen con fuerza en el escenario público, rompiendo con las estructuras, movilizando masas y generando tanto admiración como controversia.

Irrumpen en la política "formal" líderes creadores de cambios significativos y positivos, pero también de divisiones profundas y consecuencias graves.

El impacto de su liderazgo depende tanto de su capacidad para generar resultados como de su habilidad para construir puentes y evitar el autoritarismo, manejando el equilibrio entre la disrupción y la preservación de los valores democráticos y sociales, así como del compromiso con el bienestar de todos los ciudadanos.

Aquí te presento trece ejemplos de como se vive este fenómeno en distintos países, incluyendo los logros, críticas y situaciones mejoradas o empeoradas bajo su liderazgo.

Donald Trump (Estados Unidos, 2016-2020)

Situaciones mejoradas: Su administración impulsó una reforma fiscal en 2017 que redujo impuestos, promoviendo un crecimiento económico significativo. Trump renegoció acuerdos comerciales, como el T-MEC (USMCA), y adoptó una postura firme en política exterior.

Situaciones empeoradas: Durante su mandato, las posiciones políticas extremas se profundizaron, dividiendo a la sociedad. Su retórica y uso constante de las redes sociales exacerbaron tensiones raciales y políticas.

Críticas y faltas: Su manejo de la pandemia de COVID-19 fue muy cuestionado, con respuestas tardías y mensajes contradictorios. El papel que desempeñó en el asalto al Capitolio el 6 de enero de 2021, al cuestionar los resultados electorales, levantó preocupaciones sobre la estabilidad democrática. Un líder gigante, con un pueblo que le cree. ¿Cómo agregarle el valor de la democracia real y el respeto por las opiniones contrarias?

Nayib Bukele (El Salvador, 2019-presente)

Situaciones mejoradas: Bajo su liderazgo, El Salvador ha visto una significativa reducción en los índices de criminalidad debido a su estrategia de mano dura contra las pandillas, ganando popularidad entre la población.

Situaciones empeoradas: Su gestión ha sido criticada por prácticas autoritarias, como la destitución de jueces y fiscales que cuestionaban sus políticas, debilitando la independencia judicial.

Críticas y faltas: Bukele es conocido por su uso de las redes sociales para atacar a opositores y por medidas que algunos consideran que erosionan el orden democrático. Logró sacar a las mafias ¿Pero cómo liberar a quienes no son parte de ellas y están encarcelados?

Jair Bolsonaro (Brasil, 2019-2022)

Situaciones mejoradas: Bolsonaro impulsó reformas económicas y promovió políticas de privatización y reducción del gasto público.

Situaciones empeoradas: Su gestión de la pandemia de COVID-19 fue fuertemente criticada por subestimar su gravedad, lo que resultó en una alta tasa de mortalidad.

Críticas y faltas: Fue señalado por fomentar discursos de odio, debilitar las políticas ambientales y promover la deforestación de la Amazonía. Otro negacionista del cambio climático.

Marcado por una política de extrema derecha, con un estilo directo y provocador, con un rechazo "a los políticos" y el rechazo a la política tradicional.

Bolsonaro capitalizó el descontento de millones de brasileños, cansados de los escándalos de corrupción y el estancamiento económico. Su liderazgo disruptivo y extremista se caracterizó por un discurso contra el sistema, sacudiendo la política brasileña, consolidando una base de seguidores leales y dividiendo al país en torno a sus propuestas y estilo de gobierno.

Andrés Manuel López Obrador (México, 2018-2024)

Situaciones mejoradas: Ha implementado políticas sociales que buscan reducir la pobreza mediante becas y apoyos económicos.

Situaciones empeoradas: Su estrategia de seguridad de "abrazos, no balazos" no ha logrado contener la violencia, y el país sigue enfrentando altos niveles de criminalidad.

Críticas y faltas: Ha sido acusado de centralizar el poder, atacar a la prensa crítica y debilitar organismos autónomos.

Viktor Orbán (Hungría, 2010-presente)

Situaciones mejoradas: Su política de control migratorio y proteccionismo económico ha sido popular en ciertos sectores.

Situaciones empeoradas: Ha sido acusado de socavar la independencia judicial, restringir libertades civiles y ejercer control sobre los medios.

Críticas y faltas: Sus políticas nacionalistas han provocado tensiones con la Unión Europea debido a la erosión de los valores democráticos.

Primer ministro de Hungría por primera vez entre 1998 y 2002 y volvió al poder en 2010. Desde 2010, ha liderado el país de manera continua con su partido Fidesz, implementando una serie de reformas que han consolidado su poder y generado críticas por el debilitamiento de las instituciones democráticas.

Ha consolidado su poder a través de un discurso nacionalista, antiinmigración y euroescéptico, desafiante al statu quo europeo, ha sido una figura contradictoria y disruptiva en Europa, implementando reformas que consolidan su control sobre el país y enfrentándose a la UE en temas de democracia, inmigración y valores europeos. Su liderazgo ilustra como el Gran Torbellinazgo puede generar cambios profundos en el sistema político, redefiniendo los límites de la democracia en un contexto nacional y europeo.

Recep Tayyip Erdoğan (Turquía, 2003-presente como primer ministro y presidente)

Situaciones mejoradas: En sus primeros años, Erdoğan impulsó un crecimiento económico significativo y mejoró la infraestructura del país.

Situaciones empeoradas: Ha centralizado el poder, debilitado las instituciones democráticas y reprimido a la oposición y a los medios de comunicación.

Críticas y faltas: Se le acusa de autoritarismo y de llevar a Turquía hacia una autocracia, reprimiendo libertades fundamentales.

Boris Johnson (Reino Unido, 2019-2022)

Situaciones mejoradas: Johnson lideró el proceso del Brexit, cumpliendo con la promesa de sacar al Reino Unido de la Unión Europea, sin medir con claridad las consecuencias a futuro.

Situaciones empeoradas: El Brexit trajo consigo desafíos económicos y comerciales, especialmente en Irlanda del Norte, y generó divisiones políticas y sociales.

Críticas y faltas: Johnson enfrentó críticas por su gestión en algunos términos muy liberal y despreocupada; mal manejo de la pandemia y escándalos dentro de su administración.

Rodrigo Duterte (Filipinas, 2016-2022)

Situaciones mejoradas: Su política de mano dura contra las drogas ha sido apoyada por algunos sectores, quienes creen que ha reducido el crimen.

Situaciones empeoradas: Su "guerra contra las drogas" ha generado violaciones de derechos humanos, incluidas ejecuciones extrajudiciales ampliamente condenadas.

Críticas y faltas: Duterte ha sido criticado por su retórica profética y violenta, su represión de la disidencia y el debilitamiento de las instituciones democráticas.

Daniel Ortega (Nicaragua, 2007-presente)

Situaciones mejoradas: Ortega ha mantenido una relativa estabilidad económica en ciertos momentos, apoyándose en proyectos de infraestructura y colaboración con sectores empresariales.

Situaciones empeoradas: Ha sido acusado de manipular elecciones, reprimir protestas y encarcelar a opositores, consolidando un régimen autoritario.

Críticas y faltas: Su gobierno ha sido señalado por organismos internacionales por violaciones de derechos humanos, represión de libertades civiles y el uso de la fuerza para mantener el poder y ser un embaucador de la gente y sus dolores.

Matteo Salvini (Italia, Ministro del Interior 2018-2019)

Situaciones mejoradas: Salvini adoptó una política de mano dura contra la inmigración, cerrando puertos a barcos de rescate, lo que fue popular en ciertos sectores.

Situaciones empeoradas: Sus políticas y discursos extremos aumentaron las tensiones raciales y sociales en Italia.

Críticas y faltas: Salvini ha sido acusado de fomentar el racismo y de dividir al país mediante retóricas extremas y políticas controvertidas.

Giorgia Meloni (Italia, 2022-presente como Primera Ministra)

Situaciones mejoradas: Giorgia Meloni, líder del partido Hermanos de Italia (Fratelli d'Italia), ha ganado popularidad con un discurso nacionalista y conservador que promete defender los intereses italianos en la Unión Europea y revitalizar la economía. Ha logrado generar un sentido de identidad y orgullo entre sus seguidores, proponiendo medidas para proteger a las familias y a las pequeñas empresas.

Situaciones empeoradas: Su liderazgo y retórica nacionalista han generado preocupación dentro y fuera de Italia debido a su enfoque en políticas antimigratorias y su asociación con figuras de extrema derecha. Esto ha profundizado las divisiones políticas y ha suscitado tensiones tanto a nivel nacional como internacional.

Críticas y faltas: Meloni ha sido criticada por su lenguaje agresivo y por su postura restrictiva hacia los derechos de las minorías y la inmigración. Su política de confrontación con ciertas normas y valores de la Unión Europea ha generado tensiones diplomáticas, avivando el temor de que Italia adopte un enfoque más autoritario y menos inclusivo bajo su liderazgo.

Primera mujer en asumir el cargo de primera ministra de Italia, en las que su partido obtuvo una victoria significativa, llevando al poder a un partido de raíces nacionalistas y altamente conservadoras.

Es un claro ejemplo del Gran Torbellinazgo en la política europea. Su ascenso al poder refleja el rechazo a las políticas del centro y al establishment europeo.

Meloni ha prometido priorizar los intereses nacionales, reformar la economía y limitar la inmigración, desafiando las normas de la política italiana y europea. Su éxito electoral muestra como el electorado italiano ha optado por una figura disruptiva que cuestiona abiertamente las políticas tradicionales.

Nicolás Maduro (Venezuela, 2013-presente como Presidente)

Situaciones mejoradas: Bajo el liderazgo de Maduro, algunos sectores de la población han recibido beneficios sociales, como alimentos subsidiados a través de los Comités Locales de Abastecimiento y Producción (CLAP) y planes de vivienda. También ha mantenido un fuerte control sobre el aparato estatal, consolidando el poder político.

Situaciones empeoradas: La gestión de Maduro ha estado marcada por una profunda crisis económica, hiperinflación, escasez de alimentos y medicinas, así como una emigración masiva de venezolanos buscando mejores condiciones de vida. Su administración ha sido objeto de acusaciones de corrupción y mala gestión.

Críticas y faltas: Ha sido señalado por la comunidad internacional y por organismos de derechos humanos por prácticas autoritarias, incluida la represión violenta de manifestaciones, el encarcelamiento de opositores políticos y el control de instituciones democráticas. Su gobierno ha sido acusado de manipulación electoral y de violaciones sistemáticas de derechos humanos.

Marine Le Pen en Francia
Antes el padre: Jean-Marie Le Pen, nacionalista con retórica polémica, que incluyó declaraciones que generaron amplias controversias en Francia y a nivel internacional. Hoy su Hija Marine, fue candidata presidencial en 2012, 2017 y 2022, alcanzando la segunda vuelta en 2017 y 2022.

Líder del partido de extrema derecha Agrupación Nacional (anteriormente Frente Nacional), ha capitalizado el descontento de una parte significativa del electorado francés hacia la clase política tradicional. Le Pen ha sido una figura clave en la política francesa, atrayendo a votantes con un discurso nacionalista, euroescéptico y antiinmigración. Aunque no ha llegado a la presidencia, su impacto ha sido suficiente para redefinir el debate político en Francia, forzando a los partidos tradicionales a tomar posturas más firmes y polarizando al electorado. Le Pen encarna el Gran Torbellinazgo al desafiar la visión convencional de Francia en Europa y proponer un enfoque radical que conecta con el descontento de muchos ciudadanos.

5. Elementos que componen el Liderazgo Torbellino

El Gran Torbellinazgo representa un fenómeno que encapsula un estilo de liderazgo disruptivo, dinámico y carismático, capaz de actuar como un catalizador de cambios profundos.

Al igual que un torbellino que arrasa todo a su paso, este tipo de liderazgo puede generar un sentido de urgencia y propósito, llevando a organizaciones y sociedades a horizontes antes inimaginables. Sin embargo, este torrente de transformación también plantea retos, ya que no todas sus corrientes son constructivas; algunas pueden llevar a la confusión y al desorden. En este contexto de cambios, vemos nacer el Liderazgo Torbellino, que surge en contextos de insatisfacción colectiva, cuando se busca rechazar el statu quo político, social, religioso o económico.

Este estilo de liderazgo se caracteriza por su fuerza disruptiva, su carisma y su capacidad para convocar y movilizar a las masas mediante mensajes directos y cargados de emoción e imágenes sensibles.

Al desafiar normas tradicionales, el Liderazgo Torbellino ofrece una visión alternativa que, aunque a menudo polarizante, tiene el poder de transformar la realidad organizacional y social.Los líderes que encarnan esta forma de liderar utilizan narrativas poderosas para generar un impacto que va más allá del ámbito individual, reestructurando sistemas enteros con un enfoque radical.

Esta forma de liderazgo ofrece una oportunidad para reimaginar y transformar sistemas obsoletos, permitiendo innovaciones y renovaciones profundas, ya que en contextos globales y locales evidencia un deseo de cambio que busca romper con estructuras ineficaces y construir un futuro más inclusivo y auténtico. Sin embargo, estos cambios no están exentos de riesgos, pues al no gestionarlos con un enfoque ético , con una mirada de largo plazo y con un compromiso hacia el bienestar colectivo, su fuerza transformadora puede generar divisiones, caos e inestabilidad y sobre todo una cultura de la inmediatez y pronta recompensa frente a los desafíos de futuro.

En el ámbito corporativo puede implicar transformaciones culturales y estructurales profundas. Organizaciones enteras se ven impulsadas a romper con normas establecidas para adoptar innovaciones a un ritmo acelerado, reconfigurando la manera en que operan. Sus líderes prometen resultados visibles y cambios rápidos, conectando con seguidores a través de un mensaje claro y emocionalmente poderoso. No obstante, la disrupción viene acompañada de costos potenciales: la centralización del poder, las opiniones extremas y el riesgo de sofocar el diálogo colaborativo. Este no es solo un estilo de liderazgo, sino un fenómeno complejo que combina carisma, disrupción y un enfoque implacable en el cambio rápido. Su capacidad para movilizar masas, reorganizar estructuras y desafiar el statu quo puede generar transformaciones profundas, pero también polariza opiniones y puede acarrear consecuencias imprevistas.

El surgimiento de este liderazgo no es casual. Vivimos en una era marcada por la velocidad de los cambios, donde la innovación y la adaptación son claves para la supervivencia.

Enfrentamos desafíos globales, desde avances tecnológicos que exceden nuestra capacidad de adaptación hasta crisis políticas y económicas que erosionan la confianza en las instituciones. En este contexto, los líderes que prometen una ruptura con el pasado y soluciones rápidas en el presente, encuentran un terreno fértil para florecer.

Se nutren de las expectativas, la frustración, la ansiedad y el deseo de certezas de las personas, ofreciendo un sentido de propósito y dirección que, si no se maneja con cuidado, puede derivar en divisiones extremas y riesgos de convivencia.

Figuras contemporáneas que ejemplifican este fenómeno han reconfigurado industrias enteras o escenarios políticos mediante un enfoque directo y rupturista, lo que pone de relieve tanto su potencial transformador como los riesgos asociados.

Ejemplos de este liderazgo los podemos encontrar en figuras como Elon Musk, quien ha revolucionado la industria automotriz, comunicacional y espacial; Jeff Bezos, que cambió para siempre el comercio electrónico y la logística global; y líderes políticos como Donald Trump, Nayib Bukele y Javier Milei, que han aportado al panorama político a través de su comunicación directa y simple, como también han sido rupturistas con acuerdos, normas y hasta principios científicos. Estas figuras representan tanto la grandeza como los desafíos que plantea este tipo de liderazgo.

Sin embargo, esta fuerza transformadora también presenta desafíos, ya que no todas las acciones que genera son constructivas; algunas pueden derivar en confusión y desorden, por ello nos debe invitar a reflexionar sobre las cualidades que buscamos en nuestros líderes y el impacto que sus acciones tienen o tendrán en el entorno que gobiernan.

Uno de los riesgos principales de este estilo, es la centralización del poder y la muerte de la comunidad laboral, ya que un liderazgo excesivamente vertical sofoca la creatividad, reduce la participación y fomenta una cultura de imposición que ahoga la innovación. Cuando la toma de decisiones se centraliza en un gran líder salvador, se corre el peligro de volver a una estructura piramidal rígida donde el poder fluye de manera unidireccional.

Cuando por lo general en los encuentros y coordinaciones solamente se escucha (en vivo o grabada) la voz del líder dominante, se puede llegar a la asfixia de las gargantas, limitando la capacidad de los empleados para expresar sus opiniones o contribuir de manera significativa. Con mayor razón, las voces disidentes suelen ser silenciadas, limitando la capacidad de los equipos para colaborar y aportar nuevas ideas. Este tipo de estructura rígida puede generar un ambiente de miedo y desgaste organizacional, donde el diálogo y la colaboración son reemplazados por informaciones pasivas e imposiciones.

Además, el enfoque de resultados inmediatos y la presión para generar cambios rápidos puede derivar en una cultura del hacer sin analizar, lo que genera cansancio, responsabilidades no consentidas y riesgos organizacionales graves.

Este liderazgo ofrece una oportunidad para repensar management moderno, pero exige un equilibrio cuidadoso. Su energía y capacidad para movilizar son innegables, pero deben ser gestionadas de manera ética y orientadas al bien común.

Liderar con fuerza y carisma no debe significar sacrificar la participación, el diálogo abierto ni la cohesión comunitaria. Solo así es posible evitar que la disrupción se convierta en una trampa que debilite a las organizaciones y sus valores fundamentales.

El Gran Torbellinazgo y su Liderazgo Torbellino se sostiene sobre cuatro pilares fundamentales que lo distinguen y definen:

- Carisma, imantación y envío
- Velocidad como ventaja competitiva
- La comunicación disruptiva y directa
- Una narrativa que inspire y polarice

Cada uno de estos elementos contribuye a que este tipo de liderazgo sea tan efectivo como arriesgado, veamos su desarrollo.

5.1 Carisma, imantación y movimiento, el poder de atraer y enviar del Liderazgo Torbellino

En el corazón del Gran Torbellinazgo se encuentra el carisma del líder, un poder de atracción capaz de unir a comunidades en torno a una visión compartida, fomentando un sentido de pertenencia. Sin embargo, esta misma fuerza puede suscitar pasiones intensas, dividiendo opiniones y creando facciones. Esta dualidad nos lleva a cuestionar qué tan dispuestos estamos a seguir a alguien que, aunque nos inspire, también pueda causar divisiones.

El carisma es la fuerza magnética que hace que las personas sigan a un líder, incluso cuando las decisiones que toman son polémicas. Líderes como Elon Musk, Jeff Bezos y Donald Trump han demostrado como una presencia dominante, combinada con una narrativa potente, puede movilizar masas y generar lealtades inquebrantables.

Los líderes del Gran Torbellinazgo poseen un carisma arrollador, esa capacidad de mirar a las personas a los ojos, apuntarles con su dedo índice, incluso desde una pantalla, y hacer que se sientan escuchadas, entendidas, llamadas y motivadas. Es el poder de conectar profundamente con emociones primarias como la esperanza, el miedo y la rabia. Elon Musk inspira sueños de colonizar Marte. Jeff Bezos promete satisfacer necesidades al instante.

Donald Trump moviliza a millones bajo su mensaje de "hacer grande a América de nuevo". Nota: Me parece que no se refiere a nuestra "América" como al segundo continente más grande de la Tierra, después de Asia, que ocupa la gran parte del hemisferio occidental del planeta, no. Se adueña del término y lo aplica para los EE.UU o U.S.A, en fin, es otro tema.

El Liderazgo Torbellino se distingue por su capacidad de atraer e influir de manera magnética en su entorno, generando un carisma que actúa como un imán para seguidores, organizaciones e incluso sociedades enteras. Este liderazgo se nutre de un poder de atracción emocional, capaz de movilizar masas, reorganizar estructuras y crear un sentido de propósito y dirección que muchos perciben como único y transformador.

El carisma del "Líder Torbellino" es su motor del cambio, no es un rasgo superficial; se convierte en la base sobre la que construye su liderazgo. La habilidad para captar la atención, conectar emocionalmente y transmitir confianza es lo que le permite ejercer influencia sobre grandes grupos de personas. Este tipo de líder suele poseer una retórica poderosa y apasionada, que no solo capta el interés, sino que también crea un fuerte vínculo emocional con sus seguidores.

Su discurso desafía las normas establecidas, promete cambios rápidos y plantea una visión alternativa, profundamente cautivadora, pasos inscritos dentro de la dinámica de imantación, en la que los seguidores no solo son atraídos, sino que se sienten movidos por un sentido de pertenencia y propósito compartido.

5.1.1 Esa seductora Imantación

El concepto de imantación en el contexto del Liderazgo Torbellino es una conexión profunda creadora de movimiento, fenómeno por el cual el líder se convierte en un punto de referencia magnético para sus seguidores.

Los individuos que caen bajo la influencia de estos líderes experimentan una atracción que va más allá de la simple admiración; se sienten impulsados a actuar, a formar parte de un movimiento, a comprometerse con una causa que consideran urgente y significativa.

Esta conexión profunda y emocional no solo genera seguidores leales, sino que crea una comunidad cohesionada en torno al líder, capaz de trabajar y de hacer lo que sea necesario para llegar a la meta imantada.

La imantación tiene un poder transformador, pero también plantea riesgos. La lealtad hacia el líder puede llevar a una idealización que dificulta el cuestionamiento de sus decisiones, generando un entorno propenso a la defensa del pensamiento de su líder, junto con un violento rechazo de las voces disidentes. Si bien la atracción del "Líder Torbellino" puede unir y movilizar, también puede convertirse en un obstáculo para el diálogo y la diversidad de opiniones si no se gestiona con cuidado.

El Liderazgo Torbellino no se detiene en atraer seguidores; su verdadero poder radica en su capacidad para movilizar, transformar y enviar a quienes "han sido evangelizados". Los líderes que encarnan este estilo no solo congregan a las masas, sino que las impulsan hacia la acción. Utilizan su carisma para canalizar el descontento, la energía y la esperanza de sus seguidores en un movimiento que desafía el statu quo. Esto puede manifestarse en reformas sociales, cambios organizacionales, movilizaciones políticas o la creación de nuevas formas de pensar y actuar.

El movimiento generado por estos líderes suele tener un carácter acelerado y transformador, signo de su capacidad de actuar con rapidez y decisión, creando un sentido de urgencia que obliga a las estructuras existentes a adaptarse o ser barridas. El Liderazgo Torbellino impulsa a sus seguidores hacia un cambio que puede ser tan inspirador como disruptivo, pero su enfoque implacable en el cambio rápido puede tener consecuencias no deseadas si se pierde de vista el impacto a largo plazo.

El poder de atraer e imantar a seguidores y de enviar mensajes y acciones transformadoras es el núcleo del Liderazgo Torbellino. En su mejor expresión, puede ser una fuerza para el bien común, inspirando a las organizaciones y sociedades a salir del estancamiento y abrazar el cambio. Sin embargo, cuando el poder del carisma no se gestiona con responsabilidad, puede derivar en autoritarismo y desestabilización.

El equilibrio entre atraer y enviar, entre movilizar e inspirar, exige del "Líder Torbellino" una profunda conciencia de su impacto, un compromiso ético y la capacidad de escuchar a quienes lo rodean. Solo así puede convertirse en una fuerza que moviliza hacia el progreso sin caer en las trampas de la manipulación o el culto a la personalidad.

5.1.2 Características clave de Líder Torbellino

- **Presencia dominante**
  Los líderes torbellinos destacan por su capacidad de captar la atención de manera casi magnética. Son capaces de llenar una sala con su energía y captar la atención de las audiencias a través de su comunicación poderosa y su seguridad.
- **Narrativa potente**
  Utilizan historias y mensajes que apelan a las emociones, los valores y las aspiraciones de sus seguidores. Esta narrativa se convierte en un eje central que conecta a sus seguidores y fortalece su lealtad.
- **Atracción y lealtad**
  El carisma de estos líderes genera una conexión profunda con sus seguidores, inspirando una lealtad que a menudo trasciende la lógica o las críticas. Las personas se sienten motivadas a seguirlos, incluso en situaciones controvertidas o riesgosas.
- **Encender los extremos**
  La misma fuerza que atrae a muchos puede repeler a otros. Los líderes carismáticos Torbellinos, tienden a dividir opiniones, generando tanto apoyo incondicional como una fuerte oposición. Esto puede resultar en una dinámica de "amor-odio" que fomenta los fuegos extremos. Ella no es solo un efecto secundario, es un arma peligrosa. Los líderes torbellino utilizan la división para movilizar, simplificar narrativas complejas y crear un sentido de urgencia. Para cada seguidor leal, hay un detractor implacable. Es un catalizador de pasiones

extremas: Genera amor y odio, admiración y rechazo. Esta capacidad de jugar con los extremos, aunque peligrosa, es una herramienta poderosa para quienes buscan el cambio rápido. En el ámbito organizacional, esto puede traducirse en un entorno altamente motivado o profundamente dividido. Esta caracterización la veremos con más detalles en el siguiente capítulo.

El impacto de las características del Líder Torbellino es profundo: equipos divididos, sociedades fragmentadas y un entorno donde el rechazo reemplaza al consenso y la colaboración.

Para los seguidores, esta polarización puede ser una trampa. La lealtad ciega hacia un líder carismático puede hacer que pierdan de vista sus propios valores y bienestar. Es un fenómeno emocional que transforma el liderazgo en culto y la crítica en traición. Aquí radica uno de los grandes peligros del Torbellinazgo.

La clave está en encontrar un equilibrio entre la pasión y la inclusión, un desafío constante en la política y en las organizaciones.

5.2 La velocidad como ventaja competitiva del Liderazgo Torbellino

En un mundo donde el cambio y la inmediatez ocurren a un ritmo vertiginoso, la velocidad se hace ley y una experiencia adrenalínica y adictiva.

Las tecnologías cambian de un día para otro, los mercados son volátiles y la paciencia es un lujo que pocos pueden permitirse. Los líderes torbellino, por sobre todo, saben que el tiempo es oro y actúan con una urgencia implacable, donde cada segundo cuenta, cada oportunidad debe ser capturada, y cada error puede ser letal, así la capacidad de actuar con rapidez se ha convertido en una ventaja competitiva fundamental.

El ritmo vertiginoso de sus decisiones y su enfoque en resultados inmediatos les permite vencer a competidores y transformar organizaciones, destacando por su habilidad para tomar decisiones de manera rápida y decisiva, lo que les permite capitalizar oportunidades antes que sus competidores.

Este tipo de liderazgo, caracterizado por su enfoque ágil y enérgico, puede marcar la diferencia en entornos empresariales y sociales donde el tiempo es esencial.

No todo es miel, las decisiones se toman rápidamente, a menudo sin tiempo para reflexionar, para debatir, para dudar, para mejorar o esperar consenso, por tanto la participación, la consulta y la democracia pasan a un segundo lugar. Igualmente la duda o el cuestionamiento es visto como una mala práctica organizacional, al debilitar la posición del líder. ¿Y el error? El error se convierte en sinónimo de debilidad e ineficiencia.

Para los líderes, el Gran Torbellinazgo, es un recordatorio constante de que el éxito solo pertenece a quienes se mueven rápido. Esta obsesión por la velocidad puede asfixiar a quienes están a su alrededor, haciendo que la presión por cumplir objetivos a cualquier costo, genere un ambiente de tensión extrema en quienes son sus equipos, experimentando que la velocidad se convierte en un peso insoportable que los lleva al agotamiento, la desesperanza, el desgaste mental y físico.

Efectivamente el impacto del éxito empresarial es inmediato, pero también lo son los riesgos de errores y consecuencias imprevistas, ya que actuar con alta celeridad y análisis limitado puede llevar a errores, decisiones mal fundamentadas o impactos a largo plazo que no siempre se prevén.

Este fenómeno nos invita a reflexionar sobre la necesidad de un liderazgo que no solo sea rápido, sino también consciente y responsable, un liderazgo que combine agilidad con visión de futuro.

5.2.1 Características clave de la velocidad como ventaja competitiva

- **Decisión rápida y enérgica**
  Los líderes torbellino son conocidos por su capacidad de tomar decisiones en el momento adecuado. Este enfoque les permite adaptarse rápidamente a las necesidades del mercado, a las demandas cambiantes de los clientes y a las condiciones del entorno.
- **Adaptabilidad y agilidad**
  La velocidad como ventaja competitiva requiere un enfoque altamente adaptable. Los líderes que prosperan en este contexto son capaces de ajustar sus estrategias y prioridades según las circunstancias, manteniendo una actitud flexible ante el cambio.
- **Toma de riesgos calculados**
  La rapidez en la acción no siempre implica actuar de manera imprudente. Los líderes torbellino suelen ser hábiles en evaluar riesgos rápidamente y tomar decisiones informadas. ¿Su debilidad? el bajo tiempo para el análisis de sus decisiones.
- **Sentido de urgencia**
  Los líderes que utilizan la velocidad como ventaja competitiva suelen crear un entorno que impulsa un sentido de urgencia entre su equipo. Esto puede motivar a los colaboradores y generar un impulso hacia la acción, creando una cultura orientada a los resultados.

Ejemplos en la práctica

- **El resurgimiento de Netflix**
  Cuando la industria del entretenimiento cambió con el auge de las plataformas de streaming, Netflix se adaptó rápidamente, transformando su modelo de negocio de un servicio de alquiler de DVDs a un líder global en streaming y producción de contenido. Esta rapidez en la adaptación le permitió superar a

competidores más lentos y consolidar su liderazgo.

- **El Caso de Elon Musk y SpaceX**
  Elon Musk, al liderar SpaceX, ha demostrado que actuar con rapidez y audacia puede revolucionar una industria. La compañía se convirtió en un actor clave en la exploración espacial privada al ser la primera en reutilizar cohetes, reduciendo drásticamente los costos. Esta velocidad para innovar ha mantenido a SpaceX a la vanguardia del sector.

- **Lanzamientos de productos de Apple**
  Apple, bajo el liderazgo de Steve Jobs, ejemplificó como la rapidez y la anticipación pueden generar una ventaja competitiva. El lanzamiento de productos innovadores, como el iPhone, permitió a la empresa capitalizar tendencias emergentes antes de que otros competidores pudieran reaccionar.

Aunque la velocidad puede ser una ventaja poderosa, también conlleva riesgos significativos. Las decisiones rápidas, si no están bien fundamentadas, pueden tener consecuencias no deseadas, como el desgaste del equipo, la implementación fallida de nuevas estrategias o la falta de previsión a largo plazo. El desafío para los líderes radica en encontrar el equilibrio adecuado entre la velocidad y la reflexión. Ser capaz de actuar con rapidez sin sacrificar la calidad y la coherencia es una habilidad que distingue a los verdaderos líderes torbellino de aquellos que simplemente reaccionan sin dirección.

Cuando se maneja de manera adecuada, la rapidez puede ser un motor de transformación que impulsa el crecimiento, la innovación y el éxito. Pero cuando se utiliza sin un propósito claro, puede llevar al caos y al fracaso. La clave para los líderes torbellino es canalizar la energía de la velocidad hacia un objetivo claro, utilizando cada momento como una oportunidad para crear valor, innovar y superar los desafíos que plantea un mundo en constante cambio.

5.2.2 Casos de mal uso de la velocidad como ventaja competitiva

Aunque la velocidad puede ser una ventaja competitiva poderosa, su mal uso puede tener consecuencias graves para las organizaciones. Cuando se prioriza la rapidez a expensas de la calidad, la reflexión estratégica o la sostenibilidad, el impacto puede ser desastroso. A continuación, se presentan ejemplos de casos en los que actuar con demasiada rapidez se lograron resultados adversos.

El lanzamiento del Samsung Galaxy Note 7 (2016)

En un intento de superar a Apple y mantenerse a la vanguardia del mercado de los smartphones, Samsung lanzó el Galaxy Note 7 de manera rápida, buscando ser el primero en ofrecer tecnología de punta. Sin embargo, la premura en el desarrollo y la falta de pruebas de calidad exhaustivas resultaron en un defecto crítico: las baterías del dispositivo eran propensas a explotar. Esto llevó a un retiro masivo del producto, daños a la marca y grandes pérdidas financieras. El caso de Samsung demuestra que la velocidad, sin un control riguroso de calidad, puede tener un impacto negativo en la reputación y las finanzas de una empresa.

El fracaso de Google Glass (2013-2015)

Google Glass fue presentado como una innovación disruptiva en el mundo de la tecnología wearable. Sin embargo, en su afán por introducir rápidamente el producto al mercado, Google se apresuró a lanzar una versión beta a consumidores que no estaba completamente desarrollada ni alineada con las necesidades del mercado. La falta de privacidad, el diseño invasivo y la percepción de un alto costo sin un beneficio claro llevaron al fracaso del producto. Google Glass se convirtió en un símbolo de un lanzamiento apresurado que no logró generar adopción masiva ni cumplir con las expectativas.

Boeing 737 MAX (2018-2019)

Boeing, en un esfuerzo por competir con Airbus y lanzar rápidamente una nueva versión de su avión 737, presentó el 737 MAX. La presión para cumplir con plazos ajustados y mantenerse competitivo resultó en fallos de diseño y pruebas insuficientes del sistema de control de vuelo MCAS, lo que llevó a dos accidentes trágicos. El incidente del vuelo de Alaska Airlines, que dejó un hueco en el avión "tan ancho como una nevera" según un pasajero, es el último de una serie de problemas y accidentes mortales que han aquejado al Boeing 737 Max.

Y plantea preguntas sobre la seguridad de este modelo que ya fue inmovilizado anteriormente durante un año y medio en 2019 y que ha sido sometido a más investigaciones que cualquier otra aeronave actualmente en servicio.

En 2018 y 2019, hubo dos accidentes mortales que involucraron aviones Boeing 737 Max 8 en los que murieron 346 personas en Indonesia y Etiopía.

La rapidez con la que Boeing intentó superar a sus rivales, sin el debido cuidado y las pruebas exhaustivas, resultó en una crisis de seguridad, la pérdida de vidas humanas y un gran impacto financiero y reputacional para la empresa, ¿las indemnizaciones enormes que pagaron cubren el dolor de las familias de los 346 fallecidos?

WeWork y su expansión acelerada (2018-2019)

WeWork, bajo el liderazgo de Adam Neumann, adoptó un enfoque de expansión extremadamente rápido, abriendo oficinas en todo el mundo sin una estrategia clara de sostenibilidad. La velocidad con la que se expandió fue impulsada por una narrativa de crecimiento exponencial y de liderazgo disruptivo, pero la falta de planificación y una estructura de negocio sólida resultaron en un colapso financiero. La empresa fue valorada inicialmente en casi 47 mil millones de dólares antes de ver desplomada su valoración tras la fallida oferta pública inicial (IPO). La rápida expansión sin una base sólida es un ejemplo clásico de como la velocidad sin sustento puede resultar en un fracaso.

Theranos y la promesa de diagnósticos rápidos

Theranos, liderada por Elizabeth Holmes, prometió revolucionar la industria médica con un dispositivo capaz de realizar análisis de sangre con solo una gota de sangre. En su afán por expandirse rápidamente y cumplir con promesas de tecnología que aún no estaba completamente desarrollada, Theranos puso en peligro la salud de sus usuarios y finalmente colapsó cuando se descubrió que la tecnología no funcionaba como se afirmaba. La rapidez y el secretismo con el que Theranos intentó expandir su influencia resultaron en uno de los mayores escándalos empresariales de la historia reciente.

Conclusiones

Estos casos ilustran los riesgos inherentes al mal uso de la velocidad como ventaja competitiva. Actuar con rapidez sin la debida planificación, calidad y consideración puede ser costoso y, en algunos casos, catastrófico. Para los líderes, la clave radica en equilibrar la rapidez con la diligencia, garantizando que las decisiones rápidas no comprometan la seguridad, la integridad o la sostenibilidad a largo plazo de la organización. La velocidad es una herramienta poderosa, pero su mal manejo puede convertirla en un arma de doble filo.

5.3 La comunicación disruptiva y directa del Liderazgo Torbellino

El Liderazgo Torbellino habla directamente al corazón de las personas, no depende de intermediarios para comunicarse. Utilizan las redes sociales, los foros públicos y cualquier medio disponible para hablar directamente con su audiencia. Esta comunicación directa les permite controlar la narrativa, con mensajes simples, discursos impactantes y no tienen inconvenientes en usar fake news para movilizar a sus seguidores, desafiar a sus oponentes, influir en la opinión pública y dominar el ciclo informativo de manera efectiva. En muchos casos, sus mentiras repetitivas se convierten en verdad para quienes lo escuchan y se sienten parte de algo más grande, que está develando una verdad oculta por sus "enemigos".

La narrativa se convierte en una herramienta de poder, con líderes que utilizan una comunicación clara, disruptiva y altamente agresiva, para movilizar a sus seguidores y desafiar las narrativas establecidas. Este tipo de comunicación puede ser refrescante, pero también es susceptible de malinterpretaciones y en bocas equivocadas se transforma en un misil, una violenta arma de ataque.

La siguiente historia refleja los matices y desafíos de la comunicación disruptiva y directa del Liderazgo Torbellino… cualquier similitud con la realidad NO es pura coincidencia. Vamos con la estrategia del impacto en una empresa muy conocida.

La noticia del ascenso de Manuel Esquivel como CEO de HorizonCorp se esparció como un rayo en las redes. En poco tiempo, todos en la empresa sabían que las cosas cambiarían drásticamente. Manuel no era un líder convencional; su reputación lo precedía como un hombre de decisiones rápidas, mensajes directos y estrategias que rompían con las normas tradicionales. Los analistas, la prensa y sus propios empleados le dieron un apodo: "El Torbellino".

Desde el primer día, Manuel dejó claro su enfoque. En vez de confiar en largas cadenas de comunicación, se dirigió directamente a toda la organización a través de transmisiones en vivo en redes internas y comunicados directos que no dejaban lugar a dudas. Sus mensajes eran claros, a veces crudos, y resonaban con muchos empleados que se sentían atrapados en la burocracia y la lentitud del antiguo liderazgo. "No esperaremos más", sentenció en su primer discurso. "El cambio es ahora, y todos estamos involucrados".

Los resultados iniciales fueron sorprendentes. HorizonCorp comenzó a moverse con una agilidad que hacía tiempo había perdido. Manuel compartía cada paso de sus planes, desde nuevas adquisiciones hasta proyectos radicales, generando un compromiso inmediato y lealtad entre sus seguidores. Muchos empleados lo admiraban por su valentía al desafiar al statu quo, al cuestionar las viejas formas de hacer negocios y exponer las ineficiencias.

Sin embargo, no todos compartían el entusiasmo. Sus detractores señalaron que Manuel no solo usaba la comunicación para inspirar, sino también para polarizar. En reuniones públicas y foros abiertos, atacaba a quienes se oponían a sus propuestas, desacreditándolos con argumentos que a menudo se sentían demasiado personales. Cuando un grupo de gerentes cuestionó el impacto de su última campaña de reestructuración, los ridiculizó públicamente: "Solo aquellos que temen perder privilegios defienden el pasado", afirmó. La sala quedó en silencio.

El verdadero problema comenzó cuando Manuel, presionado por la competencia, decidió usar la misma táctica fuera de la empresa. En una serie de entrevistas y publicaciones en redes, atacó a competidores, difundió datos que no siempre se confirmaban y lanzó campañas de desprestigio que encendieron el mercado. Sus seguidores lo aclamaban; los medios lo cubrían sin cesar, y HorizonCorp, por un tiempo, dominó el ciclo informativo. Pronto, el impacto se sintió de otra manera. Sus competidores contraatacaron con pruebas de que Manuel había exagerado o manipulado algunos datos, en otros entregaba una verdad a medias y en otras ocasiones, simplemente mentía descaradamente, así su credibilidad terminó por romperse.

Dentro de HorizonCorp, los efectos fueron más profundos. La cultura de miedo creció. Los gerentes temían proponer ideas que desafiaran la visión de Manuel. El ambiente de colaboración se deterioró, y los equipos comenzaron a polarizarse: aquellos que apoyaban incondicionalmente a Manuel y aquellos que lo veían como una amenaza. La narrativa que inicialmente motivó a la organización ahora sembraba desconfianza y desinformación.

Una noche, en una junta con su equipo cercano, una de las ejecutivas más antiguas, Marta, le dijo con voz firme: "Manuel, hemos perdido el equilibrio. Tus palabras antes unían; ahora dividen. No se trata solo de impactar, sino de construir algo duradero". Manuel se quedó en silencio. Sabía que había cruzado una línea, que el mismo poder de comunicación que había levantado a la empresa ahora amenazaba con destruirla.

Decidió cambiar de enfoque. En vez de mensajes incendiarios, comenzó a promover foros abiertos donde el diálogo, no el monólogo, predominaba. Admitió errores, reestableció conexiones con aquellos que habían sido marginados y usó su capacidad para movilizar con un nuevo propósito: construir y no destruir. No todos confiaron en el cambio, pero poco a poco, el equilibrio comenzó a restaurarse.

Manuel comprendió que la comunicación disruptiva era una herramienta poderosa, pero peligrosa. Aprendió a usarla con cautela, consciente de que cada palabra, cada mensaje, podía marcar la diferencia entre crear un legado o convertirse en otro ejemplo de liderazgo autodestructivo.

Conclusiones

El líder Torbellino no acepta críticas ni disrupciones (que solamente él puede ejercerlas), pues tiene sed de audiencias cercanas, amigas y complacientes. Muchos lideres actuales, entre ellos Bukele, Milei y Trump las han capturado utilizando eficazmente las redes sociales y los medios para establecer una conexión directa con sus seguidores, saltándose las narrativas mediáticas tradicionales y estableciendo un discurso que resuena emocionalmente.

Las palabras de un líder torbellino tienen el poder de construir, pero también de destruir y cuando la narrativa se transforma en un arma, el diálogo y la verdad se convierten en sus víctimas. La forma en que se comunican los mensajes puede marcar la diferencia entre el éxito y el fracaso de una iniciativa.

La comunicación disruptiva y directa, bien usada, se vuelve una herramienta fuerte, pero de paz, con un enfoque que busca cambiar la percepción de las audiencias mediante la eliminación de ambigüedades y el empleo de un lenguaje franco y auténtico. Aquí, la inteligencia emocional juega un papel crucial; un líder que sepa conectar emocionalmente con su audiencia puede transformar el caos en claridad, guiando a su equipo y a sus seguidores hacia un propósito común. Sin embargo, la narrativa azarosa (y no pocas veces mentirosa) y su comunicación instantánea y directa puede ser peligrosa, por la falta de filtros que controlen los impulsos y el uso de mensajes extremos dispuestos a sembrar odio, desinformación y miedo.

La tensión entre disrupción y estabilidad es un hilo conductor del liderazgo torbellino. Los líderes deben evaluar cuidadosamente cuándo es apropiado romper el status quo y cuándo es mejor consolidar lo que ya funciona. Esta capacidad para discernir el momento adecuado para actuar es esencial para evitar el caos y mantener un equilibrio funcional. Los líderes que comprenden esta dinámica son aquellos que podrán navegar con destreza entre la innovación y la continuidad, asegurando que el cambio sea tanto rentable y productivo como sostenible.

5.3.1 Características clave de la comunicación disruptiva

En política actual existe un cóctel mortal: la unión de carisma, discurso y agresividad. Estos líderes cumplen este perfil a través de discursos radicales y a menudo polarizadores, que capturan la atención de las masas y generan un sentido de identidad fuerte entre sus seguidores. Estos líderes sobresalen por su capacidad de polarizar y captar la atención, usando un discurso radical que conecta con emociones colectivas profundas, pero olvidan que sumar carisma, discurso y agresividad, ciertamente atrae a electores, pero nos aleja de una sana convivencia. ¿Cómo se expresa esto?

- **Claridad y transparencia**
  Se enfoca en transmitir el mensaje de manera clara, sin rodeos ni ambigüedades. Esto puede significar exponer problemas, verdades difíciles o realidades que otros podrían evitar.
- **Innovación y provocación**
  La comunicación disruptiva utiliza un enfoque innovador que rompe con las normas establecidas. Puede incluir un lenguaje directo, mensajes que desafían la opinión

convencional, o formatos creativos y visualmente impactantes. ¿Ha visto esos debates entre políticos, muy educados que se tratan de "enfermos mentales", "sicópata", "demente senil", "monstruo", "nasty" (denostar a una mujer política), "incompetente"?
- **Enfoque personalizado**
  Los líderes que emplean esta comunicación suelen dirigirse a su audiencia de manera que se sienta auténtica, emocional y cercana. Esto les permite crear una conexión directa y significativa con sus seguidores.
- **Rapidez y agilidad**
  La comunicación disruptiva tiende a ser rápida y ágil, adaptándose a las tendencias actuales y utilizando canales modernos, como las redes sociales, para llegar de manera efectiva al público.

Ejemplos en la Práctica de la comunicación disruptiva

Ejemplos en campañas publicitarias impactantes

Empresas que utilizan mensajes controvertidos o impactantes para captar la atención de su público y provocar debates.

Burger King – "Moldy Whopper" (2020)
Para demostrar su compromiso con la eliminación de conservantes artificiales, Burger King lanzó una campaña mostrando un Whopper que se descomponía con el paso de los días. La imagen de una hamburguesa enmohecida fue impactante y disruptiva, generando debates sobre la calidad de los alimentos y atrayendo atención mundial, aunque algunos consumidores se sintieron incomodos con la representación visual.

Nike – "Believe in Something, Even If It Means Sacrificing Everything" (2018)
"Creer en algo, incluso si significa sacrificarlo todo". Nike lanzó una campaña protagonizada por el exjugador de la NFL Colin Kaepernick, conocido por arrodillarse durante el himno nacional de EE. UU. en protesta contra la brutalidad policial y la desigualdad racial. La campaña, que

promovía valores de justicia social y sacrificio, provocó reacciones encontradas, con algunos consumidores boicoteando la marca y otros elogiando su valentía. Fue un claro ejemplo de como la comunicación disruptiva puede polarizar al público mientras genera un enorme impacto mediático y reconocimiento de marca.

PETA – Campañas gráficas y provocadoras
La organización por los derechos de los animales, PETA, es famosa por sus campañas extremadamente gráficas y provocadoras que buscan denunciar el maltrato animal. Sus anuncios han utilizado imágenes impactantes y mensajes contundentes para captar la atención, aunque han sido criticados por ser demasiado chocantes o polarizantes.

Ejemplos en el liderazgo político

Líderes que hablan de manera directa y rompen con la retórica política tradicional, comunicando de forma que sus mensajes resuenen de manera fuerte, tanto positiva como negativamente, con sus audiencias.

Santiago Abascal (España)
Líder del partido VOX, Abascal ha irrumpido en la escena política española con un discurso nacionalista y conservador, cuestionando el consenso político establecido desde la transición democrática. Su partido ha crecido rápidamente, influenciando el debate público en temas como la unidad nacional y la inmigración.
Algunas de sus frases disruptivas:
"Haré que las alambradas sean sustituidas por muros".
"Prohibiré cualquier tipo de ayuda social a la inmigración".
"El feminismo nos quiere oprimir".
"Hay que derogar la ley contra la violencia de género".

Javier Milei, Presidente de Argentina
"¡Viva la libertad, carajo!" - Una de sus frases más emblemáticas para transmitir su mensaje libertario y su rechazo al sistema político tradicional. Esta frase genera un impacto emocional inmediato y conecta de manera

fuerte con sus seguidores, quienes buscan un cambio radical en la política argentina.
Jair Bolsonaro (expresidente de Brasil).
"El error de la dictadura fue torturar y no matarlos".
Nigel Farage (líder del Brexit y político británico).
"Ustedes no han hecho nada positivo, absolutamente nada, y no deberían ni estar aquí".
Refiriéndose al Parlamento Europeo y a la influencia de la UE en el Reino Unido.
Rodrigo Duterte (expresidente de Filipinas).
"Todos ustedes que están en las drogas, ustedes hijos de puta, de verdad que voy a matarlos", dijo durante una arenga preelectoral. Y en 2016 dijo que estaría feliz de "masacrar" a tres millones de toxicómanos.

Ejemplos en comunicaciones organizacionales

Líderes empresariales que no evitan conversaciones difíciles con sus empleados, optando por la transparencia en momentos de crisis o cambios.

Brian Chesky (CEO de Airbnb)
Durante la crisis de COVID-19, Chesky anunció despidos masivos en la empresa mediante un mensaje directo, detallado y empático a los empleados. Explicó la situación financiera, los criterios para las decisiones, y se comprometió a brindar apoyo a los afectados.
Esta comunicación fue disruptiva por su nivel de detalle y empatía, mostrando transparencia total en un momento crítico.

Reed Hastings (Co-CEO de Netflix)
Hastings es conocido por su enfoque de comunicación directa y transparente.
Cuando Netflix anunció cambios en su estructura de precios y separación de servicios (un cambio que inicialmente fue muy impopular), Hastings asumió la responsabilidad de los errores de comunicación y explicó abiertamente la estrategia a sus empleados y al público.

También es reconocido por su cultura de feedback honesto en la empresa, donde las evaluaciones y discusiones abiertas son parte de la práctica diaria.

5.4 Narrativa que inspira en forma extrema, el poder del Gran Torbellinazgo

La narrativa es uno de los pilares fundamentales del Gran Torbellinazgo, ya que permite al líder o movimiento crear, contar y controlar historias que moldean la percepción colectiva, los valores, las emociones y, en última instancia, el comportamiento de las personas.

Sa narrativa como herramienta de poder, se refiere a la capacidad de crear, contar y controlar historias o mensajes que tienen el poder de influir en la percepción, los valores, las emociones y el comportamiento de las personas.

En este contexto, la narrativa no es simplemente un relato, sino una herramienta de poder que puede inspirar, motivar y movilizar, pero que también tiene la capacidad llevar a extremos opinativos y dividir a quienes la reciben. Cuando un líder Torbellino construye y controla una narrativa, redefine como se perciben los eventos, las personas y las ideas, ejerciendo una influencia que puede transformar culturas organizacionales, políticas y sociales. Quien controla la narrativa, controla como se perciben los eventos, las personas y las ideas. En este contexto, la narrativa se convierte en una forma de liderazgo y control que puede moldear culturas organizacionales, políticas y sociales.

Este liderazgo utiliza la narrativa para darle un sentido de propósito y dirección a sus seguidores. A través de historias que evocan emociones, que apelan al descontento, la esperanza o el deseo de cambio, este tipo de liderazgo puede elevar a las personas, generar un sentido de identidad y cohesión, y canalizar energías colectivas hacia objetivos comunes. Una narrativa inspiradora puede dar voz a aquellos que sienten que han sido ignorados o marginados, permitiendo que sus demandas sean escuchadas con una fuerza renovada. Al crear una visión de futuro clara y convincente, el líder torbellino moviliza a las masas para desafiar las estructuras establecidas y abrazar una nueva realidad.

Al mismo tiempo, el poder de su narrativa puede polarizar y fragmentar a las sociedades, organizaciones o grupos, generando divisiones profundas. Esto ocurre cuando la narrativa se utiliza para validar la deslegitimación de quienes no comparten la visión del líder o desacreditando a oponentes percibidos como parte de un sistema corrupto o ineficaz. El discurso extremo puede ser efectivo para captar la atención, canalizar la indignación y movilizar seguidores con fuerza, pero a menudo crea barreras insalvables entre los distintos grupos y limita el diálogo constructivo.

El control de la narrativa se convierte, entonces, en una forma de liderazgo, control y manipulación, pues quien domina el relato decide qué hechos son relevantes, como se interpretan y qué significan. Esto le otorga un poder para influir en la realidad que las personas perciben. En un entorno organizacional, la narrativa puede definir la cultura, inspirar innovación y orientar a los equipos hacia una meta común. En un contexto social o político, puede reforzar identidades colectivas, establecer nuevos valores o incluso fomentar movimientos de transformación masiva.

Sin embargo, el uso del poder narrativo no está exento de riesgos. La manipulación de los mensajes, el uso de la desinformación o la creación de relatos que distorsionan la realidad pueden derivar en abusos de poder. Una narrativa controlada de manera poco ética puede convertirse en una herramienta de opresión, manipulación y alienación, en lugar de servir como un puente hacia el cambio positivo.

Para que el Gran Torbellinazgo utilice su poder narrativo de manera efectiva, es crucial encontrar un equilibrio entre inspirar y polarizar. Un líder torbellino que logra construir narrativas inclusivas y motivadoras, sin recurrir a la división extrema, puede ser una fuerza transformadora que eleva el nivel de conciencia, moviliza el talento colectivo y promueve el cambio positivo. Por el contrario, cuando se cruza el límite hacia la manipulación, el poder de la narrativa se convierte en un arma que desgarra el tejido social y perpetúa ciclos de conflicto.

Conclusión

El Gran Torbellinazgo se construye y sostiene a través de la narrativa, que puede ser tanto una herramienta de inspiración que da forma al futuro, como una fuerza extremista que redefine las relaciones de poder. La forma en que se use determinará si será una fuerza para el cambio positivo o un agente de división y control.

El carisma y la visión extremista son fuerzas poderosas que pueden impulsar un cambio radical, pero también fragmentar comunidades y organizaciones. El desafío para los líderes carismáticos radica en encontrar un equilibrio: utilizar su magnetismo para inspirar y unir, sin dejar que las visiones extremas (o fundamentalistas) erosionen la cohesión y el propósito común. Un liderazgo que logra canalizar el poder del carisma hacia la construcción de puentes y el fortalecimiento de vínculos puede ser una fuerza transformadora para el bien, mientras que aquel que alimenta divisiones puede sembrar conflictos difíciles de superar. La clave está en como se usa el poder para atraer y dirigir, no solo para dividir.

Características clave de la narrativa

a. **Creación de identidad**
La narrativa ayuda a definir la identidad de una organización, movimiento o líder, generando una conexión emocional con el público. Puede ser utilizada para transmitir valores, propósito y dirección.
b. **Influencia y persuasión**
Las narrativas bien construidas tienen el poder de persuadir y motivar a las personas. Pueden cambiar opiniones, moldear percepciones y movilizar a las masas.
c. **Simplificación de ideas complejas**
A través de historias y metáforas, la narrativa puede simplificar

conceptos complejos, haciéndolos accesibles y memorables para el público.
d. **Fomento de la lealtad**
Al apelar a las emociones y valores compartidos, las narrativas pueden generar lealtad y compromiso, ya sea en un contexto organizacional, político o social.
e. **Adaptabilidad**
Una narrativa efectiva puede evolucionar y adaptarse a nuevos contextos, situaciones o audiencias, manteniendo su relevancia y capacidad de influencia.

Ejemplos en la práctica

a. **Liderazgo Político**
Líderes que utilizan narrativas poderosas para definir su misión o atacar a sus oponentes. Por ejemplo, "restaurar la grandeza" o "luchar por los olvidados", "retornar a las fuentes de la gloria nacional".
b. **Organizaciones y Empresas**
Empresas que cuentan historias sobre su origen, misión y valores para conectar con clientes y empleados, creando una cultura fuerte y un propósito compartido.
c. **Movimientos Sociales**
Narrativas que dan voz a las demandas de un grupo, haciendo que sus causas sean visibles y ganen apoyo público.

5.4.1 Relación entre la comunicación disruptiva y la narrativa como herramienta de poder del Liderazgo Torbellino

La combinación de una comunicación disruptiva y directa con una narrativa poderosa es una de las fusiones más impactantes del Gran Torbellinazgo y se convierte en una arma efectiva para transformar el entorno en el que se opera.

Un líder que maneja ambas, logra capturar la atención del público, desafiar las normas, movilizar a las masas y construir movimientos o culturas alineadas con su visión, sus objetivos y su agenda personal.

Esta capacidad para romper con lo convencional y comunicar de manera efectiva puede ser un catalizador para el cambio, la innovación y la inspiración colectiva. Sin embargo, también entraña riesgos, ya que la misma fuerza que une y motiva puede polarizar, dividir o ser utilizada para ejercer control excesivo y una adhesión que sobrepasa toda racionalidad. Por ejemplo el líder puede abiertamente mentir, negando haber cometido delitos flagrantes y esas mentiras serán tomadas, por sus seguidores, como verdad y quienes le enjuician y acusan de sus mentiras, pasarán a ser quienes "le persiguen, mienten y le atacan por tener un liderazgo genial , valiente y servidor del pueblo".

El poder de esta combinación radica en su capacidad de resonar profundamente con las emociones y aspiraciones de las personas, creando una conexión afectiva que impulsa la acción. Por ello, manejar estas herramientas con ética, integridad y un sentido de responsabilidad es esencial para asegurar que el impacto sea positivo y transformador. Un liderazgo que se sustenta en la comunicación disruptiva y una narrativa poderosa puede cambiar realidades, pero debe hacerlo con una visión inclusiva y comprometida con el bienestar colectivo, evitando caer en el abuso de su influencia o en la manipulación de sus seguidores.

Características clave entre la comunicación disruptiva y la narrativa

   a. **Conexión emocional directa**
   Los líderes que dominan la comunicación disruptiva combinada con una narrativa poderosa son capaces de conectar emocionalmente con sus audiencias de manera profunda y personal. Utilizan el lenguaje, el tono y las historias adecuadas para resonar con los valores, miedos y esperanzas de sus seguidores.
   b. **Desafío al status quo**
   La comunicación disruptiva permite desafiar las normas,

cuestionar las estructuras establecidas y abrir espacio para nuevas ideas. Esto, combinado con una narrativa persuasiva, impulsa una visión de cambio que moviliza y genera un sentido de urgencia.

c. **Claridad y simplicidad**
Una narrativa poderosa, junto con una comunicación directa, simplifica ideas complejas, haciéndolas accesibles y comprensibles para una audiencia amplia. Esto facilita la creación de un mensaje unificado que puede ser compartido y repetido por sus seguidores.

d. **Capacidad de movilización**
La combinación de estas herramientas permite a los líderes no solo transmitir un mensaje, sino también movilizar a sus audiencias para que actúen en consecuencia. Esto puede implicar la creación de movimientos sociales, cambios organizacionales profundos o la transformación de culturas.

e. **Potencial para la manipulación**
Si no se gestiona con ética, esta relación puede ser utilizada para polarizar, manipular o controlar a las masas. Los líderes pueden explotar las emociones y sesgos de las personas para consolidar su poder o dividir a grupos en conflicto.

Ejemplos en la práctica de esta relación entre la comunicación disruptiva y la narrativa

a. **El liderazgo de Greta Thunberg en el movimiento climático**
Greta Thunberg, a través de mensajes directos y sin filtros sobre el cambio climático, ha utilizado una narrativa poderosa para desafiar a líderes mundiales y movilizar a millones de jóvenes en todo el mundo. Su mensaje, claro y contundente, ha generado un movimiento global que exige acciones concretas frente a la crisis climática, demostrando el impacto de una comunicación disruptiva y emocionalmente resonante.

b. **El impacto de Steve Jobs en Apple**

Steve Jobs era un maestro en el uso de una narrativa persuasiva combinada con una comunicación disruptiva. Con cada presentación de un nuevo producto, Jobs capturaba la atención global, desafiaba las expectativas del mercado y establecía un nuevo estándar de innovación. Su capacidad para articular una visión clara y cautivadora transformó a Apple en una de las empresas más influyentes del mundo.

c. **El uso de redes sociales por líderes políticos**
Donald Trump es un ejemplo de como un líder puede utilizar una comunicación disruptiva y directa a través de las redes sociales, junto con una narrativa polarizante, para movilizar a sus seguidores, desafiar a la clase política establecida y consolidar su influencia. Aunque efectivo para mantener su base leal, también muestra el potencial de manipulación inherente a esta combinación.

La relación entre la comunicación disruptiva y la narrativa poderosa, cuando se gestiona con integridad, puede ser un motor de cambio e innovación, pero también exige una gran responsabilidad. Los líderes deben ser conscientes de su impacto y buscar inspirar y transformar positivamente, sin caer en la tentación de dividir o manipular.

Conclusión

La narrativa unida a la disrupción, se hace instrumento de triunfo en un contexto global de incertidumbre económica, desconfianza en las instituciones y cambios sociales, muchos votantes prefieren líderes que ofrezcan soluciones claras, por más simples e ilusas que sean. Este enfoque puede estar ligado a la percepción de resultados inmediatos, alineándose con la visión de la rápida evolución del mercado y la necesidad de respuestas veloces en entornos dinámicos. En contextos de incertidumbre social y económica, estos líderes prometen soluciones rápidas y tangibles, apelando al deseo de cambios inmediatos y la necesidad de respuestas rápidas y adaptativas en entornos que evolucionan constantemente.

5.4.2 Relación entre la comunicación disruptiva, la narrativa y las mentiras de grandes Líderes y sus "Fake News"

La combinación de una comunicación disruptiva y una narrativa poderosa tiene un gran potencial para influir en el entorno social y organizacional. Grandes líderes, al utilizar estas herramientas, pueden captar la atención masiva, movilizar audiencias y desafiar las normas establecidas. Sin embargo, cuando esta relación se entrelaza con la propagación de mentiras o "Fake News", el impacto puede ser profundamente dañino, generando desinformación, manipulación y desconfianza en la sociedad.

El poder de la comunicación disruptiva en la propagación de Fake News

La comunicación disruptiva, al ser directa, audaz y frecuentemente extrema, es una herramienta efectiva para crear interferencias a través del "ruido" informativo y captar la atención de las masas. Cuando los líderes utilizan esta forma de comunicación para transmitir mentiras o noticias falsas, estas se amplifican de manera rápida y masiva. La naturaleza disruptiva del mensaje, al ser inesperada o impactante, se vuelve especialmente viral, creando un efecto en cadena que puede distorsionar la realidad o generar confusión.

Por ejemplo, la repetición constante de mentiras puede llevar a la "ilusión de la verdad", donde las personas, al escuchar una afirmación muchas veces, tienden a aceptarla como cierta. Líderes que operan bajo este liderazgo pueden aprovechar esta tendencia para consolidar su influencia y deslegitimar a sus opositores.

Pueden ser mentiras enteras o "verdades a medias", donde no es fácil encontrar el límite entre verdad y mentira, llevando a crear una nueva palabra: la "postverdad", esas mentiras que le ganan a los hechos objetivos, los que pasan a tener menos influencia en la formación de la opinión pública que la apelación a las emociones y las creencias personales. Fue la palabra del año 2016 y que podría ser también una parte del "informe post mortem" de la buena, sana y verdadera política.

Se volvió en una forma de diagnóstico de que la retórica política actual se ha vuelto la asesina de esa política puesta al servicio del pueblo y no el pueblo al servicio de los nuevos políticos.

El agravio, burdo y abierto, contra la verdad enfermó a la política y la llenó de ira, mentiras y exageraciones. ¿Es una clase política siniestra que nos lleva del grito y el insulto a la perplejidad? ¿La que crea distorsiones del lenguaje público con una velocidad instantánea, manipulando a sociedades enteras? ¿Es el mundo en el que no se sabe a quién creerle, donde el fanfarrón y el mentiroso pueden resultar más convincentes que el más sabio?

La narrativa como marco de creencia y sumisión

La narrativa, cuando es utilizada como una herramienta de poder, actúa como un marco interpretativo que da sentido y contexto a los mensajes del líder.

Las narrativas poderosas, cargadas de emoción y símbolos, pueden moldear la percepción de la realidad y generar adhesión incondicional, irracional y sumisión. En este contexto, la inclusión de mentiras o "Fake News" dentro de una narrativa coherente y emocionalmente resonante puede hacer que las audiencias acepten sin cuestionar lo que se les dice.

Por ejemplo, cuando un líder presenta una narrativa de "ellos contra nosotros" y la refuerza con desinformación que apela a los miedos o esperanzas de las personas, es más probable que sus seguidores adopten su visión, incluso si está basada en afirmaciones falsas.

Esta relación entre la narrativa, las mentiras y la comunicación disruptiva refuerza la cohesión del grupo, pero a un costo elevado: la erosión de la confianza, las visiones extremas y la manipulación masiva.

Impacto y consecuencias de la propagación de mentiras a gran escala

a. **Engaño, división y defensa**
Las "Fake News" diseminadas a través de una comunicación disruptiva y narrativa poderosa no solamente logran dividir a la sociedad en bandos opuestos, sino que también provocan defensas de esas abiertas mentiras, dificultando el diálogo, el encuentro y el consenso.

b. **Erosión de la confianza pública**
Cuando los líderes utilizan mentiras para reforzar su narrativa, generan desconfianza en las instituciones, los medios de comunicación y la información verificada. Esto debilita la cohesión social y fomenta el escepticismo hacia cualquier forma de autoridad.

c. **Manipulación de la opinión pública**
La capacidad de influir y movilizar a través de la desinformación puede llevar a decisiones colectivas basadas en mentiras, lo que puede tener consecuencias políticas, económicas y sociales de largo alcance.

Responsabilidad y ética en el uso de la comunicación y la narrativa

El uso ético y responsable de la comunicación disruptiva y la narrativa es fundamental para evitar la manipulación y el abuso de poder. Los líderes deben ser conscientes del impacto que sus palabras y mensajes tienen en sus audiencias, y actuar con integridad para evitar la propagación de mentiras o desinformación. En un mundo donde la comunicación es rápida y las "Fake News" pueden viralizarse con facilidad, el compromiso con la verdad y la transparencia debe ser una prioridad para cualquier líder que desee transformar su entorno de manera positiva y sostenible.

La relación entre la comunicación disruptiva, la narrativa poderosa y la desinformación plantea un desafío crucial para la sociedad. Si se utiliza con fines éticos, puede ser una herramienta de transformación e inspiración; si se emplea para manipular y dividir, puede ser un arma peligrosa que socava la confianza y fragmenta a las comunidades. El futuro del liderazgo dependerá de su capacidad para gestionar esta relación con integridad, responsabilidad y un compromiso firme con la verdad.

5.4.3 Ejemplos en la práctica de comunicación disruptiva, la narrativa y las mentiras

El gran asesino mentiroso y su Ministro de Propaganda

Un líder europeo utilizó extensivamente la propaganda y las "Fake News" como herramientas para consolidar su poder, manipular a la opinión pública y justificar sus políticas extremistas. Era Adolf Hitler, a lo largo de su liderazgo en Alemania con el régimen nazi, y su Ministerio de Propaganda dirigido por Joseph Goebbels, perfeccionó el uso de desinformación para alcanzar sus objetivos. A continuación se destacan algunas de las "Fake News" más notorias difundidas por Hitler y su régimen:

a. **La amenaza judía internacional**
   Una de las piezas centrales de la propaganda nazi fue la difusión de la mentira de que los judíos eran responsables de todos los problemas de Alemania, desde la crisis económica hasta la derrota en la Primera Guerra Mundial. Se presentó a los judíos como una amenaza global, conspirando para dominar el mundo, lo que sirvió como justificación para su persecución sistemática. Esta narrativa, promovida a través de medios, discursos y libros como "Mein Kampf" (Mi lucha), buscaba crear un enemigo común y unir al pueblo alemán bajo el liderazgo de Hitler.

b. **El incendio del Reichstag (1933)**
   Los nazis utilizaron la quema del edificio del Reichstag (Parlamento alemán) como excusa para difundir la mentira de que los comunistas estaban preparando una insurrección. Esto fue utilizado para justificar la represión de los partidos

comunistas y socialistas, y consolidar el poder dictatorial de Hitler al promulgar leyes que eliminaban las libertades civiles y le permitían gobernar mediante decretos de emergencia.

c. **"Lebensraum" o espacio vital**
La justificación nazi para la expansión territorial en Europa del Este se basaba en la idea falsa de que el pueblo alemán necesitaba más espacio para sobrevivir y prosperar. Esta narrativa distorsionada se utilizó para legitimar la invasión de países vecinos y las atrocidades cometidas contra las poblaciones locales.

d. **La superioridad racial aria**
Hitler y su régimen difundieron ampliamente la mentira de que los "arios" eran una raza superior destinada a dominar, mientras que otros grupos eran considerados "inferiores" o "subhumanos". Esta ideología racista, sostenida con "Fake News" pseudocientíficas, sirvió para justificar políticas genocidas, incluida la "solución final" para exterminar a millones de personas.

e. **Mentiras sobre las políticas internas**
Hitler manipuló la información sobre el progreso económico y social de Alemania bajo el Tercer Reich. A través de una combinación de propaganda y censura, el régimen promovió una imagen de prosperidad y unidad, ocultando las violaciones a los derechos humanos, la persecución política y las graves desigualdades que se estaban profundizando.

f. **El falso compromiso con la paz**
Antes de la Segunda Guerra Mundial, Hitler mintió repetidamente a las potencias europeas sobre sus intenciones de expansión. Firmó tratados de no agresión y proclamó su supuesto deseo de mantener la paz, mientras planeaba la conquista y expansión militar de Alemania. Esta serie de "Fake News" diplomáticas le permitió ganar tiempo y preparar sus campañas militares.

Las mentiras promovidas por Hitler y su aparato de propaganda no solo sirvieron para consolidar su poder y justificar sus acciones, sino que también fueron una de las herramientas más devastadoras para llevar a cabo su agenda de odio, guerra y genocidio.

Conclusión

La frase "miente, miente que algo queda" creada por Joseph Goebbels, refleja su enfoque de manipulación y propaganda para controlar la opinión pública a través de la repetición de mentiras o verdades a medias. Este principio, asociado con la idea de que una mentira repetida muchas veces se convierte en "verdad" para la gente, formó parte de la táctica propagandística ampliamente utilizada por el régimen nazi.

Nuevos mentirosos y sus nuevas mentiras globales

¿Ha escuchado este llamado?: ¡Hay que romper con la política y sus castas de protegidos!

Estos líderes torbellinos encarnan un desafío al "sistema establecido", es una promesa y una amenaza… ¿Y no es también una mentira? ya que se presentan como agentes de cambios radicales que buscan romper con las prácticas políticas tradicionales y burocráticas. Es más, ofrecen acabar con "los políticos" y sus castas, olvidando que ellos son políticos expertos, de una nueva casta.

Esta postura puede alinearse con la crítica que Chris Argyris hace a las rutinas defensivas de las organizaciones, donde muchos procesos internos y discursos se estancan sin resolver problemas críticos, pues estas rutinas defensivas evitan la confrontación de problemas serios y estructurales en las organizaciones.

Aquí tienes ejemplos recientes de fake news vinculadas a grandes líderes políticos. Estas situaciones muestran como se puede usar la desinformación para influir en la opinión pública, manipular percepciones y reforzar narrativas políticas.

a. **Javier Milei (Argentina)**
- Declaraciones y desinformación económica: Durante su campaña presidencial en Argentina, Milei ha sido criticado por difundir mensajes económicos simplistas que han sido calificados de engañosos por expertos. Un ejemplo reciente incluye afirmaciones sobre la dolarización de la economía argentina, que según algunos economistas han sido presentadas sin un análisis riguroso de las consecuencias reales, generando expectativas poco realistas en la población.
- "Plan motosierra": Otro ejemplo es la exagerada narrativa sobre su "plan motosierra" para recortar el gasto público, que ha sido utilizado tanto para reforzar su imagen disruptiva como para ser objeto de campañas de desinformación que, en algunos casos, distorsionan la magnitud o naturaleza de sus propuestas.

b. **Nicolás Maduro (Venezuela)**
- Crisis humanitaria negada: Maduro ha sido acusado repetidamente de utilizar desinformación para minimizar o negar la magnitud de la crisis humanitaria en Venezuela. Afirmaciones que niegan la escasez de alimentos, medicinas y la migración masiva son ejemplos claros de como se pueden manipular datos para proyectar una imagen más positiva del régimen.
- Teorías de conspiración: Maduro y su gobierno han difundido teorías de conspiración que vinculan la crisis económica y social de Venezuela con "ataques externos" o planes de desestabilización promovidos por países extranjeros, desviando la atención de los problemas internos del país.

c. **Vladímir Putin (Rusia)**
- Narrativas sobre la guerra en Ucrania: Desde la invasión de Ucrania en 2022, el Kremlin ha utilizado una narrativa repleta de desinformación, incluyendo "Fake News" que presentan la invasión como una "operación especial" para proteger a la población rusófona y "desnazificar" Ucrania. Esta narrativa ha sido ampliamente criticada por la comunidad internacional como una forma de justificar el conflicto y manipular a la opinión pública rusa.

- Desinformación en medios estatales: Los medios controlados por el Estado en Rusia han sido utilizados para difundir noticias falsas que intentan desacreditar a Ucrania y sus aliados occidentales, sembrando confusión y promoviendo una narrativa de persecución contra Rusia.

d. Príncipe Harry (Reino Unido)
- Rumores y desinformación mediática: El príncipe Harry, junto con Meghan Markle, ha sido objeto de una gran cantidad de "Fake News" promovidas por ciertos medios sensacionalistas. Algunas de estas noticias han distorsionado sus declaraciones y acciones para generar controversia, como rumores sobre su distanciamiento con la familia real o detalles exagerados de sus entrevistas y proyectos.
- Narrativas sobre su impacto en la familia real: Se ha difundido desinformación sobre su papel como causante de todos los problemas internos de la familia real, exagerando conflictos o inventando tensiones para alimentar el morbo mediático.

e. Donald Trump (USA)
Trump través del uso de las redes sociales y una comunicación disruptiva, logró posicionar la narrativa de que las elecciones presidenciales de 2020 en Estados Unidos fueron "robadas". Utilizando mensajes repetitivos, simplificados y dirigidos a sus seguidores más leales, esta narrativa se expandió a través de plataformas digitales y se convirtió en un grito de movilización que culminó en eventos como el asalto al Capitolio el 6 de enero de 2021. La combinación de una narrativa poderosa y "Fake News" no solo polarizó a la sociedad estadounidense, sino que socavó la confianza en el sistema electoral, generando un impacto duradero.

¿Y recuerda la otra? Esa de que Haitianos comían perros en las calles; o de que el cambio climático es una mentira; o de que el carbón no contamina.

f. **Jair Bolsonaro (Brasil)**
Jair Bolsonaro, expresidente de Brasil, utilizó una comunicación disruptiva para minimizar la gravedad del COVID-19, difundiendo mensajes que cuestionaban la eficacia de las vacunas y alentaban a la población a ignorar medidas de prevención como el uso de mascarillas. A través de una narrativa que calificaba el virus como "simple gripe" y priorizaba la economía sobre la salud pública, Bolsonaro logró polarizar al país y sembrar confusión. Su uso de desinformación y "Fake News" en este contexto tuvo consecuencias graves, como un aumento en el número de contagios y muertes por el virus.

Conclusión

Estos ejemplos demuestran como líderes y figuras públicas pueden ser tanto difusores como objetivos de "Fake News" para moldear narrativas, proteger sus intereses o generar impacto emocional en sus audiencias. En todos estos casos, la comunicación disruptiva y las narrativas poderosas desempeñan un papel clave en la forma en que se disemina y percibe la desinformación.

No es casual su narrativa disruptiva, que hace brillar su carisma desde una cuidada comunicación estratégica. Al igual que otros grandes comunicadores, estos líderes utilizan el lenguaje de manera estratégica para conectar con emociones profundas de su público. Su capacidad para manejar las emociones y conectar con el público a través de discursos que apelan a las inquietudes de la sociedad es fundamental y lo hacen y lo explotan ¿Pero dónde está el límite para no caer en lo maligno del liderazgo?

Un ejemplo siniestro del mal uso de las redes: La cuenta de Twitter (hoy X) llamada MicroMagicJingleTM -antes identificada como MicroChip- es una experta defensora (¿pagada o creada?) de Trump, que con frecuencia desata una actividad frenética de mensajes en esa red social cuando se trata de defenderlo o atacar a los rivales del actual presidente. Como el sitio BuzzFeed comenta, su más reciente ofensiva consistió en una ola de abiertos ataques a quienes se levantaban como posibles "peligros" del actual presidente.

Donald Trump ganó las elecciones en parte porque logró concitar, con su propia actividad y la de un equipo, una enorme oleada de apoyo en las redes sociales, sobre todo en Twitter. Para ello levantaron la industria de los "bots", miles y miles de cuentas falsas, difundiendo información equívoca, teorías conspiratorias y noticias falsas. Han sido muy efectivos en impulsar esos mensajes y MicroChip ha sido un ferviente y efectivo impulsor de Trump. Su capacidad para difundir mensajes a gran escala, gracias a automatizaciones, grupos DM en Twitter y una red de bots o individuos replicantes, le habría permitido generar 35.000 retuits al día y él mismo unos 1.000 tuits diarios, según BuzzFeed… eso impacta en millones de usuarios de X (y votantes, por cierto).

Por esta actividad maliciosa, los anteriores dueños de Twitter, suspendieron todas las cuentas de Trump y luego Elon Musk, que compró esa red, le abrió nuevamente todas esas cuentas y generó grandes beneficios para Trump.

Capítulo 2

El magnetismo y la polarización del Liderazgo Torbellino

Winston H. Elphick D.

Presentación Capítulo 2

Hoy existen dos fuerzas poderosas, por una parte los lideres con sed de seguidores y por la otra, las masas sufrientes y hambrientas de lideres que les representen. ¿Qué pasa cuando se juntan ambos elementos?, ufff, ni le cuento.

El liderazgo torbellino es, por naturaleza, una fuerza que atrae (a los sufrientes) y divide (a estructuras). Este capítulo explora cómo el carisma y la capacidad magnética de los líderes disruptivos generan un poderoso efecto de atracción, mientras que, al mismo tiempo, su narrativa y estilo polarizan profundamente a sus seguidores y detractores.

Desde un análisis estratégico, se abordan las herramientas de comunicación que estos líderes utilizan para movilizar multitudes y consolidar movimientos, así como las tensiones que emergen en equipos, organizaciones y sociedades cuando se enfrentan a su estilo divisivo. En este capítulo también reflexionaremos sobre:

1. El impacto en las redes sociales: cómo amplifican el magnetismo y refuerzan la polarización.
2. Estrategias de atracción y generación de movimientos: métodos que convierten al líder en el eje de una transformación.
3. Riesgos de la polarización: fracturas en la cohesión social, institucional y política.

Por último, analizaremos los motivos por los cuales las personas respaldan este tipo de liderazgo y el papel de los líderes populistas en el aprovechamiento de la polarización para consolidar su poder.

En un mundo donde el cambio constante redefine las estructuras, este capítulo invita a reflexionar sobre las consecuencias y oportunidades que surgen al navegar en este torbellino de atracción y división. ¿Es posible construir un liderazgo magnético sin sacrificar la cohesión social?

1. Quieres responder un test sobre el magnetismo y polarización del Liderazgo Torbellino?

Test: ¿Cómo manejas la polarización y magnetismo del Liderazgo Torbellino?

Este test tiene un estilo diferente, enfocado en evaluar tu capacidad para manejar el magnetismo del liderazgo torbellino, atraer seguidores, gestionar la polarización y lidiar con sus implicancias políticas y organizacionales. Cada pregunta ofrece una situación y dos respuestas que reflejan diferentes enfoques para enfrentarla.

1. Comunicación estratégica y el impacto en las redes sociales
Situación: Has lanzado una iniciativa en redes sociales que está ganando atención. Tu mensaje polariza a la audiencia, generando tanto seguidores leales como fuertes detractores.
A) Mantienes tu postura, reforzando tu mensaje con argumentos sólidos y buscando amplificar tu impacto, incluso si eso intensifica la polarización.
B) Adaptas tu mensaje para reducir la polarización, promoviendo el diálogo e incluyendo diversas perspectivas.

2. Estrategias para atraer seguidores y generar un "Movimiento"
Situación: Estás desarrollando una campaña para movilizar a tus seguidores en torno a una causa importante.
A) Utilizas mensajes emocionantes y directos, apelando al sentido de urgencia y desafío al orden establecido.
B) Prefieres construir un movimiento con fundamentos sólidos, apelando al consenso y a objetivos compartidos.

3. Riesgos de la polarización en política, equipos y organizaciones
Situación: Notas que la polarización está fragmentando tu equipo o entorno político.

A) La consideras inevitable y hasta útil, ya que la polarización puede movilizar a quienes están comprometidos y leales a tu causa.

B) Intentas reducir la polarización mediante mediación y estrategias de inclusión, buscando el equilibrio para minimizar conflictos.

4. ¿Por qué la gente respalda este Liderazgo Torbellino?

Situación: Se te pide explicar el atractivo de un liderazgo torbellino ante una audiencia crítica.

A) Argumentas que las personas buscan líderes auténticos y disruptivos que les prometan un cambio radical y tangible.

B) Explicas que el apoyo surge de una combinación de carisma y la capacidad de estos líderes para conectar con emociones y frustraciones profundas.

5. ¿De qué se vale un líder populista para obtener el apoyo de la gente?

Situación: Un líder populista de tu entorno busca apoyo masivo.

A) Destacas que utiliza la retórica emocional, la simplificación de problemas complejos y la denuncia de quienes le atacan.

B) Señalas su capacidad para ofrecer soluciones claras y prácticas que apelan al sentir de la gente, pero sin dejar de advertir sobre los riesgos de polarización.

6. Impacto en el liderazgo actual del Gran Torbellinazgo

Situación: Estás evaluando cómo el Gran Torbellinazgo ha cambiado el panorama del liderazgo.

A) Consideras que ha traído consigo una revolución necesaria, sacudiendo instituciones obsoletas.

B) Reconoces tanto sus aportes como los riesgos asociados, como el caudillismo y la inestabilidad institucional.

7. Mirada crítica: El riesgo del Liderazgo Torbellino, su caudillismo y la fragilidad institucional

Situación: Se te pide evaluar los riesgos del liderazgo torbellino.

A) Lo defiendes, destacando que el caudillismo puede ser una fuerza estabilizadora si se usa con sabiduría.

B) Señalas el peligro de concentrar demasiado poder y la necesidad de crear contrapesos para proteger la institucionalidad.

8. ¿Son necesarias las ideologías y los partidos políticos para la sociedad?

Situación: Un debate plantea si las ideologías y los partidos aún tienen relevancia.

A) Sostienes que han perdido su valor en un mundo que requiere acción inmediata, no ideologías sectarias y partidistas.

B) Consideras que siguen siendo esenciales para estructurar el debate y dar sentido al liderazgo.

9. Ejemplos de políticos anti políticos y su Liderazgo Torbellino

Situación: Se te pide destacar ejemplos de políticos que rechazan los partidos y el sistema tradicional.

A) Mencionas ejemplos conocidos y justificas su postura de rechazo como un intento legítimo de desafiar la corrupción o la ineficiencia.

B) Explicas los peligros de desechar el sistema por completo y cómo puede derivar en populismo extremo.

10. Diez tips sobre el valor de las ideologías en el desarrollo social

Situación: Te piden dar tu opinión sobre si las ideologías pueden contribuir al desarrollo social.

A) Argumentas que las ideologías solo dividen a la sociedad y deben dejarse atrás.

B) Explicas cómo, cuando están bien utilizadas, pueden ofrecer dirección, cohesión y propósito al liderazgo.

Tabla de Corrección y Niveles de Puntajes del Test: ¿Cómo Manejas la Polarización y Magnetismo del Liderazgo Torbellino?

A continuación, se presenta la tabla de corrección para el test, con asignación de puntos y una clasificación creativa de niveles para evaluar tu enfoque en la gestión del magnetismo y la polarización del liderazgo torbellino. Puntajes:
- Respuesta A = 2 puntos
- Respuesta B = 1 punto

Corrección del Test:

Pregunta	Respuesta	Puntaje
1. Comunicación estratégica y redes sociales	A/B	2 / 1
2. Estrategias para atraer seguidores	A/B	2 / 1
3. Riesgos de la polarización	A/B	2 / 1
4. Atractivo del liderazgo torbellino	A/B	2 / 1
5. Líder populista y su apoyo	A/B	2 / 1
6. Impacto en el liderazgo actual	A/B	2 / 1
7. Mirada crítica: riesgos del torbellinazgo	A/B	2 / 1
8. Ideologías y partidos políticos	A/B	2 / 1
9. Ejemplos de políticos anti-políticos	A/B	2 / 1
10. Valor de las ideologías	A/B	2 / 1

Total máximo de puntos: 20

Niveles de Puntajes y Clasificación Creativa:

Puntaje Obtenido	Nivel	Porcentaje (%)
17 - 20	Torbellino Magnético	86% - 100%
13 - 16	Conductor de Corrientes	65% - 85%
9 - 12	Moderador Estratégico	43% - 64%
5 - 8	Resistente Prudente	22% - 42%
0 - 4	Ancla del Status Quo	0% - 21%

Interpretación de los Resultados:

- **Torbellino Magnético (17 - 20 puntos)**
  Dominas el arte de atraer, polarizar y manejar el liderazgo torbellino con un equilibrio notable, pero ¿Estás listo/a para manejar tanto el poder disruptivo como su potencial polarizador?
  Posees una habilidad innata para atraer y movilizar, manejando la polarización con estrategia y carisma. Tu enfoque es disruptivo, pero debe estar bien gestionado y abierto para recibir la crítica y los aportes de la comunidad laboral.

- **Conductor de Corrientes (13 - 16 puntos)**
  Eres capaz de generar movimientos y cambios significativos, ¿pero te aseguras de equilibrar tus acciones para no alienar a tus seguidores?
  Logras navegar entre la polarización y la atracción, utilizando estrategias calculadas para maximizar tu

impacto sin caer en excesos, pero también ten cuidado: las corrientes (y eres un conductor de ellas), se pueden desmadrar, salir de su cauce y generar caos y daños, ¿ o no?

- **Moderador Estratégico (9 - 12 puntos)**
  Manejas la polarización con cautela, buscando armonizar la disrupción con la estabilidad.
  Prefieres mantener un enfoque controlado, con un equilibrio entre el impacto de tu magnetismo y la necesidad de consenso.

- **Resistente Prudente (5 - 8 puntos)**
  Prefieres minimizar el impacto polarizador y te enfocas en crear un entorno más cohesivo y estable.
  Tienes reservas respecto a la polarización, optando por moderar su impacto e inclinarte hacia el diálogo y la inclusión.

- **Ancla del Status Quo (0 - 4 puntos)**
  Te inclinas por mantener estructuras tradicionales, resistiendo la polarización y el magnetismo característico del liderazgo torbellino.
  Eres escéptico/a frente al magnetismo y la polarización del liderazgo torbellino, prefiriendo mantener un enfoque tradicional y estable… cuidado, alguien está esperando la carroza.

Tu Meta Evaluación

Es bueno "meta" evaluarte. "Meta" proviene del griego que significa "más allá", "después" o "sobre".

"Metaevaluación" o "Metacognición", se utiliza para indicar un nivel superior de análisis, reflexión o control sobre un proceso específico. "Metacognición" se refiere a pensar sobre el propio proceso de pensamiento, y "Metaevaluación" a evaluar la propia evaluación.

En general, "meta" denota algo que trasciende, examina o se posiciona por encima del concepto o proceso al que hace referencia.

Una metaevaluación es un proceso de auto evaluación sobre el propio proceso evaluativo; es decir, consiste en analizar y valorar la calidad, la utilidad, y la efectividad de una evaluación que se ha realizado. Su propósito es garantizar que la evaluación genere resultados útiles, reflexionando sobre sus resultados y las proyecciones en tu vida.

En esencia, permite identificar áreas de mejora, detectar posibles sesgos y fortalecer futuros procesos de desarrollo personal y profesional.

La metaevaluación del test "¿Cómo Manejas la Polarización y el Magnetismo del Liderazgo Torbellino?" te invita a un análisis profundo sobre tu capacidad para gestionar la influencia, atracción y las dinámicas polarizadoras características del liderazgo torbellino.

Al responder el test, tus elecciones revelan cómo balanceas entre maximizar el impacto de tu liderazgo y moderar las posibles tensiones que emergen en contextos polarizados.

Si tus respuestas tienden a abrazar la polarización como una herramienta para movilizar y generar cambios rápidos, podrías ser un líder altamente efectivo en contextos de cambio acelerado, pero debes asumir que corres el riesgo de generar divisiones o desconfianza ¿Eso lo tomas y lo ves como una herramienta de éxito? Hummm "Dividir para gobernar" es bárbara.

No es necesario revivir la frase "divide et impera" que ha sido atribuida a figuras, como Julio César y Nicolás Maquiavelo. Su uso como estrategia remonta a la antigua Roma y otras civilizaciones que empleaban tácticas de fragmentación para mantener el control político y militar. Nicolás Maquiavelo, en particular, popularizó y explicó aspectos de esta estrategia en su obra "El Príncipe" (publicada en 1532), aunque la idea ya existía mucho antes de su tiempo.

"Dividir para gobernar" es una estrategia política y de liderazgo que busca fragmentar o polarizar a un grupo o sociedad para debilitar su cohesión y reducir su capacidad de oponerse al líder o al gobierno. Al crear divisiones, quien detenta el poder puede controlar y dominar más fácilmente a diferentes facciones, al evitar que se unan en su contra o desarrollen un frente común. Históricamente, esta táctica ha sido utilizada por líderes, imperios y gobiernos para mantener el control, manipular situaciones y ejercer influencia mediante el fomento de rivalidades internas, desconfianza y competencia entre grupos. Aunque puede ser eficaz a corto plazo, "dividir para gobernar" a menudo conlleva riesgos y consecuencias, como la inestabilidad social y la falta de cohesión en las organizaciones o sociedades.

Por otro lado, si optas por mitigar la polarización y buscar consenso, tu enfoque muestra una fuerte inclinación hacia la cohesión y la inclusión, aunque podría limitar tu capacidad de movilización rápida. Esta metaevaluación busca ofrecerte un mapa de tus fortalezas y áreas de mejora en la gestión del magnetismo y polarización, ayudándote a liderar con mayor conciencia y efectividad en tiempos disruptivos... sigue pensando, sigue mirándote, claro, sin auto complacencia.

2. Redes sociales, comunicación estratégica e impacto social

En este capítulo exploraremos como la comunicación estratégica y el uso de las redes sociales amplifican el fenómeno del torbellinazgo, así como los riesgos y oportunidades que presenta para la política y las organizaciones en general.

Iniciemos con una pregunta: ¿Es Usted parte de la Generación Snowflake?

Con el avance de las redes sociales ha surgido una nube de usuarios de ellas, a quienes se le ha llamado la Generación Snowflake. Y ha sido definida como la generación (principalmente jóvenes) de personas con grandes capacidades y muy sensibles, prontas a sentirse heridas en su delicadeza, frágiles como "copos de nieve". Son menos flexibles y más propensos a ofenderse que las generaciones anteriores y caracterizados por el narcisismo y la tendencia a acallar opiniones ajenas alineadas a la propia, como forma de identidad política. Ellos principalmente son los buscados por líderes políticos que los transforman en "su primera línea de fuego" apelando a su autenticidad y dándoles una causa a seguir y por la cual luchar.

La generación Snowflake puede, paradójicamente, tanto resistir como colaborar con políticos disruptivos. Aunque esta generación suele ser percibida como hipersensible y enfoca su atención en causas de justicia social, sostenibilidad y equidad, algunos políticos disruptivos, como los que encarna el Gran Torbellinazgo, logran conectar con ellos mediante mensajes que apelan al cambio radical y al rechazo de estructuras tradicionales. La comunicación directa, emocional y a menudo polarizadora de estos líderes puede resonar con jóvenes que buscan autenticidad y acción rápida, incluso aceptando el tono agresivo, la falta de filtros, la desinformación, el discurso de odio o el uso de estrategias divisivas. Esto, extrañamente, genera en ellos un mayor compromiso y sentido de pertenencia y "compran" todas las ideas y acciones de su líder.

El liderazgo sediento de audiencias, seguidores y likes se hace crecientemente carismático, impulsado por una presencia magnética, tiene la capacidad de captar y movilizar masas, crear movimientos y transformar realidades.

En un mundo donde la comunicación rápida y el acceso global a la información son la norma, el magnetismo de un líder puede convertirse en una fuerza poderosa para atraer seguidores.

No obstante, este mismo poder suele generar polarización, dividiendo opiniones, acentuando diferencias y dejando menos espacio para los matices y consensos... es la trampa para captar adherentes: marcar enemigos a los cuales denunciar, quitarles credibilidad (y seguidores) y finalmente destruirles.

Para el líder torbellino, la narrativa es tanto una herramienta de conexión, como un arma de destrucción y se terminan atacando características personales del contrario y no las ideologías y argumentos políticos y sociales que guían sus propuestas de gobierno.

Las redes sociales se convierten, así, en eficientes portadoras ataques y de noticias falsas principalmente por tres causas:

- Bajos costos en producirlas.
- Dificultad para discernir su veracidad y certificar las fuentes denunciantes.
- Receptores amigos y seguidores que comparten su ideología y reenvían las mentiras recibidas.

Visto así, Internet y sus redes se vuelven un espacio para extremistas del teclado, que han rechazado el debate, las razones y los argumentos, por la violencia, afirmaciones categóricas y el burdo ataque.

Los trolls y usuarios anónimos que tienen la licencia y desfachatez de insultar, funar (sin argumentos) y sembrar el odio, han permitido que gane el auto encierro en la furia, las ideas extremas, los ciegos partidarios y sus lideres fanatizados. ¿Cómo detener este mensaje extremista y la falta de filtros racionales en ellos?

Comunicación estratégica y el impacto en las redes sociales

En la era digital, la comunicación ha cambiado radicalmente, al segundo todo se sabe. La inmediatez, la personalización y el acceso a una audiencia global han hecho que los líderes tengan un alcance sin precedentes. Sin embargo, el impacto de esta nueva forma de comunicación depende de como se utilice y de las intenciones detrás de cada mensaje.

Un ejemplo de lo anterior: El emotivo gesto de la reina Letizia en su visita a Valencia el 3 noviembre 2024, quien apartándose de la comitiva oficial conversó con ciudadanos afectados por la DANA (ese torrente de lluvias que mató a más de 300 españoles), con el rostro manchado de barro, escuchaba a un vecino, se viralizó rápidamente, alcanzando más de 2.000 me gusta y 136.000 reproducciones en poco más de una hora. Esto hace quince años atrás sería impensable, pues eso requería grabar la nota, analizarla en equipo, editarla y luego subirla a los noticieros, un largo tiempo que hoy se hace instantáneo, está ocurriendo, lo estás viendo.

- **Impacto de la comunicación directa y sin filtros**
  La comunicación directa y sin filtros se ha convertido en una herramienta clave para muchos líderes. Utilizando un lenguaje claro, sencillo y auténtico, los líderes pueden establecer conexiones más profundas y reales con sus seguidores. Este tipo de comunicación, al eliminar intermediarios, ofrece un acceso "sin censura" a los pensamientos y posiciones del líder, lo que suele generar una mayor sensación de cercanía y confianza. Sin embargo, también presenta riesgos, ya que los mensajes sin filtros pueden resultar ofensivos, dividir opiniones o dar lugar a malentendidos masivos si no se manejan con cuidado.
- **El poder de las redes sociales para construir movimientos y generar lealtades**
  Las redes sociales han revolucionado la manera en que los líderes conectan con su audiencia. Plataformas como Twitter (X), Instagram y TikTok han permitido que los líderes construyan movimientos globales, movilizando a millones de personas en torno a una causa. El uso estratégico de hashtags, campañas virales y mensajes emocionantes puede convertir una simple idea en un fenómeno global. No obstante, la misma rapidez con la que se construyen estas lealtades puede ser un riesgo: movimientos mal gestionados o impulsados por mensajes tóxicos pueden desmoronarse con la misma rapidez con la que surgieron.

3. Estrategias para atraer seguidores y generar un "Movimiento"

El magnetismo y la capacidad de atraer seguidores pueden ser una ventaja poderosa para los líderes que buscan crear un impacto duradero. Las siguientes estrategias son esenciales para construir y mantener un movimiento:

- **Narrativa emocional y coherente**
  Una narrativa emocional, auténtica y coherente es crucial para atraer y mantener seguidores. El líder debe contar una historia que resuene con las aspiraciones, miedos y deseos de su audiencia, alineando su mensaje con valores que las personas compartan y sientan como propios.

- **Autenticidad y consistencia**
  Los seguidores son atraídos por líderes que parecen genuinos y consistentes. Cambiar de postura con demasiada frecuencia o no cumplir las promesas hechas puede erosionar la confianza y fragmentar el movimiento.

- **Interacción constante**
  Las redes sociales permiten una interacción constante entre el líder y sus seguidores. Escuchar, responder y mostrar interés por las opiniones de la audiencia fortalece el compromiso y genera una base de apoyo leal.

- **Estrategias de movilización**
  Para crear un verdadero movimiento, es necesario que los seguidores se conviertan en actores activos. Las campañas que invitan a participar, ya sea a través de acciones concretas, protestas, donaciones o contenido generado por usuarios, fortalecen el sentido de pertenencia y compromiso con la causa.

4. Riesgos de la polarización en política, equipos y organizaciones

La capacidad de atraer masas también puede tener consecuencias negativas. La polarización es uno de los riesgos más notorios del magnetismo del liderazgo. Cuando los líderes centran su comunicación en mensajes que dividen, el espacio para el diálogo y el consenso se reduce, lo que genera entornos tóxicos y difíciles de gestionar.

- **Política**
  En el ámbito político, la polarización extrema puede llevar a la radicalización de posiciones y al debilitamiento de la democracia. La falta de consenso y de un "centro" o equilibrio político sólido, puede hacer que las decisiones se vuelvan ineficaces, aumentando el descontento y el riesgo de inestabilidad social.

- **Equipos y organizaciones**
  En las organizaciones, la polarización puede generar conflictos internos, erosionar la confianza y disminuir la productividad. Cuando el liderazgo se enfoca en dividir en lugar de construir puentes, los equipos se fragmentan y la cultura organizacional se debilita.

Conclusión

El magnetismo y la capacidad de movilizar masas son herramientas poderosas que los líderes pueden utilizar para generar cambios y construir movimientos. Sin embargo, es fundamental que la comunicación y el uso de redes sociales sean responsables y estratégicos, evitando caer en la trampa de la polarización que debilita el tejido social y organizacional.

La clave está en encontrar un equilibrio entre atraer e inspirar sin dividir, promoviendo un liderazgo que construya un propósito compartido, capaz de trascender las diferencias y unir en lugar de fragmentar.

La polarización en política, equipos y organizaciones genera riesgos como la falta de colaboración, ambientes tóxicos, estancamiento en decisiones, desinformación, pérdida de talento, decisiones reactivas y fragmentación social.

Esto dificulta el trabajo conjunto, promueve conflictos y debilita la cohesión, con consecuencias negativas a largo plazo.

5. ¿Por qué tanta gente respalda este Liderazgo Torbellino?

La integración de las expectativas, dolores, rabias e insatisfacciones de las masas en el contexto del Gran Torbellinazgo es clave para entender por qué los líderes disruptivos, carismáticos, caciques y populistas han ganado terreno frente a los líderes tradicionales.

Este fenómeno no surge en el vacío; es una respuesta a una acumulación de frustraciones sociales, económicas y políticas que los modelos convencionales de liderazgo no han sabido abordar de manera efectiva. A continuación, detallo como estas emociones y expectativas moldean y sostienen el ascenso de estos nuevos líderes.

a. Conexión emocional y representación de sentimientos profundos

Los líderes disruptivos, populistas o caciques logran canalizar el sentir de las masas al conectar emocionalmente con sus dolencias y rabias. A diferencia de los líderes tradicionales, que muchas veces son percibidos como distantes, tecnocráticos o desconectados de las necesidades reales, los líderes torbellino muestran cercanía, empatía y comprensión hacia las frustraciones del pueblo. Al hacerlo, se convierten en una figura en la que muchos depositan sus esperanzas y expectativas de cambio, sintiéndose escuchados y validados.

Ejemplo

Estos líderes suelen emplear un lenguaje sencillo, directo y cargado de emociones que transmite su comprensión de los problemas cotidianos, desde la pobreza y la corrupción hasta la desigualdad social. Esto genera una percepción de autenticidad que les da ventaja sobre el discurso frío y calculado que puede tener el liderazgo convencional.

b. Promesas de cambio inmediato y drástico

La insatisfacción con el "statu quo" se manifiesta en un rechazo hacia las promesas incumplidas de los líderes tradicionales. Las masas que sienten que sus problemas no han sido resueltos tienden a buscar soluciones radicales y rápidas, un terreno fértil para que los líderes disruptivos prometan transformaciones inmediatas. Su narrativa gira en torno al rompimiento de estructuras antiguas, el fin de privilegios de élites y una reconstrucción desde sus cimientos.

Contexto

Estos líderes proyectan fuerza y seguridad, posicionándose como la solución definitiva y capaz de "limpiar la casa" en poco tiempo. Este tipo de promesas, aunque pueden ser ilusorias, atraen a aquellos que han perdido la paciencia con los procesos largos y burocráticos que no satisfacen sus necesidades.

c. Identificación con el dolor y la ira colectiva

El dolor, la rabia y la frustración acumulada de las masas son un combustible poderoso que estos líderes saben aprovechar. A menudo, canalizan este malestar señalando enemigos comunes: las élites, los corruptos, las instituciones fallidas o cualquier figura que pueda ser culpada por el sufrimiento colectivo. Al hacerlo, transforman el descontento en un motor de movilización que refuerza su posición.

Aspecto crítico

La polarización se convierte en una herramienta de movilización muy efectiva para unir a las masas en torno a una causa común y mantenerlas leales al líder. No obstante, esta dinámica también puede exacerbar divisiones sociales y dificultar la cooperación a largo plazo.

d. La percepción de ser "uno de los nuestros"

Los líderes populistas y disruptivos suelen posicionarse como personas que entienden de primera mano las dificultades de las masas. Ya sea a través de un pasado humilde, un lenguaje sencillo o una actitud desafiante frente a las normas establecidas, logran construir una imagen de cercanía y de pertenencia. Las masas, al sentirse representadas por alguien que "es como ellos o habla como ellos", están dispuestas a darle su confianza y apoyar acciones que un líder tradicional no podría llevar a cabo sin enfrentar resistencia.

e. Rechazo al liderazgo tradicional percibido como incompetente y corrupto

La percepción de que los líderes tradicionales no cumplen con sus promesas, actúan en beneficio propio o son incapaces de entender las necesidades del pueblo lleva a un castigo electoral y social que abre la puerta al liderazgo disruptivo. La insatisfacción con el sistema político o institucional genera un deseo de ruptura, y los líderes populistas son expertos en capitalizar ese deseo, prometiendo barrer con la corrupción y la ineficiencia que caracterizan al "sistema".

f. Simplificación de problemas complejos

La frustración y el cansancio con las promesas incumplidas llevan a muchas personas a buscar soluciones aparentemente simples y directas a problemas complejos. Los líderes torbellino suelen ofrecer respuestas sencillas y contundentes, aunque no necesariamente realistas, que apelan al deseo de cambio inmediato. Mientras los líderes tradicionales explican los desafíos con tecnicismos o cautela, los líderes populistas lo hacen con frases categóricas que resuenan con la urgencia y el hartazgo de las masas.

Conclusión

El respaldo al Liderazgo Torbellino radica en su capacidad para canalizar las emociones colectivas de frustración, dolor e insatisfacción, conectando con las masas mediante un discurso empático, directo y cargado de emociones que lo diferencia del liderazgo tradicional percibido como distante y tecnocrático.

Prometen cambios drásticos e inmediatos, desmantelando estructuras y privilegios establecidos, lo que genera esperanza en quienes buscan soluciones rápidas y rupturas profundas.

Utilizan narrativas polarizadoras, identificando enemigos comunes y reforzando la lealtad mediante un discurso de "nosotros contra ellos", que puede unir, pero también dividir. Además, su cercanía percibida —ya sea por un lenguaje sencillo, una actitud desafiante o un pasado humilde— refuerza el apoyo popular. Su estrategia se basa en simplificar problemas complejos con soluciones directas, contrastando con el enfoque burocrático de líderes tradicionales. Aunque su estilo disruptivo puede movilizar a grandes masas, conlleva el riesgo de exacerbar divisiones sociales, polarizar y erosionar el diálogo constructivo.

6. ¿De qué se vale un líder populista para obtener el apoyo de la gente?

El temor, la pobreza y la ansiedad juegan un papel crucial en la decisión de las personas de apoyar a líderes contemporáneos disruptivos. Estos factores pueden incidir de la siguiente manera:

a. **Temor e inseguridad**
El miedo, especialmente ante problemas de inseguridad, crimen o amenazas percibidas (sean internas o externas), lleva a las personas a buscar líderes que proyecten fuerza, control y una promesa de seguridad. Suelen ser percibidos como figuras que "ponen orden" y tienen soluciones firmes, incluso si son simplistas ya que en contextos de crisis, las personas tienden a buscar figuras que representen certezas y que proyecten una visión de estabilidad, aun cuando su liderazgo sea autoritario o disruptivo.

b. **Pobreza y desigualdad**
La desesperación económica genera un profundo descontento que hace a las personas más propensas a apoyar figuras políticas que prometan un cambio drástico. Líderes populistas

como estos, suelen centrar su narrativa en eliminar la "corrupción" de las élites y redistribuir la riqueza o mejorar las condiciones de vida, lo que atrae especialmente a aquellos que se sienten olvidados por el sistema.

c. **Ansiedad y frustración**
La incertidumbre generalizada en la política, la economía y la sociedad genera ansiedad en amplios sectores de la población. Esto aumenta la demanda de líderes que ofrecen mensajes simples y soluciones rápidas, muchas veces canalizando el malestar hacia "enemigos comunes" o responsables de la crisis. Cuidado con esto: es una situación que los líderes disruptivos suelen aprovechar para ganar seguidores al posicionarse como agentes de cambio.

d. **Narrativas de identidad, reconquista y protección**
La ansiedad ante cambios culturales, migratorios o las tensiones globales impulsa a muchos a apoyar a líderes que prometen proteger los valores tradicionales, recuperar la identidad nacional perdida o establecer límites claros contra influencias externas y "malignas". Este tipo de retórica moviliza a las personas que temen perder su identidad cultural o económica frente a la globalización, por ejemplo.

e. **Percepción de desamparo ante el sistema**
En contextos de pobreza y desigualdad, la sensación de que el sistema político y económico está diseñado para beneficiar solo a unos pocos lleva a los votantes a rechazar las opciones tradicionales y buscar figuras que, desde su perspectiva, representen una verdadera ruptura con el statu quo. Esto genera un entorno en el que las propuestas de "cambio radical" se vuelven más atractivas, aun cuando puedan tener connotaciones autoritarias o radicales.

Conclusión

El respaldo de la gente hacia el Liderazgo Torbellino surge del dolor, del temor, la pobreza y la ansiedad profunda de quienes se sienten ignorados y abandonados.

La pobreza crónica empuja a las personas hacia líderes que prometen respuestas firmes, proyectando autoridad y esperanza en medio del caos. Estos líderes, carismáticos y disruptivos, conectan al hablar el lenguaje del pueblo, haciendo sentir a sus seguidores que son vistos, escuchados y comprendidos.

Manipulan el dolor colectivo y la sensación de injusticia para movilizar a las masas, identificando enemigos comunes y prometiendo destruir las estructuras que perpetúan el sufrimiento. La narrativa del "nosotros contra ellos" une a quienes buscan justicia y cambio, generando un sentimiento de pertenencia y propósito. Con un discurso que mezcla empatía, fuerza y promesas de ruptura, ofrecen una esperanza que, aunque a veces basada en ilusiones, resulta irresistible para quienes ansían un cambio radical.

7. Impacto del Gran Torbellinazgo en el liderazgo actual

a. Influencia en la estrategia de liderazgo

Las empresas y líderes en otros campos deben adaptarse a la demanda de autenticidad, comunicación directa y la capacidad de desafiar las normas cuando es necesario. El modelo de liderazgo compartido propuesto por Bennis enfatiza la importancia de la descentralización y de inspirar en lugar de simplemente controlar, algo que resuena con el estilo de liderazgo carismático y disruptivo. Los líderes actuales deben adaptarse a la demanda de autenticidad, comunicación directa y el desafío a las normas. Bennis ha destacado que inspirar y descentralizar el poder son claves para el liderazgo efectivo, un enfoque que resuena con la presencia carismática y disruptiva de estos líderes políticos.

b. El papel del liderazgo emocional

Sabemos que las habilidades emocionales, como la empatía y la capacidad de conectar a nivel personal, son fundamentales para liderar equipos y mantener el compromiso. En el contexto de líderes políticos populistas, esta conexión emocional se magnifica a gran escala, algo que han llevado al extremo al conectar emocionalmente (y con una teatralidad artificial) con sus bases.

Nota sobre un líder emocional-histriónico: busca llamar la atención y suele expresar sus emociones de manera exagerada o dramática, mostrando una gran necesidad de ser el centro de atención. Esta tendencia se refleja en comportamientos expresivos, gestos intensos y un afán por destacar en situaciones sociales. En algunos casos, puede mostrar conductas manipuladoras o excesivamente emocionales para captar la atención y aprobación de los demás. Si bien pueden ser percibidas como carismáticas o cautivadoras, también pueden parecer superficiales o demasiado centradas en sí mismas, lo que puede afectar sus relaciones interpersonales.

c. **Adaptación y flexibilidad organizativa**
El enfoque de "dirigir mediante vagar de acá para allá" de Tom Peters sugiere la necesidad de que los líderes estén con una presencia constante y la capacidad de adaptarse a las necesidades cambiantes del entorno, lo cual se refleja en la forma en que estos líderes interactúan, comprenden las necesidades en tiempo real, responden al público y y se adapten a un entorno en constante cambio. Este enfoque de "proximidad" y agilidad es otra razón por la que los votantes prefieren líderes que desafían las estructuras tradicionales.

Conclusión

El liderazgo actual se ve influido por la capacidad de conectar, generar impacto emocional y proyectar una imagen de cambio y resultados tangibles. Esto refleja tendencias que van más allá de la política y se extienden al mundo empresarial y organizacional. La autenticidad, el carisma y la percepción de resultados tangibles, por más simplistas que sean, determinan el atractivo de figuras de los nuevos liderazgos, que representan estas tendencias, mostrando que la autenticidad, el carisma y el desafío al orden establecido son elementos esenciales para influir en el panorama actual del liderazgo.

8. Mirada crítica: El riesgo del Liderazgo Torbellino, su caudillismo y la fragilidad institucional

Aunque el liderazgo carismático y la capacidad de atraer a las masas puede ser una herramienta poderosa para conectar con el pueblo y representar sus frustraciones, este tipo de liderazgo trae consigo riesgos profundos para la estabilidad y la cohesión social y organizacional.

El caudillismo, el populismo extremo y la excesiva dependencia en una figura carismática tienden a debilitar las instituciones, al desplazar la importancia de los sistemas y procesos estructurados en favor de un poder concentrado en la figura del líder. Esta dinámica puede generar una serie de consecuencias graves, entre las cuales destacamos las siguientes.

a. Desplazamiento de las instituciones y concentración del poder

El caudillismo implica una transferencia de poder y confianza de las instituciones hacia una figura central que actúa como símbolo y voz de las masas. Cuando el liderazgo depende únicamente del carisma y la influencia de una sola persona, las instituciones, que deberían actuar como garantes del equilibrio y la continuidad del sistema, pasan a un segundo plano.

La autoridad formal de las instituciones es erosionada en favor de una autoridad personalista, donde la figura del líder toma decisiones de manera directa, a menudo sin los contrapesos o la transparencia que ofrece un sistema institucional robusto.

Esta concentración de poder puede tener efectos devastadores para la estabilidad organizacional o empresarial, ya que el sistema se vuelve vulnerable a los caprichos o decisiones unilaterales del líder. Las instituciones, que tradicionalmente son vistas como pilares estables, se debilitan, y cualquier cambio en la figura del líder puede generar una crisis de poder, dejando a la sociedad o a la organización sin un marco sólido de referencia.

b. Ciclos de polarización y conflicto

El caudillismo y el populismo extremo tienden a fomentar un ambiente que exacerba las divisiones en la sociedad o en la organización. Los líderes que se posicionan como salvadores o defensores de un grupo específico suelen definir a sus oponentes como enemigos, lo cual lleva a una polarización cada vez más profunda. En lugar de buscar el consenso o la reconciliación, estos líderes crean un ambiente donde se premia la lealtad absoluta y se demoniza la oposición.

Esta polarización tiene efectos devastadores en la cohesión social. Las comunidades que anteriormente podían encontrar puntos de entendimiento se ven fracturadas por una retórica que promueve la división. En un contexto organizacional, esta dinámica puede llevar a conflictos internos, con facciones opuestas que dificultan el funcionamiento efectivo y armonioso. A nivel social, la polarización extrema puede desembocar en violencia, protestas y un clima de inestabilidad continua.

c. Desilusión y manipulación de las masas

El caudillismo y el populismo extremo suelen estar impulsados por promesas ambiciosas y, a menudo, simplistas que apelan a las esperanzas y frustraciones de las masas. Estos líderes son hábiles en presentar soluciones aparentes a problemas complejos, cultivando la idea de que tienen el poder de resolver los problemas de manera rápida y definitiva. Sin embargo, cuando las promesas no se cumplen —ya sea porque son irrealistas o porque el líder no cuenta con los recursos o la voluntad para cumplirlas— las masas experimentan una profunda desilusión.

Esta desilusión puede ser peligrosa, ya que las personas que han depositado toda su esperanza en un líder y luego se sienten traicionadas pueden volverse aún más desencantadas y radicalizadas. En algunos casos, esta frustración se canaliza en forma de resistencia activa contra el sistema, lo que aumenta la inestabilidad. Además, los líderes caudillistas pueden manipular a las masas para perpetuar un sistema de poder que no necesariamente genera cambios reales o sostenibles, sino que simplemente mantiene al líder en el centro del escenario, mientras las necesidades fundamentales de la población quedan desatendidas.

d. Vulnerabilidad y crisis de liderazgo

Cuando una organización o una sociedad depende de un líder carismático, su estabilidad queda vulnerable a cualquier cambio o crisis que afecte a esa figura. Si el líder cae en desgracia, enferma, es removido o pierde su influencia, se produce un vacío de poder que puede desembocar en caos, incertidumbre y hasta en la baja de sus precios accionarios (recuerde el caso Steve Job y Apple). La ausencia de instituciones fuertes que puedan mantener el orden y la continuidad agrava la situación, ya que no existen mecanismos de sucesión o estructuras de respaldo que puedan llenar el vacío.

Este riesgo es especialmente peligroso en contextos de caudillismo o populismo extremo, donde la figura del líder ha sido idealizada al punto de que parece irremplazable. La falta de un sistema institucional fuerte y de un liderazgo compartido deja a la organización o a la sociedad sin alternativas cuando el líder ya no puede cumplir su rol.

e. Erosión de la confianza en el sistema

El Liderazgo Torbellino y su caudillismo debilita la confianza en las instituciones, pues lleva a las personas a percibirlas como ineficaces o corruptas en comparación con el líder carismático. Esto puede generar una relación de dependencia hacia el líder y un desprecio por las estructuras democráticas, los procesos organizacionales o las normas de transparencia y responsabilidad. A largo plazo, esta erosión de la confianza en el sistema institucional deja a la sociedad o a la organización en una posición frágil, incapaz de sostener el orden o la legitimidad sin la figura del líder.

Conclusión

Este fenómeno, con sus líderes carismáticos y su capacidad de atraer masas, puede tener un gran potencial de cambio, pero su efecto en las instituciones debe ser manejado con extrema cautela. La dependencia excesiva en un líder carismático, en lugar de fortalecer el tejido social o institucional, tiende a debilitarlo, creando un sistema frágil y vulnerable a la inestabilidad.

Para que sea un verdadero motor de progreso y no una fuente de división y desilusión, es fundamental que los líderes comprendan la importancia de las instituciones y la necesidad de construir sistemas sólidos y sostenibles que no dependan únicamente de una figura central. La verdadera transformación no reside en la figura de un líder único, sino en un liderazgo colectivo y en instituciones que puedan sostener el cambio en el tiempo, sin sacrificar la cohesión, la justicia y la estabilidad.

Aunque la capacidad de atraer a las masas y representar sus dolores y rabias puede ser un punto fuerte de estos líderes, también plantea riesgos significativos para la estabilidad y el orden social. El caudillismo, el populismo extremo y la dependencia en una figura carismática pueden debilitar las instituciones y generar ciclos de polarización, conflicto y falta de cohesión social. Las masas, al concentrar su esperanza en un solo líder, corren el riesgo de quedar desilusionadas si no se cumplen las promesas, o de ser manipuladas para perpetuar un sistema que no necesariamente genera cambios reales y sostenibles. ¿Y luego qué podrán hacer? Esperar que surja otro ciclo de un nuevo Gran Torbellinazgo y que esta vez "sí cumplirá sus sueños".

9. ¿Son necesarias las ideologías y los partidos políticos para la sociedad?

Los nuevos políticos responderían, (estas frases la dijeron los nombrados):

- Donald Trump, Presidente de EE.UU: "Nuestro movimiento es sobre reemplazar un sistema político fracasado y corrupto por uno nuevo, controlado por ustedes, el pueblo estadounidense".
- Hugo Chávez, expresidente de Venezuela: "No soy monedita de oro para caerle bien a todo el mundo. Mi deber es enfrentar a la oligarquía".
- Nigel Farage, líder del Partido de la Independencia del Reino Unido: "La política británica está rota. Los partidos tradicionales ya no representan a la gente, el nuestro sí".
- Evo Morales, expresidente de Bolivia: "La política es sinónimo de corrupción y engaño al pueblo".
- Rodrigo Duterte, expresidente de Filipinas: "La política es una basura. Es un juego sucio".

Si, los líderes disruptivos o torbellinos atacan ideologías e instituciones establecidas para romper con el statu quo y posicionarse como agentes de cambio radical. Este enfoque busca captar la atención, movilizar el descontento popular, crear una nueva narrativa y legitimar su liderazgo. Estos líderes tienden a simplificar el debate político, polarizar la sociedad y concentrar el poder, apelando a la desconfianza en el sistema institucionalizado. Aunque su retórica puede generar un cambio necesario en momentos de crisis, conlleva riesgos y debilitamiento de las instituciones y políticas basadas en el personalismo.

Sabemos que las ideologías políticas desempeñan un papel fundamental en la organización de la sociedad y la búsqueda del bien común, ya que ofrecen un marco de referencia para la toma de decisiones, promueven una identidad colectiva y orientan la formulación de políticas públicas.

Sin embargo, seguir a un líder anti-ideológico implica riesgos que pueden afectar la estabilidad democrática y la cohesión social. Estos líderes suelen apelar al populismo, simplificar problemas complejos, mostrar falta de principios definidos y, en algunos casos, inclinarse hacia el autoritarismo. Su rechazo al pluralismo y al debate abierto puede erosionar instituciones democráticas y fomentar la divisiones extremas. Aunque presentan una imagen de neutralidad, su enfoque puede manipular el discurso y desviar la atención de problemas estructurales. Por tanto, en una sociedad democrática, el diálogo pluralista basado en principios ideológicos claros contribuye al equilibrio y a la rendición de cuentas del poder.

¿Por qué son importantes las ideologías? Pese a todo el desprestigio que han recibido, en política, las ideologías de los partidos políticos son importantes porque sirven como una guía que define sus valores, principios y prioridades. Estas ideologías ofrecen a los ciudadanos un marco para entender las posturas y propuestas de los partidos, lo que facilita la identificación con ellos y su propósito. Además, las ideologías cohesionan a sus miembros y orientan sus decisiones y políticas públicas.

En contextos de polarización o cambios sociales, algunos partidos pueden ajustar o matizar sus posturas para atraer a un electorado más amplio. Pese a esto, la ideología sigue siendo clave para definir en un grupo político: expresar su identidad, representar intereses y establecer un rumbo político claro.

En lo personal, temo a los líderes "anti lideres", temo a los curas anti iglesia, temo a los políticos anti políticos, principalmente por una razón práctica: Si llegan los tiempos de elecciones de presidente, la ideología de cada partido nos señala por donde estarán sus prioridades. Un partido de centro tiene un pensamiento sobre la economía los DD.HH, la educación, la pobreza, la sexualidad, que puede estar contrapuesta con un partido de extrema izquierda o de extrema derecha. Si cambian a sus líderes, no cambia la ideología ni sus principios, eso da estabilidad de gobernanza (al menos en teoría).

Así es como sabemos que la opción por una política de mercado y capitalismo estará más cercana a una ideología de derecha y lejana de otra de izquierda. Una estará centrada en un sistema en el que las regulaciones y restricciones gubernamentales son prácticamente inexistentes, y el mercado opera con una autonomía total. En la otra, opera la centralización del estado y el rol de las empresas se limita y regula. Lo mismo ocurre con la búsqueda de salud y educación gratuita, unos la apoyan por sobre otros... pero seguir la ideología de UN líder es muy complejo, es imposible, ella cambia según el humor del líder.

10. Diez tips del rechazo del Liderazgo Torbellino a las ideologías y los partidos políticos

Seguir a un líder político que adopta una postura anti-ideológica conlleva diversos riesgos, algunos de los cuales pueden tener consecuencias profundas para la estabilidad, la cohesión social y el sistema democrático. Aunque algunos líderes que se presentan como "anti-ideológicos" afirman buscar la unidad y la superación de divisiones, esta posición puede implicar varios desafíos y peligros:

- a. **Ambigüedad y falta de coherencia**
  Un líder que se declara "anti-ideológico" puede carecer de un marco de referencia claro, lo que genera incertidumbre respecto a sus políticas y decisiones. Esto puede conducir a cambios abruptos de dirección y a la adopción de medidas contradictorias que dificulten la formulación de políticas coherentes a largo plazo.
- b. **Populismo y simplificación de problemas complejos**
  Muchos líderes anti-ideológicos tienden a presentarse como "anti-establishment" y pueden recurrir a soluciones

simplistas o a discursos que apelan a las emociones más que al razonamiento. Esto puede polarizar a la sociedad y desviar la atención de las causas estructurales de los problemas sociales y económicos.

c. **Falta de principios y valores definidos**

Al no adherirse a una ideología clara, un líder anti-ideológico puede carecer de principios o valores consistentes que guíen su toma de decisiones. Esto puede resultar en decisiones oportunistas, que respondan más al beneficio personal o político inmediato que al bienestar colectivo o a un marco ético definido.

d. **Riesgo de autoritarismo**

Muchos líderes que rechazan las ideologías tienden a concentrar el poder en torno a su figura, argumentando que representan los "intereses del pueblo" sin intermediarios ideológicos. Esto puede derivar en una forma de liderazgo autoritario o personalista, con una mayor probabilidad de erosionar las instituciones democráticas, limitar la libertad de prensa y acallar a los opositores.

e. **Desprecio por el pluralismo y la diversidad de opinión**

La retórica anti-ideológica puede llevar al rechazo o al desprecio de quienes piensan de manera diferente, lo que podría derivar en una reducción del espacio para el diálogo democrático y el debate abierto. Esto puede empobrecer el debate público y deslegitimar a movimientos o colectivos con perspectivas diversas.

f. **Desestabilización de instituciones democráticas**

Un líder que se opone a las ideologías suele atacar a las instituciones establecidas, como partidos políticos, medios de comunicación, o incluso el sistema judicial, al considerarlos "corruptos" o "inútiles". Si bien hay casos en los que es necesaria una reforma, el ataque indiscriminado a estas instituciones puede debilitar el sistema democrático, minar la confianza pública y promover la concentración de poder.

g. **Promoción de un sentimiento anti-Intelectual**

Al mostrarse "por encima" de las ideologías, estos líderes a menudo desprecian el conocimiento académico, el análisis de expertos o la elaboración de políticas basadas en la evidencia. Este enfoque puede llevar a decisiones imprudentes y una gestión deficiente de problemas complejos, como la salud pública, la economía o la seguridad.

h. **Manipulación del lenguaje y la retórica**

La postura anti-ideológica a menudo se acompaña de una retórica que pretende ser "neutral" o "apolítica", cuando en realidad puede ser manipuladora y tendenciosa. Esto puede confundir a la población y hacer que sea difícil distinguir entre hechos y opiniones, erosionando la confianza en la información objetiva.

i. **División social y polarización**

Al posicionarse como "anti-ideológicos", algunos líderes tienden a presentarse como la única solución "verdadera" al margen de las ideologías. Esto puede generar una visión polarizada de la sociedad, dividiendo a los ciudadanos entre los "seguidores fieles" y aquellos que son etiquetados como "traidores y enemigos", con consecuencias negativas para la cohesión social y la tolerancia.

j. **Desvío de la atención de problemas estructurales**

La retórica anti-ideológica a menudo se enfoca en atacar a las ideologías como fuente de los problemas sociales y políticos, en lugar de abordar las causas subyacentes o estructurales. Esto puede resultar en políticas que atacan síntomas en lugar de soluciones reales y profundas.

Conclusión

Los líderes políticos anti-ideológicos pueden captar la atención al prometer trascender las divisiones y simplificar los problemas sociales, pero a menudo esta promesa se queda en un plano retórico. Sin una base ideológica clara, corren el riesgo de gobernar de manera inconsistente, oportunista o incluso autoritaria. En una sociedad democrática, es crucial mantener un debate pluralista y respetuoso que incluya diferentes perspectivas ideológicas, ya que esto contribuye a la rendición de cuentas, al equilibrio de poderes y al fortalecimiento de las instituciones.

10.1 Un ejemplo de políticos "anti políticos" y su Liderazgo Torbellino

Este es un caso emblemático: Francisco Javier Errázuriz Talavera y su esposa, María Victoria Ovalle, fueron grandes "torbellinos", revolvieron todo, arrasaron, levantaron polvo (y luego desaparecieron) y son ejemplos notables de liderazgo disruptivo y Torbellino en la política chilena.

Errázuriz, conocido como "Fra Fra" (por su tartamudez), fue un gran y multimillonario empresario que incursionó en la política como candidato presidencial independiente en 1989, obteniendo el tercer lugar con el 15,43% de los votos.

Posteriormente, fundó su partido Unión de Centro-Centro Progresista y gracias a esto logró ser senador por la Región del Maule entre 1994 y 2002.

Su liderazgo se caracterizó por desafiar el statu quo y proponer soluciones innovadoras a los problemas del país.

Errázuriz criticó abiertamente a las élites políticas tradicionales y promovió una agenda centrada en la eficiencia económica y la reducción del tamaño del Estado. Su enfoque empresarial en la política y su estilo directo lo posicionaron como un líder disruptivo que buscaba transformar las estructuras establecidas.

María Victoria Ovalle, su esposa, también incursionó en la política, siendo elegida, mediante el partido creado por su esposo, diputada entre 1998 y 2002.

Su participación activa en la vida pública y su apoyo a las iniciativas de su esposo reflejan un liderazgo compartido que desafió las normas tradicionales de género en la política chilena.

Ambos líderes ejemplifican el liderazgo disruptivo al cuestionar las prácticas políticas convencionales y proponer enfoques alternativos para el desarrollo del país.

Con todo esto queda una pregunta ¿Fue bueno apoyar a esta agrupación personalista y familiar? ¿En qué termino todo esto? ¿Qué pasó con las ilusiones de la gente?

El partido de Francisco Javier Errázuriz, tuvo un ascenso inicial significativo en la política chilena, pero su trayectoria fue efímera y su final estuvo marcado por la pérdida de relevancia política y el colapso de su estructura organizativa. En 2002, la UCC fue formalmente disuelta debido a su escasa representación y falta de inscripción en elecciones legislativas. La ausencia de cargos electos y de una base militante activa, contribuyó a que el Servicio Electoral de Chile (Servel) cancelara su inscripción, marcando oficialmente el fin del partido.

Conclusión

La Unión de Centro Centro Progresista pasó de ser una propuesta política disruptiva con apoyo popular a un partido que no pudo sostenerse frente a la competencia y las exigencias del sistema político chileno, con su declive ligado a la pérdida de relevancia de su fundador, problemas judiciales y una estructura dependiente de liderazgos individuales.

Sus seguidores quedaron de pronto perdidos en la noche, se apagó la luz personalista de sus lideres y no se pudo continuar con sus proyectos… sin ideología no hay pensamiento político sano, sin ella hay personas que piensan algo, lo comparten y luego salen a cazar seguidores… cambia el pensamiento del líder, cambian las líneas de programa, se sigue por nuevas rutas y opciones inconsultas a los seguidores.

11. Diez tips sobre el valor de las ideologías en el desarrollo social y nacional

Las ideologías políticas desempeñan un papel fundamental en cualquier sociedad por varias razones clave, ya que moldean la forma en que las personas entienden el mundo, interactúan con los demás y organizan su vida política y social. Son un conjunto de ideas, creencias y valores que orientan el comportamiento político, social y cultural de individuos o grupos. Funcionan como un marco que guía la manera en que interpretan el mundo y toman decisiones, influyendo en el modo de organizarse y actuar en la sociedad.

Las ideologías no son inherentemente malas ni buenas; su valor depende del contexto y del modo en que se aplican. Pueden ser positivas cuando inspiran cambios sociales, promueven justicia y cohesión, y ofrecen una guía ética para la acción. Sin embargo, pueden ser negativas si se vuelven dogmáticas, excluyentes o se utilizan para justificar opresión y violencia. En última instancia, el impacto de una ideología depende de la forma en que se emplee y de los valores que promueva.

Aquí se destacan algunos de los motivos por los que las ideologías políticas son importantes:

a. **Proveen un marco de referencia para la toma de decisiones**
   Las ideologías ayudan a las personas y a los grupos a comprender y evaluar la realidad social, política y económica. Proveen un conjunto de principios, creencias y valores que guían sus juicios y sus decisiones en relación con temas públicos, como la justicia social, la igualdad, la economía y los derechos humanos.

b. **Promueven la identidad colectiva**
   Las ideologías políticas ofrecen un sentido de pertenencia a aquellos que comparten una visión común del mundo. Esto ayuda a formar grupos políticos, partidos y movimientos sociales que persiguen objetivos

compartidos, fortaleciendo así la cohesión y la participación ciudadana.

c. **Proporcionan sentido de propósito y orientación**
En tiempos de incertidumbre, las ideologías proporcionan una brújula para orientar a las personas sobre como actuar y qué aspirar a cambiar en la sociedad. Esto es especialmente importante en situaciones de conflicto social, crisis económica o tensiones políticas.

d. **Facilitan el debate y la deliberación pública**
Las diferentes ideologías generan debates y discusiones sobre como debería funcionar una sociedad. Esta diversidad de ideas y perspectivas promueve el pluralismo y la deliberación democrática, que son esenciales para mantener sistemas políticos más inclusivos y transparentes.

e. **Influyen en las políticas públicas y en el gobierno**
Las ideologías guían a los partidos políticos y a los gobernantes en la elaboración de leyes y políticas. Dependiendo de la ideología dominante, se pueden priorizar diferentes temas, como el bienestar social, el mercado libre, los derechos individuales, la seguridad nacional, entre otros.

f. **Promueven el cambio social**
Muchas de las reformas sociales y políticas importantes de la historia han sido impulsadas por ideologías que buscaban una transformación radical o gradual de las estructuras existentes. Por ejemplo, el movimiento por los derechos civiles, los movimientos feministas y las luchas por la justicia económica suelen tener raíces ideológicas.

g. **Ofrecen perspectivas alternativas**
En una sociedad con múltiples ideologías, los ciudadanos pueden comparar diferentes visiones del mundo y elegir la que más se alinee con sus valores y objetivos. Esto fomenta la diversidad de pensamiento y evita que una sola narrativa domine la vida pública.

h. **Pueden ser un contrapeso al poder**
Las ideologías políticas también pueden servir como contrapeso a los poderes establecidos. Los movimientos de oposición, las protestas sociales y las críticas al sistema

político se nutren de marcos ideológicos que les dan fuerza para confrontar la injusticia, la opresión o la desigualdad.

i. **Fomentan la participación ciudadana**
Al alinear los intereses y valores de las personas con causas políticas, las ideologías estimulan la participación activa en el proceso político, desde votar y afiliarse a partidos hasta movilizarse en campañas de incidencia.

j. **Facilitan el orden y la estabilidad social**
En ocasiones, una ideología dominante puede ser un factor de estabilidad al proporcionar normas y valores compartidos que ayudan a mantener un sentido de orden y cohesión en la sociedad. Sin embargo, también es fundamental que exista un equilibrio para que el cambio y la diversidad de perspectivas se mantengan vivos.

Conclusión

Las ideologías políticas son "lentes"`` a través de las cuales las personas interpretan su entorno social y toman decisiones sobre como debería estructurarse su sociedad. Aunque pueden ser fuentes de conflicto, también son indispensables para promover la reflexión, el cambio y la creación de comunidades con valores compartidos. Por lo tanto, la diversidad ideológica contribuye a una sociedad más rica y plural, donde múltiples voces pueden ser escuchadas y valoradas.

Winston H. Elphick D.

Capítulo 3

El Gran Torbellinazgo, implicancias para la organización de hoy

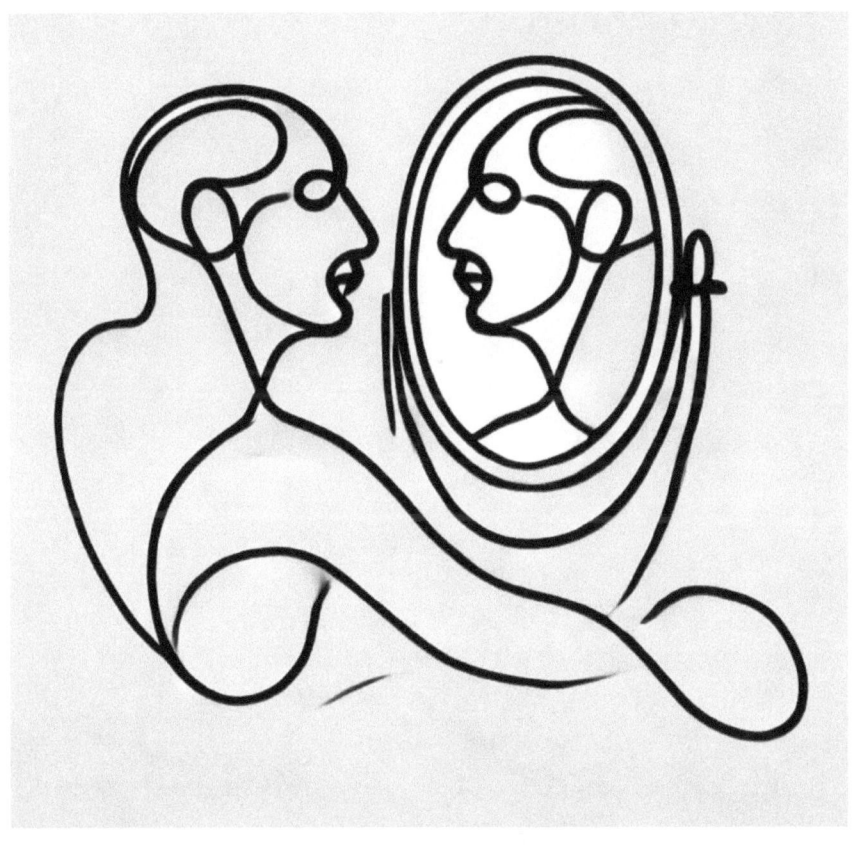

Winston H. Elphick D.

Presentación Capítulo 3

Este capítulo analiza el impacto del Gran Torbellinazgo en las estructuras empresariales modernas, un fenómeno licuoso, complejo de asir y de caracterizar, que irrumpe en las organizaciones y la sociedad, haciendo ver la necesidad de adaptación y transformación en un contexto donde los paradigmas tradicionales son desafiados a diario.

Se presentan sus características, causas y efectos, mostrando como los "torbellinos organizacionales" desafían la estabilidad y generan cambios rápidos.

El texto también examina el surgimiento de liderazgos enfocados en la construcción de marcas personales poderosas que a menudo eclipsan las marcas organizacionales. Se destacan los riesgos asociados, como la polarización, la verticalización y la asfixia del diálogo, que pueden socavar la cultura y cohesión social de las empresas.

El capítulo ofrece una síntesis de las mejores prácticas para integrar el Gran Torbellinazgo con un liderazgo humano y equilibrado, proporcionando herramientas y ejemplos que sirvan de guía para quienes desean liderar con fuerza y compasión, orientados hacia un liderazgo equilibrado que priorice la misión organizacional sobre el ego personal, promoviendo la comunicación con propósito y una cultura laboral comunitaria. Se ofrecen estrategias prácticas para liderar con responsabilidad y humanidad en tiempos de disrupción.

1. ¿Hagamos un test para ver cómo manejas el Gran Torbellinazgo en tu organización?

Test: ¿Cómo Manejas el Gran Torbellinazgo en tu Organización?

Este test busca evaluar tu enfoque y capacidad para gestionar el impacto del Gran Torbellinazgo en tu entorno organizacional. Responde seleccionando la opción que mejor refleje tu forma de actuar o pensar frente a cada situación planteada.

1. Características, causas y efectos del Gran Torbellinazgo en expansión

A) Me concentro en canalizar su energía para fomentar cambios positivos y transformar mi organización de manera efectiva.

B) Intento resistir su expansión y mantener el control, frenando el ritmo de cambio para proteger la estabilidad.

2. ¿Qué hacemos con este torbellino organizacional?

A) Aprovecho su dinamismo para identificar oportunidades de mejora y crear estrategias innovadoras.

B) Trato de minimizar el impacto, estableciendo barreras para proteger los procesos tradicionales y evitar riesgos.

2.1 Características de un Torbellino Organizacional

A) Veo al torbellino organizacional como una oportunidad para redefinir roles, procesos y estructuras en mi equipo.

B) Lo percibo como una amenaza que puede generar caos, confusión y pérdida de enfoque.

2.2 Causas comunes de un Torbellino Organizacional

A) Pienso que el principal problema es la falta de control y adaptación de los líderes al cambio.

B) Considero que las causas son multifactoriales (crisis, cambios tecnológicos, nuevos competidores) y deben ser abordadas desde distintos frentes.

2.3 Efectos del Torbellinazgo Organizacional
A) Si bien hay caos inicial, creo que, con buena gestión, puede derivar en innovación, crecimiento y cohesión.
B) Considero que sus efectos suelen ser más negativos, generando desgaste, conflictos y fragmentación en el equipo.

3. ¿Qué tipo de liderazgos surgen hoy en las empresas similares al de Trump, Milei, Bukele, Musk?
A) Estos líderes, aunque controvertidos, tienen una capacidad innata para movilizar y conectar con su audiencia.
B) Aunque pueden ser carismáticos, pienso que su estilo de liderazgo es demasiado polarizante y pone en riesgo la estabilidad organizacional.

4. Liderazgo organizacional versus Marca Personal
A) Pienso que una fuerte marca personal siempre debe prevalecer, ya que atrae a más seguidores y genera lealtad.
B) Creo que el liderazgo debe equilibrar una marca personal sólida con el fortalecimiento de la identidad de la organización.

4.1 Construcción y gestión de la marca personal en el contexto del Gran Torbellinazgo
A) Enfoco mi marca personal en destacar por encima de todo, priorizando mi propia imagen e impacto.
B) Prefiero construir una marca personal que inspire y represente los valores de la organización.

4.2 Formas en que estos líderes logran conectar e influir mediante su imagen
A) Utilizo mi imagen para causar un gran impacto y, si es necesario, polarizar o generar controversia.
B) Uso mi imagen para generar confianza y conexión, enfocándome en una comunicación clara y transparente.

4.3 La seducción de que la marca personal supere a la marca organizacional

A) Prefiero que mi marca personal sea lo que impulse la organización, aun si eso genera desequilibrio.

B) Creo que ambas deben estar en equilibrio para asegurar la sostenibilidad de la organización.

5. Los riesgos del Gran Torbellinazgo en la organización

A) Reconozco los riesgos, pero trabajo para convertirlos en oportunidades, promoviendo la cohesión interna.

B) Me preocupo principalmente por limitar su impacto negativo, incluso a costa de sacrificar la innovación.

5.1 La muerte de la Comunidad Laboral

A) Pienso que la comunidad laboral es menos importante que la eficiencia y el rendimiento individual.

B) Promuevo un sentido de comunidad para que los cambios no debiliten la cohesión interna.

5.2 Verticalización y el regreso a la Pirámide

A) Creo que un modelo jerárquico y verticalizado es necesario en tiempos de disrupción y crisis.

B) Fomento estructuras horizontales para mantener la participación y el diálogo.

5.3 La asfixia del diálogo y la vida comunitaria

A) Prefiero un enfoque más centralizado para evitar desvíos en la dirección.

B) Incentivo el diálogo abierto y la participación de todos los niveles.

5.4 El impacto en la cultura organizacional y social
A) Trabajo para integrar los cambios del torbellinazgo en la cultura organizacional, cuidando la estabilidad económica de la empresa.
B) Me concentro en proteger la cultura existente de cualquier influencia disruptiva.

6. Aprender y gestionar en la disrupción sin perder la humanidad
A) Considero que la disrupción, por sí sola, es la clave del éxito.
B) Equilibro la innovación y la disrupción con un enfoque ético y humanista.

Tabla de Corrección y Niveles de Puntajes del Test: ¿Cómo Manejas el Gran Torbellinazgo en tu Organización?

La siguiente tabla de corrección y clasificación creativa de niveles evalúa tu enfoque sobre la gestión del Gran Torbellinazgo en tu organización. Los puntajes se asignan según tu disposición a abrazar el cambio, manejar la disrupción o mantener la estabilidad.

Puntajes:

- Respuesta A = 2 puntos
- Respuesta B = 1 punto

Corrección del Test:

Pregunta	Respuesta	Puntaje
1. Gran Torbellinazgo y su expansión	A/B	2 / 1
2. Manejo del torbellino organizacional	A/B	2 / 1
2.1 Características de un Torbellino Organizacional	A/B	2 / 1

Pregunta	Respuesta	Puntaje
2.2 Causas comunes del torbellino	A/B	2 / 1
2.3 Efectos del torbellinazgo organizacional	A/B	2 / 1
3. Tipos de liderazgo similares a Trump, Milei, etc.	A/B	2 / 1
4. Liderazgo organizacional vs. Marca Personal	A/B	2 / 1
4.1 Construcción y gestión de la marca personal	A/B	2 / 1
4.2 Conectar mediante la imagen	A/B	2 / 1
4.3 Marca personal vs. marca organizacional	A/B	2 / 1
5. Riesgos del Gran Torbellinazgo	A/B	2 / 1
5.1 La muerte de la Comunidad Laboral	A/B	2 / 1
5.2 Verticalización y regreso a la pirámide	A/B	2 / 1
5.3 Asfixia del diálogo	A/B	2 / 1
5.4 Impacto en la cultura organizacional y social	A/B	2 / 1
6. Gestionar la disrupción sin perder la humanidad	A/B	2 / 1

Total máximo de puntos: 32

Niveles de Puntajes y Clasificación Creativa:

Puntaje Obtenido	Nivel	Porcentaje (%)
28 - 32	Maestro del Torbellinazgo	86% - 100%
20 - 27	Agente Transformador	65% - 85%
14 - 19	Estratega Moderado	44% - 64%
7 - 13	Guardia del Equilibrio	22% - 43%
0 - 6	Centinela del Orden	0% - 21%

Interpretación de los Resultados:

- **Maestro del Torbellinazgo (28 - 32 puntos)**
  Dominas la capacidad de gestionar el Gran Torbellinazgo, canalizando su energía disruptiva hacia resultados positivos y cohesionadores.
  Has logrado una profunda comprensión de cómo canalizar la disrupción y el cambio hacia la innovación y la cohesión organizacional., pero también debe lograr una profunda comprensión del respeto hacia las personas que conforman comunidad laboral contigo.

- **Agente Transformador (20 - 27 puntos)**
  Sabes cómo aprovechar la disrupción para generar valor sin perder de vista la necesidad de una base organizacional fuerte. Sabes equilibrar el cambio y la estabilidad, adoptando el liderazgo torbellino para fomentar la creatividad sin perder la estructura.

- **Estratega Moderado (14 - 19 puntos):** Buscas un equilibrio entre el cambio y la estabilidad, actuando con moderación y precaución.
  Prefieres un enfoque más conservador, manteniendo una estructura sólida mientras gestionas los elementos disruptivos.

- **Guardia del Equilibrio (7 - 13 puntos)**

  Prefieres minimizar el impacto del cambio y te concentras en mantener el orden y la estabilidad organizacional.
  Te enfocas en mantener el orden y minimizar el impacto del torbellinazgo, limitando el caos y la polarización.

- **Centinela del Orden (0 - 6 puntos)**
  Tiendes a resistir la disrupción, valorando la continuidad y las estructuras existentes por encima de la transformación.
  Te resistes firmemente al cambio disruptivo, priorizando el control, la estabilidad y las estructuras tradicionales. Ten cuidado pues estás resistiendo frente a un torbellino insistente de cambio. Elon Musk te podría sacar y enviar de un golpe a Marte...

Tu Meta Evaluación

El llamado está en "meta" evaluarte, ir "más allá", de haber respondido un test y buscar una categoría para identificar un nivel donde ubicarte. Ahora viene un proceso de pensamiento, y "metaevaluación" a evaluar la propia evaluación, trascender.

La metaevaluación de este test para gestores organizacionales, "¿Cómo Manejas el Gran Torbellinazgo en tu Organización?", proporciona un análisis sobre tu enfoque hacia la disrupción, el cambio y el liderazgo torbellino en tu entorno organizacional. Al completar el test, tus respuestas reflejan cómo manejas la energía transformadora y a menudo caótica del Gran Torbellinazgo, equilibrando, o no, su potencial disruptivo con la estabilidad y el propósito organizacional.

Si tu puntaje muestra un alto grado de apertura y manejo estratégico de la disrupción, esto señala tu capacidad para impulsar innovaciones, fomentar cambios ágiles y movilizar a tu equipo hacia nuevas metas, aunque puede ser necesario atender posibles riesgos asociados con la polarización y el desgaste interno. Pero no basta con saberse "Maestro del Torbellinazgo", ni dominar la capacidad de gestionarlo, no. Eso así simplemente conlleva altos niveles de éxito y de logros organizacionales, pero también una suma peligrosa de riesgos... no basta el éxito, si este es aplastante de quienes trabajan contigo para lograrlo.

Por otro lado, un puntaje más moderado o conservador indica que prefieres salvaguardar las estructuras existentes, minimizando riesgos, pero esto encierra riesgos altos para la organización, podrías estar perdiendo oportunidades de transformación valiosa.

En conjunto, esta evaluación busca ofrecerte una visión crítica de tus capacidades y áreas de mejora en el contexto de un liderazgo dinámico, para potenciar tu impacto y adaptabilidad en tiempos de cambio acelerado... analiza, saca conclusiones.

2. Características, causas y efectos del Gran Torbellinazgo en expansión

Mediante un relato real, te invito a descubrir la naturaleza compleja, caótica y transformadora del Gran Torbellinazgo en una organización, reflejando su potencial para generar innovación y sus riesgos de desgaste: La Tormenta que Transformó Innovatech.

Innovatech era una empresa conocida por su solidez en el sector tecnológico, fundada sobre principios tradicionales de jerarquía y procesos meticulosos. Durante años, esta estructura le permitió ser un referente, pero el entorno cambiante del mercado comenzó a erosionar su relevancia. Competidores más jóvenes, ágiles y disruptivos tomaban la delantera. Los líderes de Innovatech sabían que era momento de cambiar, pero no imaginaban la fuerza que estaba por sacudirlos.

El nombramiento de Alejandro Peralta como nuevo Director General marcó el inicio del Gran Torbellinazgo en la empresa. Alejandro era un líder impredecible, sin miedo a romper paradigmas. Desde su primer día, dejó claro que no seguiría el camino trazado por sus predecesores. "La estabilidad es un lujo que no podemos permitirnos," dijo, mirando a la junta directiva. Su estilo era el de la disrupción pura: directo, audaz, con un toque de imprevisibilidad que muchos no sabían si aplaudir o temer.

Alejandro irrumpió con una serie de decisiones que desafiaron todo lo que la cultura de Innovatech consideraba intocable. Desmanteló la estructura jerárquica, eliminó capas de supervisión y fomentó la comunicación abierta a través de plataformas digitales internas donde todos, desde el más junior hasta el más veterano, podían expresar ideas o críticas sin filtros. En poco tiempo, el flujo de información pasó de ser lento y controlado a un torrente caótico, pero vibrante. Esto generó innovación acelerada, pero también tensiones crecientes.

El origen de este torbellino no era casual. Alejandro aprovechó el descontento latente de muchos empleados que veían en los antiguos líderes figuras inaccesibles. "El cambio no espera a nadie," repetía en reuniones abiertas. Esto resonó con jóvenes creativos, cansados de un sistema rígido, pero dejó a otros desorientados, incapaces de seguir el ritmo. La necesidad de adaptarse al mercado, de ser relevantes en un entorno donde la tecnología avanzaba más rápido que la burocracia, era el combustible del torbellino.

El impacto fue tan profundo como complejo. Por un lado, Innovatech se revitalizó: surgieron proyectos disruptivos, se captaron clientes importantes y se aumentó la visibilidad en el mercado. Los empleados más jóvenes, inspirados por la libertad y la inmediatez, se sentían empoderados. Pero este dinamismo tenía un costo. Las decisiones rápidas no siempre eran acertadas; los proyectos, aunque innovadores, carecían de la solidez necesaria para perdurar. La presión por moverse rápido generaba desgaste físico y emocional.

Un caso emblemático fue el del proyecto "Nova AI", una solución innovadora en inteligencia artificial. Bajo la dirección de Alejandro, el equipo trabajó incansablemente, impulsados por su promesa de liderar el mercado en seis meses. Cuando se lanzó, Nova AI capturó atención, pero sus fallos iniciales expusieron problemas en la ejecución. Alejandro usó la crisis para reforzar su narrativa: "El fracaso es parte del éxito," dijo públicamente, pero internamente las cosas se desmoronaban. La tensión, el miedo al rechazo y la constante sensación de incertidumbre fragmentaron los lazos de colaboración.

El Gran Torbellinazgo se volvió un fenómeno licuoso, complejo de controlar. La necesidad de adaptación era ineludible, pero muchos se preguntaban si Alejandro era el líder que aseguraría la transformación o si arrasaría con todo en su camino. El torbellino desafiaba cada estructura tradicional, desde la toma de decisiones hasta las normas de convivencia. El éxito rápido era una tentación, pero el desgaste se cobraba su precio. La empresa se polarizó: aquellos que idolatraban a Alejandro y los que temían por la cultura organizacional que estaba destruyendo.

Durante una sesión estratégica clave, Laura, una gerente de larga trayectoria, se levantó y pidió la palabra: "Alejandro, no podemos seguir moviéndonos a esta velocidad sin un propósito claro. Hemos perdido a personas valiosas. El cambio es necesario, pero el caos no puede ser nuestra norma". Alejandro, por primera vez, escuchó en silencio. Sabía que el torbellino no podía durar para siempre.

Poco a poco, Alejandro adoptó una nueva postura. Se enfocó en estructurar las ideas, en balancear el ritmo de innovación con la estabilidad que la empresa necesitaba. Creó espacios para la reflexión y para el descanso. Aceptó que el cambio no siempre implica destruir todo, sino también construir sobre cimientos que aún son útiles.

El torbellino se volvió un flujo controlado, y Alejandro, un líder que aprendió a equilibrar lo disruptivo con lo necesario.

Las moralejas de Alejandro.

Alejandro no solamente estaba transformando el modo de ejercer el liderazgo en la empresa, sino que también afectaba la forma de pensar y vivir de quienes la componían. Teniendo muy buenos objetivos estratégicos, no evitó el surgimiento caótico e intenso de los cambios rápidos, decisiones urgentes y dinámicas internas y externas que generaron confusión, estrés y un ambiente de inestabilidad. Este fenómeno ocurrió cuando Innovatech enfrentaba una serie de retos o circunstancias que exigían adaptaciones urgentes, haciendo que el funcionamiento normal se viera alterado por un flujo de energía y actividad que pudo ser, ciertamente exitoso en lo comercial y económico, pero también destructivo en otros aspectos. Finalmente Alejandro logró avanzar y manejar la crisis y en la medida que reconoció su navegación por este torbellino licuoso, escuchó a la gente y recuperó su liderazgo consciente, inclusivo y ético, no solo logró inspirar, sino que también pudo aunar a su organización en torno a un propósito compartido.

Conclusiones

El tipo de liderazgo que elegimos ejercer tiene un impacto directo en nuestras vidas y en las vidas de los demás, por ello la elección de líderes políticos, nos presenta la disyuntiva de elegir entre aquellos que ofrecen cambios rápidos y emocionantes y aquellos que promueven la estabilidad y la continuidad. Esta decisión se convierte en un reflejo de nuestras aspiraciones y temores como sociedad. ¿Buscamos la innovación a cualquier costo, o preferimos un liderazgo que fomente la cohesión y la paz social?

El Gran Torbellinazgo es un fenómeno transformador, que revoluciona la manera en que lideramos, innovamos y movilizamos equipos y sociedades. Sin embargo, como hemos explorado a lo largo de este libro, este tipo de liderazgo no está exento de desafíos y riesgos.

En conclusión, el Gran Torbellinazgo representa tanto un desafío como una oportunidad para las organizaciones y la sociedad. Nos invita a reevaluar nuestros valores y nuestras expectativas de liderazgo, impulsándonos hacia un futuro donde la adaptabilidad y la empatía son fundamentales.

2.1 Características de un Torbellino Organizacional

a. **Alta velocidad de cambio**
Las organizaciones en un torbellino suelen enfrentar cambios rápidos en sus estructuras, estrategias o procesos para responder a nuevas circunstancias. Estos cambios pueden incluir reestructuraciones, despidos, contrataciones masivas o la adopción de nuevas tecnologías de manera apresurada.

b. **Falta de dirección clara**
A menudo, el torbellino organizacional viene acompañado de una falta de claridad sobre el rumbo o las prioridades. Las decisiones pueden parecer reactivas en lugar de estratégicas, y los objetivos pueden cambiar constantemente, lo cual genera confusión entre los miembros de la organización.

c. **Presión constante y alto nivel de estrés**
Los colaboradores suelen sentir una presión extrema por cumplir con objetivos que se están redefiniendo o que son difíciles de alcanzar en tiempos cortos, lo que contribuye a un ambiente de tensión y desgaste.

d. **Comunicación desorganizada**
En el torbellino organizacional, la comunicación suele ser caótica, con múltiples mensajes, cambios de directrices y poca claridad en la información. Esto dificulta la alineación de los equipos y aumenta la incertidumbre.

e. **Innovación y riesgo**
En algunos casos, un torbellino organizacional puede promover la innovación, ya que la presión impulsa a la organización a buscar soluciones rápidas y creativas. Sin embargo, este impulso también puede llevar a tomar decisiones arriesgadas que no siempre están bien fundamentadas.

2.2 Causas comunes de un Torbellino Organizacional

a. **Crisis externa**
Cambios abruptos en el mercado, crisis económicas, pandemias o nuevas regulaciones pueden desencadenar un torbellino en una organización, que debe adaptarse rápidamente para sobrevivir.

b. **Cambios en el liderazgo**
La llegada de un nuevo líder o de un estilo de liderazgo disruptivo puede sacudir la organización, ya que se implementan nuevas estrategias o se cuestionan las prácticas establecidas.

c. **Fusiones y adquisiciones**
Estos procesos pueden crear un torbellino, pues implican reestructuración, ajustes en la cultura organizacional y alineación de dos estructuras o sistemas diferentes.

d. **Expansión rápida**
Cuando una organización crece de forma acelerada, puede verse en un torbellino debido a la necesidad de responder a la demanda, adaptarse a nuevas geografías y enfrentar una expansión de infraestructura y personal.

2.3 Efectos del Torbellino Organizacional

- **Positivo**
Un torbellino organizacional, manejado adecuadamente, puede llevar a una rápida transformación, innovación y un ajuste efectivo frente a cambios externos. Puede ayudar a la organización a salir de su zona de confort y encontrar soluciones creativas a problemas complejos.

- **Negativo**
Si el torbellino es mal gestionado, puede causar desmotivación, agotamiento, conflictos internos y pérdida de talento clave. La constante incertidumbre puede erosionar la confianza de los empleados y debilitar la cohesión organizacional.

Conclusión

Un torbellino organizacional es tanto una prueba de resiliencia como una oportunidad para que la organización evolucione y se adapte a un nuevo contexto. Sin embargo, para aprovechar los beneficios de un torbellino y mitigar sus efectos negativos, es fundamental contar con un liderazgo claro, comunicación efectiva y estrategias para mantener la cohesión y el enfoque, incluso en medio de la agitación.

3. ¿Qué tipo de liderazgos surgen hoy en las empresas y en las organizaciones similares al de Trump, Milei, Bukele, Musk?

En el ámbito político, empresarial y organizacional han surgido estilos de liderazgo que comparten ciertas características con las de líderes políticos como Trump, Milei y Bukele y de empresarios como Elon Musk. Estos liderazgos tienen tantas aristas y se pueden describir de tantas formas, que no he sido capaz de resumirlos, por ello te presento doce tipos de liderazgo que recibiendo sus influencias, pueden estar presentes en las organizaciones de hoy.

    a. **Liderazgo disruptivo**
    Este tipo de liderazgo, representado por líderes que rompen con las normas y procesos tradicionales, busca generar cambios rápidos y notorios en las organizaciones. En la línea de Elon Musk, este enfoque enfatiza la innovación y la necesidad de desafiar constantemente el statu quo para mantener la relevancia en mercados competitivos. Los líderes disruptivos en las empresas suelen ser visionarios que atraen la atención al desafiar las convenciones establecidas y buscar resultados radicales.

    b. **Liderazgo carismático**
    Trump ha sido descrito como un líder capaz de generar un fuerte sentido de lealtad y devoción entre sus seguidores, utilizando su personalidad, discurso y presencia mediática para captar la atención y generar apoyo. Al igual que Trump, Milei y Bukele, muchos líderes en las empresas

utilizan su carisma personal para influir y movilizar a sus empleados. Este tipo de liderazgo se caracteriza por una comunicación persuasiva, una presencia dominante y la capacidad de inspirar lealtad y compromiso. El carisma, cuando se combina con una visión convincente, puede atraer a seguidores y alinear sus esfuerzos hacia objetivos compartidos.

c. **Liderazgo populista corporativo**
Algunos líderes adoptan un enfoque populista, identificando "enemigos" internos o externos (como burocracias, competidores o regulaciones) y posicionándose como los defensores de las personas o de una causa común. Al igual que los políticos populistas, estos líderes suelen ser altamente visibles, se comunican con frecuencia y de manera directa con su equipo, y prometen transformar las condiciones para beneficiar a la mayoría.

d. **Liderazgo autoritario o de "mano dura"**
En algunas organizaciones, se observan líderes que adoptan un enfoque más rígido y autoritario, similar al estilo de control que proyectan algunos líderes políticos. Esto puede incluir una toma de decisiones centralizada, poca tolerancia al disenso y la expectativa de lealtad incondicional. Si bien puede ser efectivo a corto plazo, este estilo de liderazgo puede generar tensiones y limitar la creatividad y la participación.

e. **Liderazgo autoritario o caudillista**
Existen tendencias hacia un control más centralizado y un estilo de liderazgo que busca concentrar el poder y menospreciar a los opositores, caracterizado por una fuerte personalidad que domina la agenda política.

f. **Liderazgo centrado en resultados rápidos y visibles**
Tal como los líderes políticos que prometen cambios inmediatos, algunos líderes empresariales enfocan su gestión en obtener resultados rápidos que sean visibles

para todas las partes interesadas. Este enfoque puede implicar la adopción de medidas drásticas, reestructuraciones o innovaciones radicales, con el objetivo de generar un impacto tangible que justifique su liderazgo.

g. **Liderazgo de "marca personal"**
Muchos líderes empresariales buscan construir una marca personal que destaque en el mercado. Ciertamente que gestionar la percepción pública de su liderazgo y sus valores puede ser una herramienta poderosa para ganar el apoyo de los colaboradores y clientes. Esto refleja la capacidad de Trump, Milei y Bukele para proyectarse como figuras únicas y diferenciadas. Lo negativo de este liderazgo es cuando se exacerba el protagonismo personal, limitando el liderazgo compartido.

h. **Liderazgo "outsider" o anti-establishment**
Este tipo de liderazgo emerge cuando ejecutivos con una perspectiva externa o de fuera de la industria buscan "limpiar" o transformar las estructuras organizacionales desde dentro. Al igual que los políticos que prometen "drenar el pantano" o cambiar radicalmente el status quo, estos líderes pueden atraer apoyo al prometer que desafiarán las viejas prácticas, aun si ello conlleva riesgos.

i. **Liderazgo populista**
Este término destaca su enfoque en apelar directamente a "la gente" y su mensaje en contra de las élites y castas políticas tradicionales. Trump ha sido conocido por su retórica nacionalista y mensajes dirigidos a las preocupaciones de la "América olvidada y sufriente".

j. **Liderazgo narcisista**
Este término ha sido utilizado, especialmente por críticos de Trump y algunos psicólogos, para señalar un enfoque que consideran centrado en la autopromoción y la atención constante a la imagen pública y personal del líder.

k. **Liderazgo mediático**

Se refiere a su habilidad de dominar la conversación pública y mediática, utilizando de manera eficaz las redes sociales y los medios de comunicación tradicionales para mantener su narrativa al frente del debate público.

l. **Liderazgo MAGA ("Make America Great Again")**
"Hacer que América sea grande otra vez" o "Devolver la grandeza a América". Es un eslogan político utilizado para expresar la idea de restaurar la prosperidad, el poder y la supremacía de los Estados Unidos en el mundo.

¿Qué riesgos para el mundo y el propio EE.UU?

Muchos, entre ellos: Promover un enfoque nacionalista y de "América primero" que puede llevar al aislamiento de Estados Unidos en acuerdos y alianzas internacionales, debilitando la cooperación global en áreas como comercio, seguridad y cambio climático. Su uso también tiende a exacerbar la radicalización, tanto dentro del país como en sus relaciones con otras naciones, al promover una narrativa que puede ser percibida como excluyente. Este enfoque unilateral puede socavar el multilateralismo, debilitando instituciones internacionales y reduciendo la capacidad de abordar problemas globales de manera conjunta. Este término, lema de campaña de Trump, ha sido ampliamente utilizado para describir su enfoque centrado en devolver a Estados Unidos una grandeza percibida del pasado, y se asocia a una retórica de nostalgia, nacionalismo y promesas de cambio radical…

¿No es como el viejo empresario que no duda en que su empresa está por sobre su competencia (y que debe destruir a todas ellas)?

Conclusión

Estos tipos de liderazgo pueden ser efectivos en ciertas circunstancias, especialmente en momentos de crisis o cuando la organización requiere un cambio significativo. Sin embargo, también presentan riesgos asociados a la concentración de poder y la falta de consenso.

Por tanto, el impacto de este tipo de liderazgo depende de la capacidad del líder para equilibrar su estilo disruptivo o carismático con la necesidad de generar confianza, cooperación y sostenibilidad a largo plazo dentro de la organización.

4. ¿Liderazgo Organizacional versus Marca Personal?

En el marco del Gran Torbellinazgo, el liderazgo organizacional ha evolucionado hacia un enfoque en el que la construcción y gestión de la marca personal del líder es fundamental para su éxito y relevancia.

Este tipo de liderazgo puede ser un catalizador de cambio, innovación y conexión emocional con seguidores y colaboradores. Sin embargo, también plantea desafíos significativos, especialmente cuando la marca personal del líder podría eclipsar a la marca organizacional, debilitando su cohesión y la misión general.

La construcción y gestión de la marca personal se convierte en un aspecto esencial para los líderes que desean destacar. Aquellos que comprenden como utilizar su imagen y narrativa personal pueden conectar e influir de manera más efectiva en sus seguidores.

4.1 Construcción, gestión e influencia de la marca personal en el contexto del Gran Torbellinazgo

La construcción de una marca personal efectiva en este entorno implica la capacidad de conectar de manera estratégica con una audiencia diversa. Los líderes torbellino, caracterizados por su carisma y capacidad para movilizar a las masas, logran cultivar una presencia que envuelve al lograr:

- **Conectar desde una comunicación apasionada**
  Los líderes con marcas personales potentes saben conectar con las personas, generando vínculos de lealtad que se basan en la emoción. Esta conexión puede ser un motor para el cambio, pero también plantea el riesgo de que la lealtad se centre en la figura del líder y no en la misión o

valores de la organización (lo que en muchos casos poco les importa).

- **Integrar al club de los campeones**
Los líderes utilizan su imagen para transmitir mensajes impactantes, presentarse como figuras accesibles y generar empatía hacia un proyecto (básico y poco discutido) que crea pertenencia y compromiso profundo de sus seguidores.

Esto les permite captar seguidores, integrándolos a un segmento "especial" de la sociedad, un club de personas superiores patrióticas, valerosas, protectoras de valores esenciales.

- **Influir con autenticidad y transparencia**
El poder de influencia de estos lideres lleva a una conexión emocional profunda, creando una identidad con la que sus seguidores se sienten comprometidos. Esto les permite marcar tendencias y tomar decisiones con impacto, especialmente a través de su presencia en medios y plataformas digitales. Lo sano es que una marca personal sólida se construya sobre la autenticidad, transparencia de sus valores y objetivos para generar confianza y compromiso duradero.

En los lideres Torbellinos, esto se relativiza y cambia de una forma increíble: significa mostrar una identidad cruda, directa y sin filtros que resuene con las emociones y expectativas de sus seguidores. La autenticidad en este tipo de liderazgo se traduce en hablar en forma arrogante, contundente, sin preocuparse por cumplir con lo políticamente correcto o las convenciones tradicionales.

Este enfoque les permite proyectar cercanía y generar confianza, como "auténticos, transparentes y reales", a diferencia de los líderes tradicionales que pueden ser vistos como distantes o calculadores.

- **Rechazar a los incompetentes**
La misma fuerza que les permite atraer seguidores, también los puede alinear contra quienes no comparten su visión, generando un rechazo radical contra los "traidores" de los valores que ellos definen como fundamentales y los "incompetentes" que nunca pudieron

dar lo que ellos ofrecen. Esto puede ser útil para consolidar una base leal, pero también puede debilitar la cohesión organizacional, generando divisiones internas y externas.

Estos cuatro aspectos pueden construir, gestionar y lograr influencia de la marca personal en el contexto del Gran Torbellinazgo. Son las opciones del líder Torbellino que sabe el modo de aprovechar su marca personal para atraer, influir, contraponer, tensionar y manipular si fuese necesario.

Esta capacidad de influir no solo les da el poder de cambiar la percepción y el comportamiento de sus seguidores, sino que también en sus manos puede ser un arma de doble filo. Cada una de estos cuatro aspectos pueden ser vistos como "logros" genuinos o bien se pueden ver como crueles manipulaciones hacia sus seguidores. ¿Usted animaría la idea de llevar gente a "un club de campeones selectos"? ¿Apoyaría la idea de hablar de un grupo de personas radicalmente diferentes y mejores que los demás? ¿Estaría dispuesto a rechazar a personas llamándolas mediocres, incompetentes, flojos?

Donald Trump suele referirse a sus competidores políticos utilizando apodos despectivos o burlones que refuerzan una narrativa crítica hacia ellos. Esto forma parte de su estrategia de comunicación disruptiva y directa para desacreditar y etiquetar a sus oponentes. Ejemplos comunes incluyen "Sleepy Joe" (Joe el Dormilón) para sugerir que Joe Biden era lento y flojo. "Crooked Hillary" (Hillary la Corrupta o la Deshonesta) para Hillary Clinton o "Lyin Ted" (Ted el Mentiroso) para el senador Ted Cruz. Estos apodos buscan crear una percepción negativa, reforzar estereotipos y simplificar mensajes para su audiencia. ¿Usted estaría dispuesto a esto para diferenciar su marca personal y lograr los resultados que espera? La consistencia entre las palabras y las acciones es clave para construir credibilidad. Mensajes claros y alineados con buenos propósitos evitan la desconexión entre la narrativa personal y la institucional.

4.2 La seducción de que la marca personal supere a la marca organizacional

El énfasis en la marca personal de los líderes trae consigo una seducción inherente: el enamoramiento del líder hacia su marca personal, al desarrollarla con tanta pasión que llegue a eclipsar a la marca organizacional.

Lo anterior presenta tanto ventajas y también desafíos. Por un lado, una marca personal fuerte y auténtica puede humanizar a la empresa, generando una conexión más cercana con clientes, colaboradores y el público. Este tipo de liderazgo inspira, motiva y fortalece la cultura organizacional, y puede atraer talento y oportunidades, beneficiando así a toda la organización. Este segmento te lo presento como un relato que es real y busca reflejar la complejidad y las tensiones del liderazgo personalista dentro de una organización moderna, mostrando los desafíos y oportunidades del Gran Torbellinazgo en el ámbito organizacional.

El eclipse de la marca VisionaryTech

Hace apenas cinco años, VisionaryTech era una empresa tecnológica más en un mercado competitivo. Eso cambió cuando Raúl Medina asumió como CEO. Carismático, apasionado y con una presencia magnética en las redes sociales, Raúl rápidamente se convirtió en el rostro de la compañía. Con su discurso motivacional y su imagen cercana, elevó el perfil de VisionaryTech más allá de lo que cualquier campaña de marketing convencional hubiera logrado.

Raúl cultivó su marca personal con dedicación. Publicaba videos donde compartía consejos sobre innovación, liderazgo y anécdotas de sus fracasos, que lo hacían parecer accesible y humano. Los empleados lo adoraban; sentían que, por fin, había alguien que los inspiraba y los hacía soñar en grande. Los clientes, por su parte, se sentían conectados no solo con la tecnología de la empresa, sino con Raúl mismo. La marca personal del CEO se convirtió en un imán para atraer talento y oportunidades. El éxito parecía imparable.

El enamoramiento del líder por su marca personal

Con el tiempo, el "enamoramiento" de Raúl hacia su propia imagen se volvió evidente. Se sumergió tanto en el desarrollo de su marca personal que comenzó a eclipsar a VisionaryTech. Las reuniones internas giraban en torno a sus nuevas ideas, a menudo presentadas con un toque teatral y un enfoque en su impacto mediático. Los discursos sobre los valores de la empresa pasaron a segundo plano; la misión original de ofrecer soluciones accesibles y sostenibles se diluía bajo la narrativa grandilocuente del líder. Los videos de Raúl superaban en alcance cualquier comunicado oficial de VisionaryTech. El rostro de la empresa ya no era la tecnología que creaban, sino él.

Los primeros signos de fragilidad institucional

El problema se hizo más evidente cuando Raúl fue criticado públicamente por una declaración controversial en redes sociales. Las acciones de VisionaryTech se desplomaron en cuestión de días. Los clientes cuestionaban la integridad de la empresa y los colaboradores, antes inspirados, comenzaron a dudar de su liderazgo. Al depender tanto de su figura, la compañía reveló su fragilidad: si Raúl caía, VisionaryTech caía con él.

Desviación de la misión

Durante las reuniones estratégicas, algunos directivos intentaron reconducir la atención hacia la misión de VisionaryTech. "Tenemos que recordar por qué estamos aquí", insistía Clara, la directora de operaciones. Pero Raúl, absorto en mantener su relevancia pública, continuaba priorizando iniciativas que le daban visibilidad a él, pero no siempre beneficiaban a la empresa.

La desviación de la misión era palpable. El propósito original de VisionaryTech se desvanecía en el brillo del carisma de su líder.

Populismo y superficialidad

En su afán de mantener la atención mediática, Raúl comenzó a promover decisiones populistas: lanzamientos prematuros de productos, anuncios grandiosos sin sustancia y promesas que no siempre se cumplían. La seriedad de VisionaryTech se erosionaba, y sus competidores se aprovecharon para posicionarse como alternativas más sólidas. Internamente, algunos colaboradores lo apoyaban ciegamente, viendo en él un héroe que los salvó de la mediocridad; otros, sin embargo, se sentían frustrados por la superficialidad de las decisiones.

Extremismo interno y divisiones

El liderazgo personalista de Raúl polarizó a la organización. Algunos empleados le juraron fidelidad, defendiendo sus decisiones sin cuestionarlas. Otros comenzaron a resistir, hartos de que su trabajo girara alrededor de alimentar la imagen pública de un solo hombre. Las tensiones generaron conflictos y mermaron la cohesión. Los equipos, antes colaborativos, se dividieron en bandos: los leales a Raúl y los críticos que buscaban un regreso a la visión comunitaria.

El desafío del equilibrio

La crisis alcanzó su punto máximo cuando Raúl, en un gesto inesperado, admitió en una reunión general: "VisionaryTech no puede ser solo mi imagen. Todos somos esta empresa".

Reconoció que su enfoque personalista había debilitado la misión y la identidad de la organización.

Comenzó a compartir el protagonismo, a delegar, y a enfocar su influencia en reforzar la visión compartida. La transición no fue fácil, pero poco a poco, VisionaryTech encontró un equilibrio donde la marca personal de su líder servía para potenciar, no eclipsar, la misión colectiva.

Lecciones aprendidas

La experiencia de VisionaryTech mostró que una marca personal fuerte puede humanizar y conectar, pero también puede fragilizar y dividir si no se equilibra con la misión de la organización. El verdadero liderazgo, entendió Raúl, no se trata de destacar por encima de todo, sino de inspirar un propósito compartido que perdure más allá de cualquier figura.

Conclusiones

¿Raúl se pasó de la raya? ¿Excesivamente personalista o populista? Una marca personal demasiado prominente puede generar una dependencia excesiva, lo que deja a la organización vulnerable si el líder se retira o pierde relevancia. Además, puede eclipsar la identidad y valores de la marca organizacional, dificultando que la empresa construya una reputación propia más allá del líder.

El desafío radica en lograr un equilibrio adecuado, donde ambas marcas se complementen. La marca personal del líder debe reforzar la misión y visión de la organización, sin desplazarla, para generar un impacto duradero y sostenible que beneficie a todos los niveles de la empresa. Esto puede llevar a una serie de tensiones que es necesario evitar: desviación de la misión, fragilidad institucional, populismo y superficialidad, extremismo interno.

5. Los riesgos del Gran Torbellinazgo en la organización

Este liderazgo con su enfoque disruptivo, audaz y centrado en el cambio rápido, ha transformado la manera en que lideramos, innovamos y competimos. Cuando se apodera de una organización, la comunidad laboral se desvanece. La competencia, el agotamiento y la presión constante destruyen el sentido de pertenencia, el ambiente laboral y la propia calidad de vida. Los empleados dejan de ser colaboradores y se convierten en herramientas al servicio de un líder, se vuelven parte del "capital" empresarial, un activo intangible porque genera valor y productividad. Lo mismo ocurre al considerar a la persona como un "recurso" en la empresa, enfoque que nos iguala con otros "recursos" como el capital o la maquinaria, deshumanizando y reduciendo a las personas a meros elementos productivos.

Hoy en día debemos considerar a las personas como esencialmente "personas" (luego ver la enorme grandeza de este concepto), talentos, colaboradores, co-creadores, profesional, asociado, miembro o parte fundamental de la comunidad laboral. A pesar de que para suavizarlo se les llame "Capital humano" y "Recurso Humano", siguen siendo un "capital" y un "recurso".

Sin embargo, este tipo de liderazgo no está exento de peligros y riesgos que afectan tanto a las organizaciones y a las personas que las integran, como también a la cohesión social, la salud mental y el sentido de comunidad. En este segmento exploramos los peligros asociados a este fenómeno, reflexionando sobre sus implicaciones a nivel humano y organizacional.

5.1 La muerte de la Comunidad Laboral

El enfoque implacable de los líderes torbellino puede destruir la cultura del trabajo colaborativo y de comunidad dentro de las organizaciones.

Uno de sus riesgos más alarmantes es el debilitamiento de los equipos, la erosión y destrucción de la comunidad laboral, provocada por un líder que centraliza el poder, promueve una cultura de presión extrema y se enfoca exclusivamente en resultados rápidos. La comunidad laboral, que debería ser un espacio de colaboración, aprendizaje y apoyo mutuo, se transforma en un entorno donde prevalece la competencia despiadada y el temor al fracaso.

En muchas organizaciones dirigidas por líderes torbellino, el miedo se convierte en una constante, y la presión por cumplir objetivos, la falta de tiempo para reflexionar y la obsesión por el éxito le acompañan, creando un ambiente en el que los colaboradores se sienten desechables. Se fomenta la cultura del "vamos conmigo", "remen para el mismo lado" (mi lado), "sálvese quien pueda" (después de salvarme yo), y el compañerismo se desvanece ¿Y la Comunidad Laboral?, simple, muere.

Testimonio

Un ex empleado de Tesla relató como, durante el "infierno de producción" del Model 3, el ambiente laboral se volvió insoportable. "Éramos como soldados en una guerra interminable. Nadie se atrevía a quejarse porque sabíamos que podíamos ser reemplazados en cualquier momento. Me sentía aislado, incluso cuando estaba rodeado de colegas".

Para combatir la muerte de la comunidad laboral, es necesario que los líderes reflexionen sobre el impacto de sus decisiones en las personas. Las organizaciones deben ser más que máquinas de producir; deben ser espacios donde las personas se sientan valoradas, escuchadas y respetadas.

5.2 Verticalización y el regreso a la Pirámide

El Torbellinazgo en su afán de control y rapidez, por centralizar el poder, puede llevar a reforzar estructuras verticales rígidas, donde la autoridad recae en una gran figura... el líder faraónico, que limita la innovación y sofoca la autonomía de los empleados.

Aunque muchas organizaciones han adoptado modelos horizontales para fomentar la innovación y el empoderamiento, el liderazgo torbellino puede revertir esta tendencia, concentrando el poder en una sola figura. Esto genera un entorno donde las decisiones se toman desde la cúspide, y las voces de los empleados se diluyen.

La vuelta a la pirámide tiene consecuencias graves:

- La innovación, que depende de la diversidad de ideas y de la participación activa de todos los niveles, se estanca.
- Los empleados dejan de aportar soluciones creativas porque saben que sus ideas serán ignoradas o rechazadas.

- La verticalización promueve una cultura de obediencia, en la que se espera que los empleados sigan órdenes sin cuestionarlas.

Testimonio

Un antiguo gerente de Uber describió como la cultura de presión y la toma de decisiones desde la cima impactaron la moral del equipo: "Había momentos en que sentíamos que no teníamos voz. Todo se decidía en el nivel superior, y nosotros solo ejecutábamos. Eso no es liderazgo, es dictadura".

Para evitar la verticalización, es esencial que los líderes torbellino fomenten la descentralización del poder, delegando responsabilidades y permitiendo que los empleados tomen decisiones. La centralización excesiva del poder es uno de los principales obstáculos para la creatividad y la autonomía, ya que la verticalización no solo frena el crecimiento individual, sino que también limita la capacidad de la organización para adaptarse a cambios externos.

El liderazgo no debe ser una torre de control, sino un círculo donde todos participan.

5.3 La asfixia del diálogo y la vida comunitaria

Lideres Torbellinos silencian las voces críticas, asfixian las gargantas y el diálogo, eliminan las voces discrepantes, dificultando la innovación y el consenso para instalar el liderazgo basado en la imposición, como una promesa para los cambios y las mejorías.

En su búsqueda de resultados inmediatos y su enfoque en la velocidad, los líderes torbellino pueden caer en la tentación de eliminar el debate y la reflexión. Las decisiones se toman de manera rápida, y quienes cuestionan o presentan objeciones son vistos como obstáculos. Esta asfixia del diálogo no solo limita la creatividad, sino que también crea un ambiente donde los empleados tienen miedo de expresarse.

El liderazgo que no escucha es un liderazgo que impone. La velocidad y la obsesión por el control pueden asfixiar las voces críticas, creando un entorno tóxico donde el miedo sustituye el diálogo, el que es fundamental para el aprendizaje y la adaptación.

Cuando un líder no escucha, se pierde la oportunidad de mejorar, de identificar errores y de crear soluciones más efectivas. La cultura del "sí" y la obediencia ciega son peligrosas, porque convierten a las organizaciones en estructuras rígidas, incapaces de evolucionar.

Testimonio
Un empleado de Amazon explicó como el miedo al fracaso y la presión constante asfixiaban el diálogo. "Había tantas métricas que cumplir que nadie se atrevía a levantar la voz si algo iba mal. Simplemente seguíamos adelante, aunque sabíamos que podía haber una mejor manera". Cuando el diálogo se silencia, la confianza, hasta en uno mismo, se destruye. Los empleados dejan de sentirse parte de una comunidad y se convierten en piezas desechables de una maquinaria. El impacto en su salud mental, su creatividad y su lealtad es devastador. No hay innovación en el miedo, ni cambio positivo en la represión, ni tampoco creación de soluciones a los problemas visibles.

5.4 El impacto en la cultura organizacional y social

No solo transforma empresas y liderazgos; también deja una huella profunda en la cultura organizacional y en la sociedad. Este segmento explora como este estilo de liderazgo influye en la cohesión, el bienestar y la innovación dentro de las organizaciones, así como en el tejido social más amplio. Analizaremos tanto los efectos positivos como las consecuencias negativas de este fenómeno, y como se traduce en la vida cotidiana de quienes lo viven.

5.4.1 La creación de lealtades con ausencia de argumentos

Uno de sus impactos más notorios es su capacidad para generar lealtades férreas (irracionales también). Los líderes torbellino movilizan a sus equipos y seguidores con una mezcla de carisma, propósito y una narrativa poderosa, un sentido de misión puede ser inspirador, generando un compromiso que va más allá del simple cumplimiento de tareas. En muchas organizaciones, los empleados sienten que forman parte de algo más grande, de una visión que cambiará el mundo… ¿y las razones y formas para lograrlo?, ya lo veremos, "en el camino se arregla la carga" y así se sigue improvisando.

Testimonio

Un empleado de SpaceX describió como trabajar bajo el liderazgo de Elon Musk lo hacía sentir especial: "Estamos construyendo el futuro, esto no es solo un trabajo es una misión. Cada lanzamiento exitoso es un paso hacia algo histórico, y eso hace que todo sacrificio valga la pena". Sin embargo, esta lealtad puede convertirse en una trampa cuando se combina con la ausencia de razones y proyectos. Los líderes torbellino tienden a dividir a las personas entre quienes están "con ellos" y quienes están "en su contra", generando un ambiente donde la crítica es vista como traición, y las voces disidentes son silenciadas. El resultado es una cultura que premia la obediencia y castiga el pensamiento independiente, un entorno que limita la innovación y fomenta la conformidad.

5.4.2 Consecuencias en el bienestar personal y la cohesión social

Su impacto en el bienestar del personal es un tema crítico. La presión por alcanzar resultados, combinada con la velocidad y la competitividad extrema, puede generar un entorno tóxico. Los empleados enfrentan estrés crónico, largas jornadas laborales y una falta de equilibrio entre la vida personal y el trabajo. Este desgaste afecta no solo su salud física y mental, sino también su capacidad para colaborar y ser creativos.

El psicólogo organizacional Daniel Goleman, conocido por su trabajo sobre la inteligencia emocional, ha señalado que "la empatía y el cuidado del bienestar de los empleados son esenciales para un liderazgo efectivo". Cuando el líder torbellino prioriza los resultados sobre las personas, la motivación intrínseca de los empleados se ve socavada, y el compromiso se convierte en resentimiento.

Testimonio

Una empleada de Amazon compartió como su experiencia en la empresa la llevó al agotamiento extremo: "Había días en los que me sentía como un robot. Todo era cumplir metas, sin tiempo para pensar ni para sentir. Llegué a un punto en el que me pregunté si el éxito de la empresa valía la pérdida de mi salud".

El impacto social del Gran Torbellinazgo también es significativo. Las comunidades que rodean a estas organizaciones experimentan los efectos de la cultura del trabajo extremo. Familias separadas, amistades que se desmoronan y una sensación generalizada de que el trabajo se ha convertido en una fuente de estrés constante, son algunos de los síntomas visibles.

5.4.3 Innovación versus desgaste: el dilema del Gran Torbellinazgo

Uno de los argumentos a favor del liderazgo torbellino es su capacidad para impulsar la innovación. La rapidez, el enfoque y la disrupción pueden generar avances significativos en tecnología, procesos y productos. Empresas como Tesla, Uber y Amazon han revolucionado sus industrias gracias a líderes que no aceptan el "no" como respuesta. Pero esta innovación viene con gran un costo o daño colateral. El desgaste humano y el impacto negativo en la cultura organizacional pueden socavar los logros alcanzados.

El dilema es claro: ¿es posible innovar de manera disruptiva sin destruir el bienestar de las personas? ¿Puede un líder torbellino encontrar un equilibrio entre la velocidad y la sostenibilidad? La respuesta a estas preguntas determinará si este estilo de liderazgo puede evolucionar hacia algo más humano y equilibrado, o si está condenado a colapsar bajo su propio peso.

6. Aprender y gestionar en la disrupción sin perder la humanidad

El Gran Torbellinazgo sin duda alguna, ha sido un fenómeno transformador, que ha revolucionado la manera en que lideramos, innovamos y movilizamos equipos, sociedades y multitudes. Sin embargo, como hemos explorado a lo largo de este libro, este tipo de liderazgo no está exento de desafíos y riesgos. En este segmento se ofrecen reflexiones y prácticas para quienes desean liderar con fuerza, energía, ruptura, junto con empatía y armonía, en un mundo que necesita tanto disrupción como compasión.

En este apartado sintetizamos las lecciones clave que los líderes pueden extraer del Gran Torbellinazgo y ofrecemos tips prácticos para liderar con atracción, fuerza y rapidez, pero también con empatía y visión a largo plazo.

6.1 La responsabilidad de los líderes y la necesidad de un liderazgo equilibrado

El Gran Torbellinazgo ha demostrado que el liderazgo puede ser una fuerza arrolladora, capaz de cambiar el mundo. Pero su poder es tanto una oportunidad como un riesgo. Los líderes que adopten este enfoque deben ser conscientes de sus limitaciones y buscar un equilibrio entre la disrupción y la sostenibilidad. Esto significa liderar con inteligencia emocional, escuchar a quienes los rodean y estar dispuestos a cambiar su propio enfoque cuando sea necesario.

Su impacto negativo no es inevitable. Los líderes tienen la capacidad de cambiar el rumbo, de adoptar un enfoque más equilibrado que combine disrupción con empatía. Esto requiere un nivel alto de inteligencia emocional, una disposición para escuchar y una voluntad de anteponer a las personas sobre los resultados inmediatos. El liderazgo no debe ser una batalla constante; puede ser un viaje compartido.

Testimonio

Un líder empresarial que experimentó este liderazgo en su propia empresa relató como el enfoque disruptivo llevó a la innovación, pero también al desgaste de su equipo. "Aprendí que el éxito no puede construirse sobre las ruinas del bienestar de la gente. Encontrar un equilibrio entre la ambición y la empatía es lo que realmente define a un gran líder".

Estos líderes han demostrado que es posible cambiar industrias, transformar culturas y mover masas. La primera lección es clara: la disrupción es poderosa, pero debe ir de la mano con la empatía y el cuidado.

La verdadera grandeza de un líder no se mide solo por los cambios que logra, sino por el bienestar que deja a su paso. Los grandes líderes son aquellos que entienden que cuidar a las personas y potenciar al equipo, da como resultado el éxito.

7. Algunas reflexiones para CEOs y líderes organizacionales

Para los líderes empresariales, equilibrar el impacto de su marca personal con la fortaleza de la marca organizacional es crucial. En un contexto donde el liderazgo carismático y de alta visibilidad puede convertirse en un diferenciador competitivo, es necesario asegurar que la figura del líder potencie la misión de la organización, en lugar de eclipsarla. Los siguientes cuatro puntos, son la clave para mantener un enfoque estratégico que beneficie a toda la entidad y no solo a un individuo.

7.1 Priorizar la misión sobre el ego personal

La misión y los valores de la organización deben ser la brújula que guía el liderazgo. Cuando el ego o la imagen del líder se convierten en el foco central, la organización corre el riesgo de perder su propósito y desviarse de su camino original. Un liderazgo saludable debe buscar reforzar la marca institucional, asegurándose de que cada acción y mensaje respalde los objetivos compartidos. Los líderes deben recordar que el impacto positivo y sostenible proviene de una misión que trasciende su figura y fomenta una conexión con la comunidad, clientes y colaboradores.

Ejemplo
Un CEO que utiliza su visibilidad para apoyar iniciativas que reflejan los valores de la organización -como sostenibilidad, equidad o innovación- refuerza su misión y gana credibilidad. Por el contrario, cuando el liderazgo busca protagonismo personal, las decisiones pueden ser percibidas como autocomplacientes y alejadas del propósito organizacional.

7.2 Comunicar con propósito y consistencia

La comunicación de un líder debe estar alineada con los objetivos organizacionales y ser coherente. Un exceso de protagonismo, mensajes contradictorios o cambios de discurso pueden crear confusión y resentimiento entre colaboradores, clientes y partes interesadas. Al comunicar con propósito, el líder no solo informa, sino que inspira y da dirección a la organización, alineando esfuerzos y generando un impacto positivo y duradero.

Práctica recomendada
Utilizar todos los canales de comunicación -desde discursos y reuniones hasta redes sociales- para transmitir mensajes claros y relevantes que refuercen la misión y los valores organizacionales. La consistencia genera confianza, mientras que las incoherencias pueden erosionar la credibilidad.

7.3 Fomentar una cultura comunitaria en la comunidad laboral

Un líder fuerte construye equipos fuertes, que son capaces de actuar de manera independiente y colaborativa, basándose en valores y objetivos compartidos. El éxito organizacional no debe depender de una sola figura, sino de un equipo comprometido, empoderado y capaz de sostener la misión incluso en ausencia del líder. Fomentar una cultura colectiva significa desarrollar y fortalecer a los colaboradores, delegar responsabilidades y crear un entorno donde todos sientan que contribuyen al éxito común.

Ejemplo
Los líderes que fomentan la participación, la innovación y el sentido de pertenencia ayudan a que la organización sea más resiliente y capaz de superar desafíos. Si el liderazgo está demasiado centrado en una sola figura, la organización puede volverse vulnerable y perder su capacidad de adaptación.

7.4 Gestionar la influencia con responsabilidad

La influencia es un poder que debe ser manejado con gran cuidado. Un líder carismático tiene la capacidad de motivar y movilizar, pero también de dividir. Cuando la marca personal se utiliza para polarizar o generar conflicto, puede ser efectiva a corto plazo, pero a menudo erosiona la cohesión y el compromiso en el largo plazo. La influencia debe ser empleada de manera ética, promoviendo valores, iniciativas y un entorno que beneficie a toda la organización y no solo a una base de seguidores leales.

Práctica recomendada
Los líderes deben reflexionar sobre el impacto de sus palabras y acciones, asegurándose de que promueven la unidad, el respeto y el propósito organizacional. Crear un legado positivo implica construir sobre la inclusión, la colaboración y el respeto, en lugar de dividir a las partes interesadas.

Conclusión
El liderazgo organizacional con marca personal ofrece grandes oportunidades, pero también plantea desafíos significativos.

Al encontrar un equilibrio entre la marca personal del líder y la misión comunitaria, se puede aprovechar el poder del Gran Torbellinazgo para inspirar, transformar e impulsar la organización hacia nuevos horizontes. Sin embargo, es fundamental recordar que la sostenibilidad, la cohesión y el compromiso son pilares esenciales para el éxito a largo plazo. El líder que trasciende su ego y actúa con responsabilidad y propósito se convierte en un verdadero agente de cambio, dejando un impacto positivo y duradero tanto dentro como fuera de la organización.

8. Tips prácticos para liderar en la era del Gran Torbellinazgo

Los líderes del Gran Torbellinazgo han demostrado que es posible cambiar industrias, transformar culturas y mover masas. Pero su enfoque, basado en la velocidad, la disrupción y el carisma polarizante, puede dejar a su paso un rastro de desgaste humano, culturas tóxicas y divisiones sociales.

¿Es posible aprender de la disrupción sin perder la Humanidad?

La primera lección es clara: la disrupción es poderosa, pero debe ir de la mano con la empatía y el cuidado.

La verdadera grandeza de un líder no se mide solo por los cambios que logra, sino por el bienestar que deja a su paso. Los grandes líderes son aquellos que entienden que las personas están por sobre el capital, son lo más valioso, y que su éxito depende de cuidar y potenciar al equipo. Veamos estos cinco tips.

a. Fomentar una cultura de colaboración y confianza
- La disrupción no debe ser un sinónimo de división. Los líderes deben crear espacios donde la innovación surja de la colaboración, y donde cada voz sea escuchada.
- Escuchar, delegar y fomentar el diálogo son elementos clave para evitar la verticalización y el aislamiento de los líderes.

b. **Mantener un enfoque en el bienestar y la sostenibilidad**
   - La velocidad y la presión son elementos del Torbellinazgo, pero no deben ser su única bandera. Los líderes deben asegurarse de que sus equipos tengan tiempo para descansar, reflexionar y crecer.
   - Promover un equilibrio entre la vida personal y profesional es esencial para evitar el desgaste y mantener la motivación.

c. **Comunicar con transparencia y responsabilidad**
   - La comunicación directa es una herramienta poderosa, pero debe ser utilizada con responsabilidad. Los líderes torbellino deben ser conscientes del impacto de sus palabras y del poder que tienen para movilizar o dividir.
   - La transparencia genera confianza. Los líderes que comunican sus decisiones, sus errores y sus desafíos abren la puerta al aprendizaje colectivo y al fortalecimiento del equipo.

d. **Valorar la diversidad de pensamientos y perspectivas**
   - La mono-visión es un arma de doble filo, pese a que crea un aparente y pacífico ambiente; pero los grandes líderes saben que la pluri-visión, diversidad de opiniones y la crítica constructiva, a pesar de los "líos" que pueden provocar, son fundamentales para el crecimiento organizacional.
   - Fomentar un ambiente donde se pueda disentir, debatir y aportar nuevas ideas sin miedo al castigo es clave para el éxito sostenible.

e. **Construir un legado basado en el propósito**
   - Los líderes del Gran Torbellinazgo deben recordar que el cambio y el éxito no tienen valor si no dejan un impacto positivo en las personas y en la sociedad.
   - Liderar con propósito significa poner a las personas en el centro de cada decisión, y buscar un impacto que trascienda el corto plazo.

Conclusión

El Gran Torbellinazgo, en su máxima expresión, puede ser una fuerza poderosa para el cambio. Pero si no se maneja con cuidado y no se equilibra con empatía, escucha y respeto, se convierte en una fuerza arrolladora y puede destruir lo que busca construir. Los líderes del futuro deben aprender de los errores y encontrar una manera de liderar que inspire, transforme y cuide. Solo entonces podremos hablar de un liderazgo verdaderamente sostenible y humano.

El análisis de este liderazgo, nos debe enseñar que el liderazgo es un viaje, no un destino. Es un proceso de aprendizaje constante, de adaptación y de conexión con los demás. Los líderes del futuro deben ser fuertes, pero también compasivos; visionarios, pero también conscientes; intuitivos, pero también programados. Solo así podremos construir un mundo en el que el cambio no sea un huracán que destruye, sino un viento que impulsa hacia adelante.

Los líderes tienen la responsabilidad de construir entornos donde el cambio y la innovación no se logren a costa del quiebre comunitario y la salud y dignidad de las personas.

Es hora de reflexionar sobre el tipo de liderazgo que nos mueve y el impacto que queremos dejar con quienes formamos equipo.

9. Sintetizando, lo bueno y lo malo del Liderazgo Torbellino

El liderazgo torbellino, al igual que cualquier enfoque de liderazgo, tiene tanto aspectos positivos como negativos. A continuación presento las ventajas y desventajas de este estilo de liderazgo.

Aspectos Positivos del Liderazgo Torbellino

- **Generación de cambio rápido**
  El liderazgo torbellino es eficaz para implementar cambios rápidos y significativos en una organización. Este tipo de liderazgo puede ser esencial en entornos dinámicos donde la adaptabilidad es crucial.

- **Inspiración y motivación**
  Los líderes torbellino suelen ser carismáticos y enérgicos, lo que les permite inspirar y motivar a sus seguidores. Su pasión puede generar entusiasmo y un sentido de propósito compartido.
- **Desafío al status quo**
  Este liderazgo fomenta la innovación al desafiar las normas establecidas y promover nuevas ideas. Esto puede llevar a la creación de soluciones más efectivas y creativas para los problemas existentes.
- **Movilización de equipos**
  La capacidad de un líder torbellino para movilizar a las personas puede resultar en un aumento en la participación y el compromiso de los colaboradores, generando una cultura más dinámica y proactiva.
- **Adaptación a cambios**
  Los líderes torbellino suelen ser resilientes y capaces de adaptarse rápidamente a nuevas situaciones, lo que puede ayudar a la organización a enfrentar desafíos y crisis de manera efectiva.

Aspectos negativos del Liderazgo Torbellino

- **Inestabilidad**
  El enfoque en el cambio rápido puede llevar a la inestabilidad dentro de la organización. Los colaboradores pueden sentirse desorientados o inseguros debido a la falta de estructura y la constante reconfiguración de procesos.
- **Conflictos internos**
  La naturaleza disruptiva de este liderazgo puede provocar resistencia y conflictos entre los miembros del equipo, especialmente si no están alineados con la visión o los métodos del líder.
- **Falta de enfoque a largo plazo**
  A veces, el énfasis en el cambio inmediato puede resultar en una falta de atención a los objetivos a largo plazo. Esto puede llevar a decisiones que no son sostenibles o que no consideran el impacto futuro.

- **Desgaste y hambre de vivencias de equipo**
  La energía intensa y el ritmo acelerado pueden resultar en agotamiento para algunos miembros del equipo, especialmente si no están preparados para la presión constante y los cambios rápidos. Junto con esto surge "un hambre de ser equipo", de ser comunidad no solamente oyente, sino también parlante y en algunos temas, resolutivos.
- **Polarización**
  El liderazgo torbellino puede crear divisiones dentro de la organización, especialmente si el enfoque es muy polarizador. Esto puede llevar a una falta de cohesión y a un ambiente de trabajo tenso.
- **Baile de los Egos**
  El "baile de los egos" en el contexto de una marca personal que eclipsa a la marca organizacional unida al Liderazgo Torbellino, puede generar tensiones y competencias internas, donde la figura dominante puede restar protagonismo al esfuerzo comunitario.
  Cuando un líder prioriza su visibilidad por encima de los valores y objetivos de la empresa, el riesgo es que la cultura organizacional se distorsione, convirtiéndose en un escenario donde las ambiciones individuales opacan la misión común. Para evitarlo, es clave que el equilibrio y la humildad guíen este "baile" promoviendo una visión compartida en la que todos puedan (y deban) brillar.

Conclusión

El liderazgo torbellino puede ser una fuerza poderosa para el cambio y la innovación, pero también conlleva riesgos significativos. Para que este estilo de liderazgo sea efectivo, es esencial que los líderes sean conscientes de las posibles desventajas y trabajen para mitigar los efectos negativos, equilibrando la energía y la urgencia del cambio con la estabilidad y el compromiso a largo plazo.

Capítulo 4

El Gran Torbellinazgo

y el futuro del liderazgo organizacional

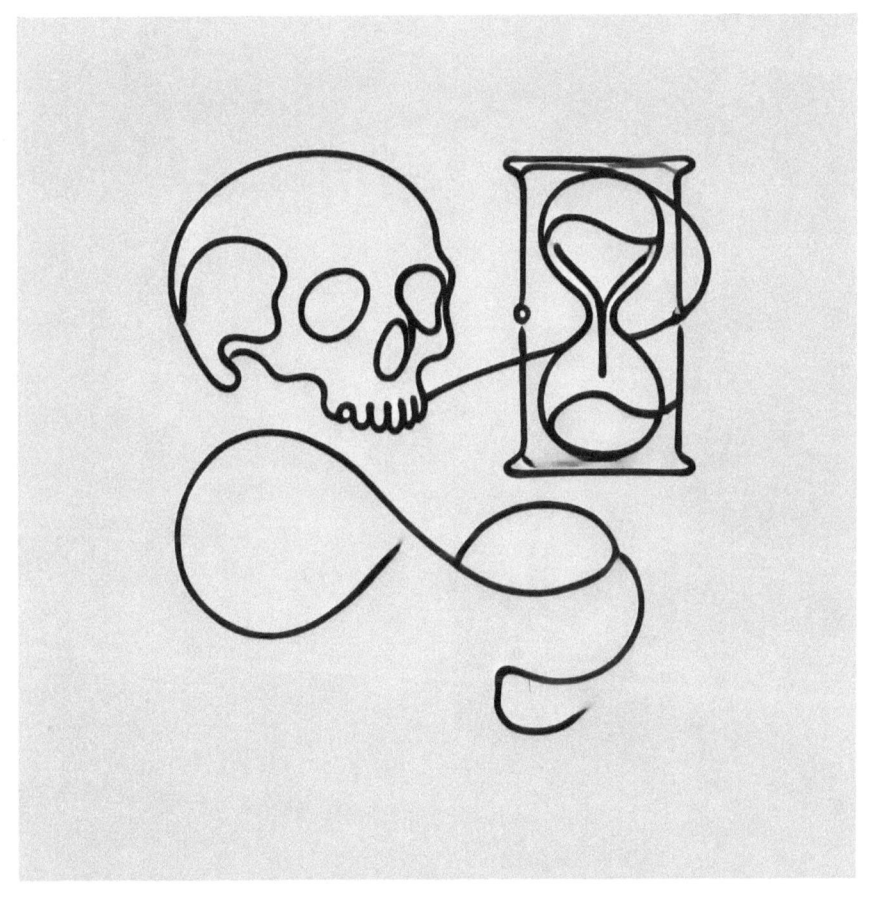

Winston H. Elphick D.

Presentación Capitulo 4

Este capítulo ofrece un análisis prospectivo sobre el impacto del Gran Torbellinazgo en el liderazgo organizacional, profundizando en los siguientes temas clave:

1. **Liderazgo disruptivo y liderazgo torbellino:** ¿Son aliados naturales o fuerzas condenadas a colisionar?
2. **La humanización del liderazgo:** estrategias para desarrollar estilos que combinen empatía, transformación y resultados tangibles.
3. **Sostenibilidad frente a disrupción:** el desafío de liderar el cambio sin comprometer la estabilidad y el equilibrio a largo plazo.

El capítulo invita a reflexionar sobre cómo los líderes pueden integrar las fortalezas del liderazgo torbellino, canalizando su energía transformadora hacia la creación de estructuras resilientes, humanas y sostenibles. Asimismo, se abordan las implicancias éticas y prácticas de liderar en contextos de alta incertidumbre, donde los riesgos de polarización y fragmentación social son constantes.

Finalmente, se examina el futuro del Gran Torbellinazgo y su potencial para evolucionar hacia un modelo de liderazgo capaz de inspirar, transformar y construir organizaciones que sean no solo eficaces, sino también equilibradas y preparadas para los desafíos de un mundo impredecible. Este enfoque propone un liderazgo que se base en la humildad, la humanidad y el concepto de *memento mori*, recordando siempre la finitud y responsabilidad inherentes al poder.

¿Será el liderazgo torbellino una fuerza creadora que forje un nuevo mañana o una destructora que fracture nuestro presente? Este capítulo busca no solo plantear estas preguntas, sino también ofrecer respuestas y abrir nuevas perspectivas.

1. ¿Hagamos un test para medir tu percepción del Gran Torbellinazgo y el futuro del liderazgo organizacional?

Test: Tu percepción del Gran Torbellinazgo y el futuro del liderazgo organizacional

Este test busca evaluar tu disposición y enfoque hacia el liderazgo torbellino, explorando la medida en que adoptas estrategias y comportamientos disruptivos. Responde cada pregunta eligiendo entre dos extremos opuestos. No hay respuestas correctas o incorrectas; el objetivo es conocer tu perfil como líder torbellino.

1. Uso de las redes sociales como líder:
A) Prefiero compartir información estudiada, confirmada y con respaldo de datos, incluso si esto toma más tiempo.
B) Envío comentarios rápidos y contundentes que puedan generar impacto inmediato, aunque puedan ser controvertidos o no confirmados, incluso si rozan el terreno de las *fake news*.

2. Velocidad en la toma de decisiones:
A) Analizo todas las opciones, consulto con mi equipo y planifico cuidadosamente cada paso antes de tomar decisiones importantes.
B) Prefiero actuar de inmediato y tomar decisiones rápidas, confiando en mi intuición y la oportunidad del momento.

3. Forma de comunicación:
A) Utilizo un lenguaje medido, respetuoso y profesional, enfocado en mantener el diálogo y la cooperación.
B) Mi estilo es directo, disruptivo y emocional, buscando generar reacciones y romper esquemas preestablecidos.

4. Construcción de tu narrativa como líder:
A) Creo narrativas inspiradoras basadas en hechos, contexto histórico y valores compartidos, buscando cohesión y credibilidad.
B) Prefiero crear narrativas potentes y polarizadoras, que pueden

dividir opiniones, pero movilizan a mis seguidores hacia un objetivo claro.

5. Relación con la polarización:
A) Evito polarizar, busco consenso y diálogo para construir soluciones colectivas.
B) No temo la polarización; sé que moviliza, sacude estructuras y genera lealtades intensas.

6. Manejo de la velocidad como ventaja competitiva:
A) Me tomo el tiempo para pensar a largo plazo, enfocándome en la sostenibilidad de cada acción.
B) Utilizo la velocidad para ejecutar de inmediato y estar un paso adelante, aceptando que algunos errores son parte del proceso.

7. Carisma e imantación:
A) Me enfoco en construir relaciones basadas en el respeto y la confianza, con un enfoque sólido y profesional.
B) Utilizo mi carisma y magnetismo personal para atraer seguidores, incluso si implica manejar diferentes expectativas y emociones de manera estratégica.

8. Manejo de la narrativa y el "spin" de la realidad:
A) Me esfuerzo por ser transparente y veraz, aunque a veces esto me cueste perder algo de atractivo mediático.
B) Uso la narrativa para dar forma a la percepción de los hechos y, si es necesario, modificar realidades para mantener el control de la situación.

9. Gestión del conflicto:
A) Prefiero manejar los conflictos con diplomacia, buscando mediación y soluciones duraderas.
B) No me incomoda entrar en confrontaciones directas si eso refuerza mi liderazgo y deja clara mi posición.

10. Propósito del liderazgo torbellino:

A) Mi objetivo es generar cambios duraderos y sostenibles, inspirando a través del ejemplo y la consistencia.

B) Mi propósito es la disrupción y el cambio constante, movilizando a la gente para sacudir estructuras y transformar realidades.

Tabla de corrección y niveles de puntajes del Test: Tu percepción del Gran Torbellinazgo y el futuro del liderazgo organizacional

Puntajes de asignación
- Respuesta A = 1 puntos
- Respuesta B = 2 punto

Corrección del Test:

Pregunta	Respuesta	Puntaje
1. Uso de redes sociales	A/B	1 / 2
2. Velocidad en la toma de decisiones	A/B	1 / 2
3. Forma de comunicación	A/B	1 / 2
4. Construcción de tu narrativa como líder	A/B	1 / 2
5. Relación con la polarización	A/B	1 / 2
6. Manejo de la velocidad como ventaja	A/B	1 / 2
7. Carisma e imantación	A/B	1 / 2
8. Manejo de la narrativa y el "spin"	A/B	1 / 2
9. Gestión del conflicto	A/B	1 / 2
10. Propósito del liderazgo torbellino	A/B	1 / 2

Total máximo de puntos: 20

NOTA: En este cuarto test hemos invertido el tipo de respuesta orientada hacia el Gran Torbellinazgo, para buscar alguna diferencia de respuesta de su parte.

Niveles de Puntajes y Clasificación Creativa:

Puntaje Obtenido	Nivel	Porcentaje (%)
17 - 20	Visionario Torbellino	86% - 100%
13 - 16	Disruptor Arriesgado	65% - 85%
9 - 12	Explorador Estratégico	44% - 64%
5 - 8	Asegurador del Presente	22% - 43%
0 - 4	Miope del Futuro	0% - 21%

Interpretación de los Resultados

- **Visionario Torbellino (17 - 20 puntos):**
  Eres un líder que visualiza y promueve transformaciones profundas, equilibrando la disrupción con estrategias sostenibles para el largo plazo.

  Has abrazado completamente el poder transformador del Gran Torbellinazgo. Te anticipas a las tendencias, lideras el cambio desde la disrupción y visualizas un futuro en el que el liderazgo no solo moviliza, sino que construye estructuras sostenibles.

  Tu enfoque es estratégico y estás dispuesto/a a asumir riesgos calculados para llevar a tu organización a un nuevo nivel… pero no te entusiasmes con los juegos del poder… recuerda que eres mortal, memento mori.

- **Disruptor Arriesgado (13 - 16 puntos)**
  Tu enfoque es audaz y desafiante; abrazas la disrupción para generar impacto rápido, aunque asumes riesgos que pueden ser difíciles de controlar (y se te pueden escapar de las manos.
  Sabes cómo utilizar el magnetismo y el impacto del liderazgo torbellino para generar grandes transformaciones. Tu enfoque es audaz y ambicioso, pero asumes riesgos que pueden desafiar la estabilidad si no se manejan con cautela.

- **Explorador Estratégico (9 - 12 puntos)**: Estás dispuesto/a a experimentar con nuevas formas de liderazgo, pero te aseguras de no perder de vista las posibles consecuencias y el equilibrio necesario.
  Tu enfoque hacia el liderazgo torbellino es pragmático. Estás dispuesto/a a explorar nuevas formas de liderazgo y desafiar el statu quo, pero lo haces con cuidado. Eres consciente de los riesgos y te esfuerzas por encontrar caminos intermedios que permitan la transformación sin alienar a tu equipo.

- **Asegurador del Presente (5 - 8 puntos)**
  Tu enfoque es proteger la estabilidad existente, adoptando cambios solo cuando están suficientemente probados y ajustados a la realidad organizacional.
  Prefieres mantener un delicado equilibrio entre adoptar elementos disruptivos del Gran Torbellinazgo y proteger las estructuras existentes. Sabes cuándo impulsar la transformación y cuándo frenar para evitar riesgos innecesarios, priorizando la estabilidad y el orden... ¿Y el cambio cuándo?

- **Miope del Futuro (0 - 4 puntos)**
  Prefieres evitar la disrupción y te mantienes enfocado/a en preservar las estructuras y prácticas tradicionales, sin

abrirte a las oportunidades del cambio disruptivo.

Eres escéptico/a frente al Gran Torbellinazgo y prefieres liderar desde un enfoque más convencional. Te enfocas principalmente en mantener el statu quo, con poca apertura a los cambios disruptivos y una tendencia a proteger lo conocido por encima de la innovación... cuidado te podrían enviar al forense.

Tu Meta Evaluación

Es hora de "meta" evaluarte. Recuerda que el término "meta", significa ir "más allá", es un nivel superior de análisis, reflexión o control sobre un proceso evaluativo. Vamos, es bueno "meta" evaluarse, ir "más allá", de haber respondido un test y buscar una categoría para identificar un nivel donde ubicarte. Ahora viene un proceso de pensamiento, y "metaevaluación" para evaluar tu propia evaluación, trascender.

Como CEO, tu participación en este test revela cómo percibes y manejas el potencial disruptivo del Gran Torbellinazgo en tu organización.

Tu enfoque estratégico, ya sea audaz y arriesgado o conservador y protector, refleja no solo tu capacidad para liderar en tiempos de cambio acelerado, sino también cómo equilibras la disrupción con la estabilidad.

Ser consciente de tus fortalezas y áreas de mejora, así como de la forma en que respondes a la polarización, la comunicación y la velocidad del cambio, te permitirá afinar tu liderazgo para guiar a tu organización hacia un futuro más resiliente, innovador y cohesivo.

Considera cómo puedes transformar las oportunidades del Gran Torbellinazgo en ventajas sostenibles, sin comprometer la cohesión ni los valores esenciales de tu empresa.

Analiza, sin pauta, pero verdaderamente si tiendes a ser un líder con un enfoque reflexivo, o con acciones impulsivas; si lo haces basado en la evidencia o principalmente por intuición. No basta con ser disruptivo y buscar generar cambios urgentes, sin hacerlos sostenibles, éticos, respetuosos de las personas y sin sacrificar la estabilidad ni la verdad. Aunque puedes ser disruptivo/a, pero prefieres que tu impacto sea profundo y duradero.

Si por otra parte quieres abrazar por completo el liderazgo torbellino, aprovechando el carisma, la velocidad y la comunicación disruptiva para movilizar e impactar de manera rápida y poderosa, debes estar abierto a que este enfoque puede traer grandes éxitos, pero también requiere una gestión cuidadosa de sus riesgos... puedes dejar muchos cadáveres a tu paso ¿No deseas eso, no?

2. ¿Un maridaje peligroso entre el Liderazgo Disruptivo y el Liderazgo Torbellino?

Unir el concepto de liderazgo disruptivo con el liderazgo torbellino implica reconocer como ambos estilos de liderazgo pueden coexistir y complementarse en la búsqueda de un cambio significativo y dinámico dentro de una organización o comunidad. A continuación, se presentan algunas formas en que estos dos enfoques pueden estar interrelacionados.

    a. **Cambio acelerado**
       Tanto el liderazgo disruptivo como el torbellino se caracterizan por la capacidad de generar cambios rápidos y significativos. Mientras que el liderazgo disruptivo desafía las normas y propone nuevas ideas, el liderazgo torbellino actúa con una energía que moviliza a las personas hacia la acción. Juntos, pueden crear un entorno en el que las transformaciones ocurran de manera más ágil.

    b. **Visión y energía**
       Los líderes torbellino suelen ser carismáticos y energéticos, capaces de captar la atención y motivar a las masas. Cuando esta energía se combina con la

visión clara y la innovación del liderazgo disruptivo, se crea una potente fuerza de cambio que puede inspirar a otros a seguir el camino de la transformación.

c. **Desafío al status quo**
Ambos estilos son críticos del status quo, aunque de maneras diferentes. El liderazgo disruptivo se enfoca en introducir nuevas ideas y métodos, mientras que el liderazgo torbellino crea una sensación de urgencia y necesidad de cambio. Juntos, pueden desafiar las normas establecidas de manera más efectiva, generando una respuesta colectiva a la necesidad de evolución.

d. **Empoderamiento del equipo**
Los líderes torbellino tienden a movilizar a sus seguidores y a crear un sentido de comunidad. Al empoderar a su equipo, pueden fomentar un ambiente donde se valoren las ideas innovadoras y se apoye la experimentación, que es un rasgo distintivo del liderazgo disruptivo. Esto puede conducir a una cultura organizacional más receptiva a la innovación.

e. **Resiliencia y adaptabilidad**
La naturaleza tumultuosa del liderazgo torbellino requiere resiliencia tanto por parte del líder como de su equipo. Cuando se combina con la flexibilidad del liderazgo disruptivo, se fomenta una cultura en la que el fracaso se considera una oportunidad de aprendizaje y se adaptan rápidamente a los cambios del entorno.

f. **Comunicaciones efectivas**
Los líderes disruptivos suelen ser comunicadores excepcionales que pueden articular su visión de manera convincente. Cuando se combinan con la capacidad del liderazgo torbellino para generar entusiasmo y movilización, se crea una comunicación poderosa que puede galvanizar a un equipo hacia la acción.

g. **Impacto en la cultura organizacional**
Ambos tipos de liderazgo pueden transformar la cultura organizacional. La energía y la urgencia del liderazgo torbellino, junto con la innovación del liderazgo disruptivo, pueden crear un ambiente donde

la creatividad y el cambio son no solo aceptados, sino promovidos activamente.

Conclusión

El liderazgo torbellino y el liderazgo disruptivo pueden unirse en un enfoque que no solo desafía las normas y busca la innovación, sino que también moviliza a las personas y crea un ambiente dinámico propenso al cambio. Juntos, pueden ser una fuerza poderosa para la transformación organizacional y la evolución cultural.

3. ¿Hacia dónde van el Liderazgo Disruptivo y el Liderazgo Torbellino?

El Gran Torbellinazgo ha demostrado ser efectivo para lograr resultados rápidos y transformar organizaciones, pero existe una condición para que sus efectos se puedan estabilizar e instalar en la organización: aplicarlo con un enfoque más matizado, pues su velocidad, la innovación y el carisma se potencian de mejor forma al equilibrarse con empatía, sostenibilidad y un compromiso genuino con el bienestar de las personas.

Todo esto y más lo podrás inferir a partir de una historia real y hermosa: El torbellino de la justicia e igualdad salarial, la historia de Dan Price.

Dan Price fundó la empresa Gravity Payments, su nombre resonó en titulares de todo el mundo cuando anunció dos cosas: recortaría su salario de un millón de dólares a 70 mil dólares y luego aseguró que utilizaría las ganancias de la compañía para garantizar que todos ganaran esa cantidad dentro de tres años.

En una industria donde las disparidades salariales eran la norma y donde los sueldos de los CEOs a menudo superaban con creces los de sus empleados, el movimiento de Price se sintió como un auténtico terremoto. Para muchos, fue el ejemplo perfecto de Liderazgo Disruptivo, pero para otros, se parecía a una manifestación moderna del Gran Torbellinazgo, una estrategia audaz y radical que amenazaba con cambiar las reglas del juego empresarial para siempre.

El Desencadenante del Torbellino

La idea nació después de una conversación casual. Dan, entonces CEO, se enteró de que uno de sus empleados enfrentaba dificultades para pagar sus gastos familiares a pesar de trabajar a tiempo completo. Al mismo tiempo, un estudio que leía le recordó que la felicidad de las personas tiende a estabilizarse cuando sus ingresos alcanzan aproximadamente 70.000 dólares anuales. La conexión fue inmediata: había que cerrar la brecha. "No puedo liderar una empresa que luche por la rentabilidad mientras mis empleados luchan por sobrevivir", dijo al equipo de liderazgo.

El anuncio fue un torbellino. En cuestión de días, la noticia se volvió viral. Dan fue alabado como un visionario y un héroe, pero también criticado por ser "peligrosamente ingenuo" y "populista". Muchos empresarios lo tacharon de irresponsable y advirtieron que su decisión hundiría la compañía. Sin embargo, para Dan, el cambio no se trataba solo de números; era un llamado a humanizar el liderazgo y a demostrar que una cultura empresarial basada en el bienestar puede ser tan poderosa como los márgenes de ganancia.

Liderazgo con Empatía y Disrupción

El impacto fue inmediato y transformador. Los empleados de Gravity Payments se mostraron profundamente motivados. La productividad y la lealtad aumentaron, la rotación laboral disminuyó y, de manera impresionante, la empresa atrajo a miles de solicitantes que querían trabajar en un lugar donde se valoraba el bienestar de cada persona. Dan demostró que el liderazgo disruptivo no tiene que ser destructivo. El Gran Torbellinazgo puede ser un movimiento hacia la justicia, si se utiliza con empatía y compromiso genuino.

Los Costos y Desafíos del Torbellino

Pero no todo fue color de rosa. A medida que Gravity Payments crecía bajo esta nueva filosofía, también se enfrentó a tensiones internas y externas. Algunos clientes abandonaron la empresa, considerando la decisión como una "señal política e izquierdizante" más que un movimiento corporativo. Dos ejecutivos renunciaron, argumentando que no estaban dispuestos a bajar sus altas rentas y de que la maniobra comprometía la estabilidad financiera de la empresa. Los medios polarizaron la narrativa: para algunos, Dan era un revolucionario; para otros, un líder populista cuyo enfoque desbordaba idealismo.

Dan enfrentó estos desafíos con el mismo carisma y convicción que caracterizan al Gran Torbellinazgo. En entrevistas y reuniones abiertas con sus empleados, habló de la importancia de conectar con el propósito y de construir un sistema más justo. Para él, el futuro del liderazgo no podía depender únicamente de metas transaccionales y comerciales, sino de un enfoque integrador que equilibre los beneficios económicos con el bienestar colectivo. Se convirtió en un ejemplo de que el liderazgo disruptivo puede evolucionar hacia una versión más humana y sostenible.

Hacia un Liderazgo Transformacional

El viaje de Dan Price no solo redefinió a Gravity Payments; también mostró al mundo que es posible lograr resultados significativos cuando se lidera con un equilibrio entre audacia y empatía. Su enfoque evolucionó de la disrupción pura a un liderazgo que escuchaba, adaptaba y priorizaba el bienestar. Price dejó claro que un torbellino puede construir tanto como destruir, y que el verdadero cambio duradero no es aquel que se impone a toda velocidad, sino el que se construye sobre bases de confianza, respeto y humanidad compartida.

Hoy, Dan continúa siendo una figura polarizante, pero su historia ilustra el camino hacia el futuro del liderazgo: uno que debe equilibrar velocidad e innovación con un compromiso auténtico con el bienestar de las personas. El Gran Torbellinazgo, cuando se lleva con responsabilidad, puede ser un motor de transformación positiva, un recordatorio de que el cambio no debe ser solo rápido, sino también justo.

Conclusión

El futuro del liderazgo no puede basarse únicamente en el éxito a cualquier costo. La sociedad y las organizaciones están exigiendo líderes que no solo sean capaces de generar cambios disruptivos, sino que también se preocupen por las consecuencias de esos cambios y su impacto en el medio natural y social. Esto requiere un liderazgo que integre la inteligencia emocional, la capacidad de escuchar y la voluntad de adaptarse.

Sabemos que para dirigir una organización, no bastan títulos y estudios, hoy la inteligencia emocional y social es tan importante como el coeficiente intelectual para el éxito en el liderazgo. Los líderes del futuro deben ser capaces de conectar con los equipos, conocer el sufrimiento de la gente, inspirar confianza y manejar el cambio con sensibilidad humanizadora. El enfoque puramente transaccional del Gran Torbellinazgo, centrado en metas y resultados, debe evolucionar hacia un enfoque más humano y transformacional. Y recuerde: El liderazgo disruptivo no tiene que ser destructivo, sino constructivo.

4. La prospectiva y el Liderazgo Torbellino en empresas, gobiernos y comunidades

El liderazgo torbellino no desaparecerá; de hecho, es probable que siga siendo un elemento central en entornos donde el cambio es constante y la innovación es clave. Sin embargo, creemos que el liderazgo del futuro tendrá que enfrentar varios desafíos y transformaciones:

- **La valoración de la sostenibilidad**
  Los líderes del mañana no solo deberán preocuparse por el crecimiento económico, sino también por la sostenibilidad social y ambiental. Esto significa liderar con

una visión de largo plazo, donde los resultados no se midan únicamente en términos financieros, sino también en el impacto que tienen en las personas y el planeta.
- **El retorno al diálogo y la inclusión**
La capacidad de escuchar será fundamental. Los líderes que asfixian el diálogo y la crítica están condenados a perder la conexión con sus equipos y sus comunidades. En el futuro, el liderazgo inclusivo, que fomente la participación de todos y valore la diversidad de ideas, será esencial para crear organizaciones resilientes y adaptativas.
- **El equilibrio entre innovación y bienestar**
El desafío será mantener la capacidad de innovar sin destruir a quienes hacen posible esa innovación. Esto requerirá un cambio cultural profundo, donde se valore el descanso, el aprendizaje y la colaboración tanto como los resultados rápidos.

Casos de adaptación y evolución

Existen ejemplos de líderes que han comenzado a integrar estos principios, adaptando el Gran Torbellinazgo para hacerlo más humano y equilibrado:

- **Satya Nadella (Microsoft)**
Tras asumir el liderazgo de Microsoft, Nadella promovió una cultura de empatía, colaboración y aprendizaje continuo. Si bien mantiene un enfoque en la innovación, ha logrado equilibrar la velocidad con el bienestar de los empleados.

- **Sara Blakely (Spanx)**
Blakely ha demostrado que el éxito no tiene que ir de la mano con la presión extrema. Su liderazgo empático y su enfoque en la felicidad de sus empleados son un modelo para el futuro.

5. La responsabilidad de los líderes de cara al futuro

En el contexto organizacional el Gran Torbellinazgo puede ser una fuerza poderosa y un estilo de liderazgo, caracterizado por una energía y carisma arrolladores, puede movilizar equipos, desafiar normas preestablecidas y romper con la complacencia organizacional. Sin embargo, para que esta fuerza sea verdaderamente transformadora y no destructiva, debe integrarse con los principios del liderazgo humanista, que prioriza el bienestar, la dignidad, la empatía y el desarrollo integral de las personas.

El futuro del liderazgo humanista en las organizaciones debe centrarse en aprovechar la energía del Gran Torbellinazgo sin perder de vista el propósito y los valores humanos que definen a una organización sostenible. Esto significa que, aunque los líderes puedan ser agentes de cambio con una fuerte capacidad para movilizar a sus colaboradores, deben actuar con un enfoque inclusivo y ético que evite el autoritarismo. En lugar de imponer su visión de manera unilateral, los líderes humanistas que aprovechen el impulso del Gran Torbellinazgo buscarán empoderar a sus equipos, fomentando la co-creación, el diálogo y la responsabilidad compartida.

Para lograrlo, es necesario que los líderes sean conscientes del impacto de sus palabras y acciones, ya que un liderazgo excesivamente centrado en la figura del líder puede debilitar la cultura organizacional y generar una dependencia personalista y peligrosa.

El liderazgo humanista, por el contrario, se enfoca en construir una cultura de confianza, donde cada persona se sienta valorada, respetada y motivada a contribuir al éxito común.

Los líderes que canalizan la energía del Gran Torbellinazgo con una perspectiva humanista pueden inspirar a los equipos no solo a actuar con rapidez y determinación, sino también a hacerlo con sentido ético, empatía y una visión compartida.

El reto para el liderazgo humanista en estos nuevos contextos, será mantener un equilibrio entre la urgencia del cambio y la construcción de relaciones duraderas y auténticas. La transformación organizacional no debe ser solo el resultado de la fuerza de un líder, sino el fruto de una comunidad comprometida que se siente escuchada y respetada. En este sentido, el liderazgo humanista busca que el cambio sea una experiencia colectiva, en la que todos los colaboradores sean parte activa del proceso, y no simples espectadores de la fuerza arrolladora del líder.

Conclusión

El Gran Torbellinazgo y el liderazgo humanista pueden coexistir e integrarse en las organizaciones, siempre que la energía disruptiva del primero se combine con los valores fundamentales del segundo. Esta integración permitirá que las organizaciones no solo se transformen con rapidez, sino que lo hagan con un propósito inclusivo, ético y sostenible, construyendo un legado que perdure y en el que cada colaborador encuentre un sentido de pertenencia y contribución significativa.

5.1 El equilibrio entre disrupción y sostenibilidad

Un desafío para los líderes torbellino será encontrar un equilibrio entre la necesidad de disrupción y el compromiso con la sostenibilidad. Esto implica liderar con propósito, integrar a las personas en el proceso de cambio y ser capaces de reconocer sus propios límites. No hay espacio para el ego desmedido ni para la imposición ciega. El futuro exige humildad, escucha y un enfoque en el bien común.

Este liderazgo no es intrínsecamente bueno ni malo. Es una herramienta poderosa que, utilizada con sabiduría y empatía, puede cambiar el mundo. Pero también es una fuerza que, si se deja sin control, puede destruirlo. El liderazgo del futuro depende de nuestra capacidad para aprender de estos extremos y crear un camino que sea verdaderamente transformador y humano.

Alguien me podría decir: Si le quitas todo eso al Liderazgo Torbellino, ¡dejará de ser Liderazgo Torbellino y será otro más en la ruta del cumplimiento, la rutina y la norma!

Esta frase parece cuestionar la esencia de un Liderazgo Torbellino y como, al eliminar sus elementos distintivos, podría convertirse en un liderazgo común, ya que el Liderazgo Torbellino sugiere un estilo de liderazgo dinámico, enérgico y disruptivo, caracterizado por su capacidad de generar cambios significativos, romper la monotonía y crear un impacto visible en las organizaciones. Si se eliminan estas características (la pasión, la innovación constante, la capacidad de romper esquemas, su agresividad), ¿el liderazgo podría perder su fuerza transformadora, volviéndose indistinguible?

Si, talvez es posible que como en tantas cosas, matemos la creatura, por querer mejorarla. Esta reflexión y cuestionamiento es bueno hacerla y compartirla en el equipo, pues pone de relieve la importancia de mantener el espíritu innovador y la actitud desafiante de un líder torbellino, que se opone a la rutina y a las normas establecidas. Para muchos, este tipo de liderazgo puede ser incomodo o impredecible, pero es precisamente esta intensidad y deseo de cambio lo que lo distingue y lo hace vital para los tiempos nuevos.

Te necesitamos Líder Torbellino, para que tu pasión nos saque de la pasividad y de la administración mecánica, te necesitamos para inyectar a nuestros lideres jóvenes esa nota de incomodidad, de insatisfacción, de protesta (y hasta de indignación) por lo que callamos y no nos atrevemos a gritar. Gargantas adormecidas, son efecto de un corazón dormido... y ya es tiempo de despertar. Claro, que necesitas mixturarlo, con aquello que te hemos sugerido en este libro, mixtura sin amordazar.

5.2 Mixtura entre los principios del Liderazgo Humanista y el Disruptivo Sostenible

La sostenibilidad organizacional del futuro, enfocada desde un liderazgo humanista, buscará un equilibrio que considere el bienestar de las personas, la responsabilidad social y el impacto ambiental positivo, mientras integra el dinamismo y la capacidad de transformación del Liderazgo Torbellino. Este enfoque reconoce que el liderazgo moderno debe ser audaz e innovador, pero también profundamente empático y comprometido con el bienestar de todos los involucrados. ¿Qué principios deben guiarle? A continuación te presento siete de ellos.

a. **Sostenibilidad ambiental con conexión humana**
Los líderes humanistas y disruptivos comprenden que no basta con reducir la huella de carbono; es necesario conectar emocionalmente con empleados y comunidades, inspirándolos a ser agentes de cambio. Proyectos de sostenibilidad que involucren a todos, desde la base hasta la alta dirección, generan un impacto real, duradero y comprometido.

b. **Responsabilidad social con propósito**
Más allá de cumplir con estándares RSE, el liderazgo humanista busca crear una relación auténtica y genuina con las comunidades. Los líderes disruptivos, al romper moldes y desafiar el statu quo, pueden actuar como catalizadores de cambio social, impulsando iniciativas que beneficien a quienes más lo necesitan, desde prácticas laborales justas hasta inversión en educación o salud.

c. **Gobernanza transparente y ética**
El Gran Torbellinazgo aporta dinamismo y velocidad para transformar estructuras de gobernanza, mientras el liderazgo humanista añade la dimensión ética y de escucha activa. Esto significa tomar decisiones con rapidez, pero sin perder de vista la inclusión, la diversidad y el bienestar colectivo.

d. **Modelos de negocio circulares e innovadores**
La mentalidad disruptiva impulsa la adopción de modelos de economía circular que no solo minimizan el desperdicio, sino que crean nuevas oportunidades de negocio. El líder humanista transforma esta ambición en una cultura organizacional,

motivando a cada persona a ser parte activa del cambio.
e. **Tecnología al servicio del bienestar**
Los líderes disruptivos saben aprovechar la tecnología para impulsar la innovación, mientras que el liderazgo humanista asegura que estas herramientas beneficien a las personas. Esto significa priorizar tecnologías limpias y soluciones que no solo generen beneficios económicos, sino que también mejoren la calidad de vida de empleados, clientes y comunidades.
f. **Cadenas de suministro éticas**
La combinación del enfoque audaz del Gran Torbellinazgo y la ética humanista permite transformar las cadenas de suministro de manera rápida y significativa, asegurando que sean responsables social y ambientalmente. La velocidad para implementar cambios debe equilibrarse con el respeto por los derechos humanos y el impacto en las comunidades locales.
g. **Cultura organizacional basada en el bienestar y la innovación**
El liderazgo humanista en combinación con el estilo disruptivo crea un entorno donde la innovación fluye, pero siempre al servicio del bienestar colectivo. La comunicación abierta, la empatía y la sensibilidad se entrelazan con la velocidad y la transformación, permitiendo que el cambio sea tanto ágil como humano.

Conclusión

Esta nueva galaxia organizacional nos puede abrir hacia un futuro de sostenibilidad transformadora, pues el liderazgo del futuro, al sumar lo mejor del Liderazgo Torbellino y el humanismo, ofrece un modelo donde el cambio disruptivo se integra con un compromiso auténtico con el bienestar de las personas. La clave radica en ser audaces, innovadores y visionarios, sin perder de vista el propósito, la ética y la humanidad que deben guiar toda transformación organizacional. Es un llamado a generar un impacto positivo, real y consciente que perdure y beneficie a todos los niveles de la organización y a la sociedad en su conjunto.

5.3 Mixtura entre el Liderazgo Torbellino y el Liderazgo humanizador del futuro

El liderazgo del futuro debe integrar lo mejor del Torbellinazgo con un compromiso profundo con el bienestar humano y la sostenibilidad social. Este equilibrio no es fácil de alcanzar, pero es necesario para crear organizaciones que no solo sobrevivan, sino que prosperen y contribuyan al bien común.

No hay duda de que el enfoque disruptivo del Liderazgo Torbellino y su capacidad de transformar organizaciones está redefinido la manera en que concebimos el liderazgo en el siglo XXI. Pero a medida que avanzamos es esencial preguntarnos: ¿Deseamos optar por el Liderazgo Torbellino al 100%? ¿Es este el camino que queremos seguir para mover a nuestras organizaciones? ¿Deseamos apoyar este nuevo liderazgo político-social al 100%? ¿Qué lecciones podemos aprender de este fenómeno, y como puede evolucionar para ayudarnos a enfrentar los desafíos del futuro sin sacrificar el bienestar humano y social?

Este nuevo liderazgo ha revelado tanto el poder como los peligros del liderazgo disruptivo. Sin embargo, no todo está perdido para quienes buscan liderar con fuerza sin sacrificar la humanidad. En este segmento, exploraremos como los líderes pueden combinar lo mejor del Torbellinazgo, su capacidad de movilizar, transformar y generar resultados, con un enfoque profundamente humano que priorice el bienestar, la inclusión y la sostenibilidad. Es un llamado a encontrar un camino intermedio, donde la innovación no aplaste, sino que inspire.

El Gran Torbellinazgo necesita un contrapunto que equilibre su energía disruptiva e integre elementos del liderazgo humano y empático, lo que no solo es posible, sino necesario. Aquí hay algunas estrategias clave para esto.

a. **Inspirar y movilizar a grandes grupos**
   - A través de su visión y carisma, los líderes torbellino capturan la atención y generan un movimiento hacia el cambio. Las organizaciones necesitan líderes que puedan crear un propósito compartido y movilizar a los equipos hacia metas ambiciosas y no se reduzcan a elites de poder y control.
b. **Practicar la escucha activa y la empatía**
   - La empatía es el antídoto contra la polarización y el agotamiento. Los líderes que escuchan a sus equipos, comprenden sus preocupaciones y muestran un interés genuino por su bienestar son más propensos a generar confianza y lealtad.
   - La escucha activa implica no solo prestar atención, sino también actuar en función de lo que se escucha. Los líderes que integran la retroalimentación en sus decisiones fortalecen la conexión con sus equipos.
   - Un empleado de una startup tecnológica contó como un cambio en la actitud de su líder, que pasó de imponer a escuchar, transformó la dinámica del equipo: "Nos sentimos valorados, y eso aumentó nuestra motivación y nuestra creatividad".
c. **Equilibrar la velocidad y productividad con la sostenibilidad**
   - Cuide de fomentar una cultura centrada en los resultados, evitando la obsesión de los Líderes Torbellinos por el logro de metas, que puede ser positiva si se gestiona de manera equilibrada. Cuando se enfoca en el éxito colectivo y no solo en el individual, puede convertirse en un motor de progreso.
   - Los líderes torbellino suelen operar bajo la premisa de "movimiento constante". Si bien la rapidez puede ser una ventaja competitiva, debe equilibrarse con prácticas sostenibles que eviten el desgaste.
   - Introducir pausas reflexivas, momentos para celebrar los logros y oportunidades para evaluar las estrategias permite mantener el impulso sin agotar al equipo.
   - También existe una "productividad" en objetivos basados en el impacto social, integrando metas que

vayan más allá de lo económico y que generen un cambio positivo en la sociedad.

d. Animar el pensamiento desafiante, crítico y autonómico
- Desafiar el status quo en un entorno donde la complacencia puede ser letal, es un signo de los líderes que se atreven a desafiar normas establecidas, por ello son esenciales para mantener a las organizaciones ágiles y competitivas.
- El Gran Torbellinazgo tiende a centralizar el poder y la toma de decisiones. El liderazgo humano promueve la descentralización, empoderando a los empleados para que tomen decisiones, aporten ideas y generen planes estratégicos.
- La colaboración no significa la ausencia de liderazgo fuerte, sino un liderazgo que crea un entorno donde todos se sienten dueños del proceso.
- La creación de espacios de reflexión y debate, abren entornos donde los equipos pueden expresar sus ideas, preocupaciones y propuestas sin miedo a represalias.
- Es fundamental animar la auto crítica y el convencimiento personal de que esta organización "no es su organización", que este grupo de colaboradores "no es su equipo", que usted no resuelve todo y que es simplemente el director de una gran orquesta, que sin sus virtuosos colaboradores no puede hacer nada. Entienda que su ego debe achicarse para que en su mente y corazón pueda haber espacio para el propósito organizacional y el afecto hacia la gente.

e. Reconocer y valorar el esfuerzo
- El reconocimiento genuino puede transformar la cultura de una organización. No basta con exigir; los líderes deben agradecer, celebrar los logros y apoyar en los fracasos.
- Cuando el reconocimiento es parte integral de la cultura, los empleados se sienten motivados para dar lo mejor de sí mismos.
- Los Programas de bienestar y desarrollo personal, implementan iniciativas que cuidan la salud mental y

física de los empleados, fomentando el equilibrio y el crecimiento.

Casos de éxito en la integración de estilos

Algunos líderes han logrado combinar los elementos disruptivos del Torbellinazgo con un enfoque más humano. Estos ejemplos pueden servir de inspiración para quienes buscan liderar con equilibrio:

- **Reed Hastings (Netflix)**
  Hastings promovió una cultura de alto rendimiento, pero también implementó políticas de flexibilidad y responsabilidad que permiten a los empleados gestionar su tiempo y prioridades.

- **Satya Nadella (Microsoft)**
  Su enfoque en la empatía, la inclusión y el aprendizaje ha revitalizado Microsoft, manteniendo la innovación sin sacrificar la cultura de respeto y colaboración.

- **Sara Blakely (Spanx)**
  Ha demostrado que es posible innovar y liderar con corazón, fomentando un entorno donde cada empleado siente que su voz cuenta.

6. Aplicación del "Memento Mori" al Gran Torbellinazgo

Memento mori es un dictum latino (una declaración breve con un gran peso educativo) que significa literalmente "recuerda que morirás". Su origen se remonta al mundo romano, donde era común que, durante los triunfos militares, un esclavo acompañara al general victorioso mientras desfilaba por la ciudad y le susurrara al oído "memento mori", recordándole su mortalidad, la impermanencia de la gloria terrenal y que no fuese soberbio, pues la condición mortal es infranqueable. Este acto pretendía mantener al general humilde y consciente de su humanidad limitada y pobre, a pesar de su aparente poder y gloria.

En la Edad Media y el Renacimiento, el "memento mori" se convirtió en un tema recurrente en el arte, la literatura y la filosofía cristiana. Se utilizaba para recordar la fugacidad de la vida y la inevitabilidad de la muerte y que la vida en la tierra es transitoria y que debían vivir de manera virtuosa, preparándose para el juicio final y la eternidad.

Este mensaje era comúnmente representado en pinturas, esculturas, relojes y otros objetos que mostraban calaveras, esqueletos, relojes de arena o escenas de muerte, todo con la intención de enfatizar la inevitabilidad de la muerte y la importancia de reflexionar sobre ella.

El "memento mori" ha perdurado como un recordatorio filosófico y existencial hasta el presente, invitando a las personas a ser conscientes de la brevedad de la vida y a actuar con propósito, humildad y sentido de trascendencia.

En este contexto, donde líderes carismáticos y disruptivos pueden alcanzar un poder desbordado, movilizando masas y siendo valorados como los "salvadores" que vendrán a redefinir el status quo con su magnetismo y capacidad de influencia, el concepto del "memento mori" actúa como un poderoso recordatorio de humildad y responsabilidad. "Recuerda que morirás" es más que una advertencia filosófica sobre la mortalidad; es una exhortación para que los líderes no caigan en el exceso de su propio poder ni se embriaguen con la adulación que reciben.

6.1 Memento Mori como contención del poder del Liderazgo Torbellino

"Memento Mori", actúa como un poderoso recordatorio de la mortalidad y la finitud, incluso para el más dinámico de los líderes, recordándole al líder disruptivo que su poder y su influencia son transitorios.

En el contexto del Liderazgo Torbellino, donde la energía, la pasión y la capacidad de transformar a menudo pueden generar desbordes de ego y exceso de confianza, "Memento Mori" sirve como un orientador y una contención necesaria.

Al recordar la inevitabilidad de la muerte y la fragilidad de la existencia, este principio obliga al líder a reflexionar sobre su impacto, sus decisiones y el verdadero legado que desea dejar. Le ayuda a mantener los pies en la tierra, recordándole que, más allá de sus logros y su capacidad para transformar, es un ser humano sujeto a los límites del tiempo. De esta manera, el "Memento Mori" no solo contiene el poder del liderazgo, sino que lo dirige hacia un propósito más consciente.

Este principio fomenta la humildad y la autoconciencia, elementos esenciales de la inteligencia emocional, que ayudan a contener el impulso de concentrar poder de manera excesiva o de dejarse llevar por un ego desmedido.

Al desarrollar una mayor conciencia de sus emociones, limitaciones y del impacto de sus decisiones, el líder torbellino puede canalizar su pasión y energía hacia un liderazgo transformador, pero equilibrado, que priorice el bienestar colectivo sobre la ambición personal, y promueva un entorno de empatía y respeto dentro de su organización.

El Gran Torbellinazgo, al ser un fenómeno que puede amplificar la imagen de sí mismo y el protagonismo de un líder, necesita un contrapeso. El "memento mori" recuerda a los líderes que, pese a sus éxitos y a la lealtad de sus seguidores, son tan humanos y mortales como cualquier otra persona.

Frente al hecho de ser un "trending topic social" y tener un desborde de fama y menciones en un breve tiempo y ser tendencia popular y noticia para muchos, este recordatorio les ayuda a mantener los pies en la tierra, evitando que la soberbia, el exceso de poder y el populismo extremo los lleven a decisiones imprudentes que puedan fragmentar o dañar a la comunidad u organización que lideran.

6.2 Lecciones del "Memento Mori" para el Gran Torbellinazgo

El "memento mori" es un recordatorio para los líderes torbellino de que el poder y la lealtad son transitorios, motivándolos a ejercer su influencia con humildad, en beneficio del propósito comunitario.

Esta conciencia de su mortalidad y presencia transitoria, les ayuda a evitar la soberbia y actuar con moderación, tomando decisiones éticas y sostenibles que prioricen el bienestar organizacional y social. Al enfocarse en la trascendencia de su legado, en lugar de la adoración de su figura, estos líderes pueden construir una cultura más inclusiva y un impacto duradero que beneficie a generaciones futuras, para lo anterior deben al menos cumplir con las siguientes cuatro condiciones.

- **Humildad, responsabilidad y transitoriedad**
    Para un líder que se ve rodeado de lealtad y admiración, el "memento mori" es un llamado a recordar que el poder es efímero y los seguidores, transitorios. La influencia de un líder puede ser poderosa, pero debe ser ejercida con humildad y en beneficio del propósito colectivo, pues si olvida su "mortalidad" (marca personal) y se coloca por encima de la misión organizacional, puede desviar el foco hacia su propio ego, debilitando la organización. Los líderes del Gran Torbellinazgo pueden incorporar la filosofía del "memento mori" en su narrativa, recordando a su equipo y a sus seguidores que el liderazgo no es eterno ni absoluto. Esto puede crear una cultura organizacional más inclusiva y menos centrada en el líder como figura de poder.
- **Evitar la soberbia y la desmesura**
    El Gran Torbellinazgo puede llevar a la tentación de la soberbia, donde el líder se siente invencible o infalible debido al poder que ejerce sobre los demás. Recordar su condición mortal le invita a actuar con moderación, evitando decisiones desmesuradas que pueden poner en riesgo a la organización o la sociedad.
- **Liderazgo transcendental**

El "memento mori" puede inspirar a los líderes a dejar un legado que trascienda su tiempo y su figura personal. En lugar de buscar solo la fama y la lealtad inmediata, el líder torbellino que recuerda su mortalidad puede enfocarse en construir una visión duradera que beneficie a las generaciones futuras, dejando un impacto positivo. El "memento mori" insta al líder a manejar su marca personal con cuidado, evitando que su protagonismo eclipse la misión colectiva. Cuando el foco está en la trascendencia de la organización, y no solo en la figura del líder, el impacto es más profundo y duradero.

- **Tomar decisiones éticas y sostenibles**
  Recordar su mortalidad puede motivar a los líderes a tomar decisiones con un enfoque ético y responsable, pensando en el impacto a largo plazo y en el bienestar colectivo, en lugar de buscar logros de corto plazo para su propia glorificación.

7. ¿Tiene futuro el Gran Torbellinazgo y su Liderazgo Torbellino?

Es una pregunta compleja y una respuesta comprometedora, pues lo que se pueda responder, se podría relacionar como una forma de apoyo o rechazo a políticos o empresarios que encarnan un determinado liderazgo (o que lo podrían encarnar). Pese a este riesgo, responderé a partir de un poderoso hecho en la historia de la humanidad.

7.1 El ser humano, creador de infiernos y paraísos

El descubrimiento del átomo marcó uno de los hitos más trascendentales en la historia de la humanidad.

En 1897, Joseph John Thomson, identificó el electrón, abriendo la puerta al entendimiento de la estructura interna de los átomos. Décadas más tarde, en 1911, Ernest Rutherford descubrió el núcleo atómico, y en 1932, James Chadwick identificó el neutrón.

En los laboratorios, los científicos descifraron los secretos más íntimos de la materia, revelando un mundo de partículas subatómicas que bailaban con precisión invisible, tejiendo la realidad que conocemos. La comprensión del átomo permitió avances inimaginables en la medicina, brindando tratamientos para enfermedades que antes se consideraban incurables, como el cáncer, y revolucionó la generación de energía mediante la fisión y la fusión nuclear, prometiendo fuentes de energía casi ilimitadas y limpias.

Sin embargo, esta misma puerta abierta al poder del átomo también expuso su lado más oscuro. Durante la Segunda Guerra Mundial, el Proyecto Manhattan, liderado por Robert Oppenheimer, congregó a un equipo de científicos para desarrollar la primera bomba atómica. En 1945, en el desierto de Nuevo México, la primera detonación nuclear, conocida como la prueba "Trinity", estremeció el suelo, marcando no solo un triunfo científico; también dejó claro que la humanidad se había adueñado de un poder capaz de provocar su propia aniquilación, expresión del potencial destructivo del ser humano.

Cuando Robert Oppenheimer, el "padre de la bomba atómica", presenciaba esta primera detonación, una antiquísima escritura hindú pasó por su mente y dijo: "Me he convertido en la muerte, el destructor de mundos", era un texto sagrado hindú del Bhagavad-Gita. Más tarde diría: "Sabíamos que el mundo no sería el mismo… Algunas personas se rieron, algunas lloraron, la mayoría guardó silencio".

Oppenheimer, aparentemente, nunca pudo vivir en paz, empezaba a crear su propio infierno: "En una especie de sentido crudo que ninguna vulgaridad, ningún humor, ninguna exageración puede extinguir por completo. Los físicos han conocido el pecado; y este es un conocimiento que no pueden perder", expresó dos años después de la explosión de Trinity.

No todo terminó allí, el 6 y el 9 de agosto de 1945, las bombas lanzadas sobre Hiroshima y Nagasaki, devastaron estas ciudades, causando la muerte de más de 200.000 personas y dejando una profunda cicatriz en la historia.

Este momento histórico dejó claro que la humanidad ejerció libremente su poder (ya no potencial) capaz de provocar su propia aniquilación.

Era la paradoja del conocimiento atómico que se hizo evidente: un mismo descubrimiento que ilumina y salva, puede, en otras manos o bajo otras circunstancias, sembrar muerte, desolación y una destrucción masiva.

Desde entonces, la humanidad camina sobre una cuerda floja, entre la promesa de un futuro impulsado por la energía nuclear, sus enormes beneficios y el temor constante que puede traer su mal uso.

El uso del átomo puede causar daños en forma involuntarias, incluso por causas de accidentes y desastres naturales, como por ejemplo en algunos de los accidentes nucleares más significativos, que no fueron causados por "decisiones de matar", sino son producto de fallas:

   a. **Chernóbil (1986)**
      En Ucrania, una explosión en el reactor 4 durante una prueba de seguridad liberó grandes cantidades de radiación, causando una catástrofe ambiental y sanitaria que forzó la evacuación de miles y dejó efectos duraderos en la región y la salud humana.
   b. **Three Mile Island (1979)**
      Ocurrió en Pensilvania, EE.UU., cuando el reactor 2 sufrió una fusión parcial debido a fallos técnicos y errores humanos. Aunque no hubo víctimas directas, el incidente generó preocupación pública sobre la seguridad nuclear.
   c. **Fukushima Daiichi (2011)**
      Tras un terremoto y tsunami en Japón, la planta sufrió múltiples fallos de refrigeración, lo que llevó a fusiones de reactores y la liberación de radiación. Provocó la evacuación masiva de la zona y un extenso impacto económico y social.

d. **Mayak (Kyshtym) (1957)**
En la entonces URSS (hoy Rusia), una explosión en una planta de reprocesamiento de plutonio liberó altos niveles de radiación, causando evacuaciones y contaminando vastas áreas, aunque fue mantenido en secreto por muchos años.

e. **Windscale Fire (1957)**
En el Reino Unido, un reactor nuclear se incendió, liberando radiación al ambiente. Aunque fue menos grave que otros, marcó un hito en la historia de la seguridad nuclear.

Estos accidentes destacan la complejidad y los riesgos asociados con la energía nuclear, subrayando la necesidad de medidas de seguridad rigurosas y una gestión responsable. Todos, si, todos estos accidentes fueron involuntarios, nadie los produjo, nadie los deseaba, pero allí están, existieron... saque usted la moraleja en relación con el Liderazgo Torbellino y los riesgos de su utilización.

La lección del átomo es clara: el poder en sí mismo no es ni bueno ni malo; depende de como se utilice. La capacidad de crear o destruir yace en las manos de quienes poseen el conocimiento, y la responsabilidad que conlleva es inmensa.

En ese sentido, figuras como Albert Einstein, cuyo trabajo teórico sentó las bases de la física moderna, también advirtieron sobre los peligros de este poder, recordándonos que cada avance trae consigo tanto la promesa de vida como la amenaza de destrucción. La elección entre ambas recae, en última instancia, en la voluntad colectiva de quienes manejan el poder.

7.2 ¿El Liderazgo Torbellino, creador de infiernos o paraísos?

Entendido como un liderazgo disruptivo, transformador y altamente movilizador, guarda una relación simbólica con el poder del átomo y su historia de descubrimientos y aplicaciones.

Así como el descubrimiento del átomo desató un poder con el potencial de generar tanto avances revolucionarios como destrucción masiva, el liderazgo torbellino tiene el potencial de transformar entornos, movilizar a grandes grupos y cambiar estructuras de manera urgente y radical, pero también conlleva el riesgo de desestabilizar, polarizar o incluso causar daños irreparables si no se maneja de manera responsable.

Este liderazgo comparte una dualidad: su energía y pasión pueden ser fuerzas de creación, capaces de impulsar cambios positivos, romper barreras y ofrecer soluciones innovadoras en momentos de crisis. No obstante, cuando no se tiene en cuenta el impacto de sus acciones, puede generar caos, excesos de control o consolidar un culto al ego que termina distorsionando sus objetivos iniciales. Tal como el poder atómico exige una cuidadosa gestión para evitar que sus efectos destructivos se materialicen, el liderazgo torbellino necesita límites éticos, humildad y conciencia para asegurar que su impacto sea constructivo y sostenible.

8. Liderar considerando y auto reconociendo la ambivalencia humana

Hay una cruel, real e interminable batalla en la persona humana, esa tensión que existe entre las buenas intenciones y las acciones reales y resultados concretos.

La afirmación de San Pablo en su carta a los Romanos, "No hago el bien que quiero y hago el mal que no quiero" (Romanos 7:19), refleja la lucha humana interna entre el deseo de actuar correctamente, la tentación o la incapacidad de hacerlo y la contradicción entre sus intenciones y acciones.

La ambivalencia humana, descrita por San Pablo, es un conflicto que puede vincularse profundamente con el Gran Torbellinazgo y su potencial para crear tanto bien como caos. Llevada al contexto del Liderazgo Torbellino, se manifiesta cuando líderes apasionados y disruptivos, que buscan transformar y movilizar, enfrentan el riesgo de que su energía los lleve a causar daño involuntario o desorden. Pueden ser agentes de transformación positiva o, sin darse cuenta, propagar el caos o el daño que intentan evitar.

La tensión de "hacer el mal que no quieren" se relaciona con los riesgos inherentes del liderazgo disruptivo: la intención de transformar, movilizar y romper estructuras establecidas puede, si no se controla o no se acompaña de humildad y conciencia, derivar en efectos negativos que el líder no pretendía causar y convertirse en un vehículo de caos, en lugar de un cambio positivo y transformador.

La pasión y el poder, sin una brújula ética clara, pueden cegar a estos líderes y llevarles a generar conflictos y una dependencia extrema hacia su figura. Este vínculo nos recuerda que el poder debe ser gestionado con una constante revisión de las propias motivaciones y efectos, buscando siempre que el bien deseado supere el riesgo de causar daño. En ambos casos, la conciencia y la humildad actúan como guías para convertir el potencial disruptivo en una fuerza de auténtica transformación y construcción del bienestar comunitario.

Conclusión

La relación entre el Gran Torbellinazgo y el poder del átomo radica en la necesidad de gestionar un gran poder con responsabilidad y visión a largo plazo. Ambos requieren que los actores involucrados comprendan que el verdadero legado no reside solo en el poder mismo, sino en como se usa para construir algo más grande, promoviendo bienestar colectivo y evitando el peligro de la destrucción.

9. El Gran Torbellinazgo y su Liderazgo Torbellino (bajo condicionalidad)

El Gran Torbellinazgo y su Liderazgo Torbellino tienen, o deberían tener un futuro condicional por su urgencia de adaptarse a un equilibrio fundamental entre la disrupción y la sostenibilidad.

¿Qué entenderemos por una "condicionalidad organizacional"?

La condicionalidad organizacional se refiere a un conjunto de condiciones, reglas o requisitos que deben cumplirse dentro de una organización para lograr ciertos objetivos, acceder a beneficios o participar en programas específicos. Estas condiciones pueden aplicarse a empleados, equipos, procesos o proyectos, y son impuestas para asegurar que las acciones de la organización se alineen con su misión, visión y valores, o para mantener estándares de desempeño, cumplimiento o cultura.

En términos más amplios, podemos hablar de una "condicionalidad organizacional" para el Liderazgo Torbellino, que puede implicar la obligación de cumplir con ciertos criterios o estándares mínimos para operarlo en la organización, al igual como para recibir inversiones o financiación la banca define un conjunto de "condiciones" para otorgarlos. Su propósito es establecer pautas claras y garantizar que todos los actores cumplan con las expectativas y responsabilidades establecidas en el ejercicio de su liderazgo.

Este tipo de liderazgo, caracterizado por su impulso transformador y su capacidad de movilizar masas rápidamente, puede ser una fuerza poderosa para el cambio en entornos que requieren innovación y ruptura hacia estructuras obsoletas. No obstante, su efectividad y longevidad dependen de como se manejen sus riesgos inherentes y de los cuidado que usted debe establecer en su desempeño.

9.1 Decálogo de las condicionalidades del Liderazgo Torbellino en la organización

1. **Contención del ego y compromiso humano**
   El líder torbellino debe ejercer su influencia con humildad, manteniendo su ego bajo control. Esto implica enfocarse en el bien colectivo, no en la adoración de su persona o su legado personal, y recordar que el poder de liderazgo debe estar al servicio del equipo y de la organización.

2. **Anclaje en la ética y el bienestar social**
   El liderazgo torbellino debe actuar con un compromiso ético firme, integrando valores de respeto mutuo, bienestar social y cohesión organizacional. Las decisiones deben orientarse a generar un impacto positivo y duradero que beneficie tanto a la empresa como a la comunidad en la que opera.
3. **Construcción de puentes y cohesión social**
   No basta con liderar cambios abruptos; es crucial que los líderes torbellino fomenten el diálogo, la colaboración y la cohesión entre todos los niveles de la organización. El enfoque debe centrarse en unir, no dividir, y en construir relaciones sólidas que impulsen el cambio de manera sostenible. El mayor desafío para el Liderazgo Torbellino radica en evitar que su energía disruptiva se desborde hacia el caos, los extremos o el autoritarismo. El impacto a largo plazo de este tipo de liderazgo requiere contener el ego, fomentar la humildad y mantener un fuerte compromiso ético y humano. Un liderazgo torbellino que se limite únicamente a la transformación abrupta, sin preocuparse por construir puentes y asegurar la cohesión social, corre el riesgo de ser efímero y de generar consecuencias negativas duraderas.
4. **Liderazgo compartido y comunitario**
   El liderazgo torbellino debe integrar a las personas como agentes activos del cambio, promoviendo un liderazgo horizontal y compartido. Cada colaborador debe sentirse parte del proceso de transformación, no como un sujeto pasivo, sino como un líder y gestor de su ámbito organizacional.
   Para ser viable y sostenible, debe integrar a las personas como agentes activos del cambio, fomentando un liderazgo compartido y comunitario, y manteniendo un fuerte anclaje en valores de bienestar social, cohesión y respeto mutuo.
   Así, el Liderazgo Torbellino puede trascender sus riesgos de disrupción y convertirse en un catalizador de cambio positivo y duradero.

5. **Cambio sostenible, no caótico**
La disrupción debe estar acompañada de sostenibilidad. Los cambios rápidos deben ser planificados con la intención de mantener la estabilidad organizacional y evitar polarizaciones que generen extremos incontenibles. El enfoque debe ser movilizar sin sacrificar la continuidad y la estabilidad de la organización. Es crucial fomentar la creación de cambios rápidos que sean sostenibles, evitando la polarización y el caudillismo, que dividen y generan extremos opuestos, odiosos e incompatibles (y también incontenibles) que dificultan el diálogo, la colaboración y el consenso.

6. **Equilibrio entre velocidad y empatía**
El líder torbellino debe equilibrar su capacidad de transformar con empatía y sensibilidad hacia los impactos que generan sus decisiones. La inteligencia emocional y la capacidad de escuchar y adaptarse son esenciales para inspirar confianza, mantener el compromiso y asegurar que el cambio sea humano y transformacional.

7. **"Memento Mori" como límite de poder**
Los líderes torbellino deben recordar que su rol y su poder son transitorios. El "memento mori" les ayuda a mantener una perspectiva humilde y responsable, recordando que su legado no está centrado en su persona, sino la construcción de algo que trascienda a sí mismos y que sea mayor que ellos.

El "memento mori" es un orientador necesario para el Gran Torbellinazgo, pues a medida que los líderes movilizan masas y transforman entornos con su presencia, recordar su propia mortalidad los mantiene humildes, enfocados y responsables, les recuerda que su verdadero legado no debe ser la adoración de su persona y sus ideas, sino la construcción de algo más grande que ellos mismos.

En el liderazgo torbellino, el "memento mori" actúa como un límite y contención que permite que el poder inspire sin corromper ni avasallar.

8. **Proyección de un entorno comunitario y amable**
   El liderazgo debe centrarse en la creación de comunidades en lugar de jerarquías piramidales.

   Esto implica liderar con amabilidad, pero también con exigencia, inspirando a las personas hacia un propósito compartido, y asegurando que cada paso del camino honre y respete la humanidad de todos los involucrados.

9. **Gestión con Personas, no sobre ellas**
   El liderazgo torbellino debe transformar la manera en que se gestiona, ya no se trata de "mandar", "dirigir" o "controlar", ni siquiera de gestionar "A" personas como objetos de acción, sino es necesario el cambio global que te llama a dar el salto mayor: de gestionar "CON" personas.

   Esto significa trabajar de manera colaborativa, donde cada individuo se sienta valorado y sea un líder de su propio espacio dentro de la organización.

10. **Inspirar y construir, no imponer**
    El poder del liderazgo torbellino no debe ser autoritario ni impositivo.

    El verdadero poder radica en inspirar a las personas, movilizarlas hacia un propósito compartido y construir un entorno en el que todos puedan prosperar, honrando la humanidad y la dignidad de cada miembro de la organización.

    El liderazgo más poderoso no es el que se impone, sino el que inspira, el que moviliza a las personas hacia un propósito compartido, cuidando de ellas y construyendo un entorno en el que todos puedan prosperar.

    El verdadero reto no es solo cambiar el mundo, sino hacerlo de manera que honre la humanidad en cada paso del camino.

Conclusión

Elija una pregunta: ¿Qué nos "traerá" el futuro? O ¿En qué futuro organizacional deseamos gestionar?

La primera es signo de pasividad, la segunda es proactividad prospectiva. La prospectiva es el análisis y la proyección de futuros posibles para anticipar y preparar acciones estratégicas que permitan afrontar cambios, identificar oportunidades y mitigar riesgos en escenarios complejos, asegurando así la adaptabilidad y sostenibilidad de las organizaciones o sociedades en el tiempo. Allí estamos, ese es el estado post nueva galaxia organizacional.

El liderazgo del futuro, si quiere crear ese futuro HOY, sabrá integrar lo mejor del Gran Torbellinazgo, y su Liderazgo Torbellino y su capacidad de inspirar, movilizar y transformar con un compromiso profundo con el bienestar humano y la sostenibilidad social. Alcanzar este equilibrio significa evolucionar hacia un enfoque que no solo inspire y movilice, sino que también construya de manera responsable, para crear organizaciones que no solo sobrevivan, sino que prosperen en sus propósitos organizacionales y contribuyan al bien común.

El surgimiento de líderes disruptivos, populistas y autoritarios refleja las expectativas, frustraciones y deseos de cambio que surgen cuando el liderazgo tradicional no satisface las necesidades de la sociedad. Estos nuevos líderes, al integrar emocionalmente las demandas de las masas, muestran tanto el potencial como el riesgo de liderar en tiempos de crisis. Encontrar un camino que canalice este poder de manera constructiva, sin sacrificar la estabilidad ni la ética, es uno de los grandes retos del liderazgo moderno.

El Gran Torbellinazgo nos deja una lección crucial: el liderazgo no debe centrarse únicamente en ganar o transformar, sino en hacerlo de una manera que construya y no destruya. Los líderes de hoy tienen el legado de un nuevo tipo de liderazgo orientado al futuro, basado en comunidades en lugar de unos individuos dominando a otros.

Este cambio hacia un liderazgo más comunitario y compartido, muestra el centro de los nuevos liderazgos, que por cierto no son piramidales, sino comunitarios, horizontales, amables (a la vez que exigentes) y compartidos… implica que cada individuo es un líder y gerente del lugar y del segmento organizacional que debe gestionar. Así podrás lograr equilibrar la disrupción con el cuidado humano y la proyección organizacional, manteniendo el impulso del cambio, pero sin perder el contacto con las personas que hacen posible ese cambio.

Capitulo 5

Historias del Gran Torbellinazgo en la organización

Winston H. Elphick D.

Presentación Capítulo 5

Este segmento reúne una rica colección de experiencias y lecciones extraídas de siete reseñas breves y ocho historias noveladas de destacados ejecutivos y empresarios. Cada relato ilustra cómo el liderazgo disruptivo y carismático, característico del Gran Torbellinazgo, ha transformado profundamente sus organizaciones, impulsando el cambio, generando oportunidades y enfrentando desafíos significativos.

Las historias no solo destacan los éxitos, sino que también ofrecen una mirada crítica a las sombras y contradicciones que acompañan a este estilo de liderazgo. En ellas se exploran temas clave como:

- **Impacto transformador:** cómo las estrategias torbellino han reconfigurado estructuras organizacionales y abierto nuevas posibilidades.
- **Lecciones aprendidas:** los aprendizajes clave extraídos tanto de los logros como de los errores.
- **La dualidad del liderazgo:** el equilibrio entre la inspiración carismática y las tensiones que surgen en entornos de alta agitación y velocidad.

A través de estas narrativas, se pone en perspectiva la complejidad de liderar bajo los principios del Gran Torbellinazgo, invitando al lector a reflexionar sobre las oportunidades y los riesgos que este enfoque representa. Este segmento busca ofrecer no solo inspiración, sino también herramientas críticas para comprender las realidades de liderar en tiempos de cambio y transformación acelerada.

Siete reseñas de ejecutivos y empresarios a propósito del Gran Torbellinazgo en la organización

Estas reseñas breves de líderes empresariales mencionados encajan dentro del perfil del Gran Torbellinazgo por su enfoque disruptivo, carismático y su capacidad para transformar "torbellinamente", sectores completos de sus diversas industrias.

Estos líderes empresariales comparten la capacidad de romper paradigmas, generar lealtad y, en algunos casos, polarizar opiniones a través de su enfoque disruptivo y su voluntad de desafiar el orden establecido. Algunos han sido reconocidos por tener un estilo de gestión que no siempre ha sido amable con el respeto y promoción de su personal, lo que ha generado críticas, a menudo relacionadas con prácticas laborales cuestionables o entornos de trabajo tóxicos.

Este conjunto de reseñas analiza cómo algunos de los líderes empresariales más influyentes han navegado el Gran Torbellinazgo, enfrentando los desafíos de la disrupción y el liderazgo en entornos altamente competitivos.

1. **Steve Jobs (Apple): imantador y genio, pero...**
   Un genio visionario que transformó la tecnología, pero cuyo estilo de liderazgo polarizador dejó un legado tanto de innovación como de tensiones humanas.
2. **Hubert Joly (CEO de Best Buy): de la crisis a la cohesión**
   Joly lideró una transformación organizacional exitosa, basada en un enfoque centrado en las personas y la renovación cultural, salvando a Best Buy de su declive.
3. **Richard Branson (Virgin Group): liderazgo controversial**
   Un líder carismático que desafía las normas con su estilo poco convencional, pero cuyas decisiones a menudo dividen opiniones entre innovación y exceso.

4. **Indra Nooyi (CEO de PepsiCo): desempeño con propósito**
   Su estrategia "Performance with Purpose" demostró cómo combinar rentabilidad con sostenibilidad, impulsando una transformación en la cultura empresarial.
5. **Marc Benioff (Salesforce): ¿político o empresario?**
   Un líder que difumina las líneas entre los negocios y el activismo social, utilizando Salesforce como plataforma para promover el cambio social.
6. **Paul Polman (CEO de Unilever): rentabilidad y propósito social unidos**
   Polman lideró Unilever demostrando que el crecimiento económico puede alinearse con la sostenibilidad y el impacto social, redefiniendo el éxito empresarial.
7. **Peter Thiel (PayPal, Palantir): en busca del control total**
   Un estratega que combina innovación tecnológica con un enfoque casi obsesivo por la influencia y el poder, mostrando el lado más ambicioso del Gran Torbellinazgo.

Estas reseñas destacan los contrastes entre la innovación, la rentabilidad y las implicaciones humanas en el liderazgo moderno, ofreciendo lecciones clave sobre el equilibrio necesario en un entorno organizacional disruptivo. Vamos a conocerlos, son todos fascinantes y grandiosos (y algunos algo peligrosos).

1. Steve Jobs (Apple): imantador y genio, pero...

Steve Jobs tiene muchos seguidores que lo aman, pues nos entregó una tecnología única, maravillosa, imparable, imitada, pero nunca igualada. A lo largo de su carrera, Jobs redefinió industrias enteras con su visión, carisma y enfoque centrado en la innovación disruptiva, desde la informática personal hasta la música, cine y los dispositivos móviles.

Era conocido por ser perfeccionista, con altos estándares y una comunicación directa que a menudo resultaba en críticas duras, implacables y agresivas o incluso cruel con sus empleados, no dudando en criticar o rechazar públicamente ideas, proyectos e incluso a personas si no cumplían con sus expectativas. Buscaba moldear su equipo en torno a sus estándares de excelencia, lo que resultó en productos revolucionarios como el iPhone, la Mac y el iPod.

Su enfoque de liderazgo imponía su visión clara y enfocada en su empresa y sus productos y se centraba en tener un fuerte control absoluto desde el diseño del producto hasta el marketing y la experiencia del usuario. Su autoridad sobre estas decisiones y su enfoque en mantener el control directo sobre los detalles críticos le valieron críticas por ser un "micromanagement", apegado a los detalles.

Era un CEO increíble y capaz, pero... tuvo un estilo de liderazgo autoritario y una exigencia implacable hacia sus equipos. Empujaba los límites a través de tácticas duras, confrontaciones directas y decisiones implacables. Aunque para algunos esto resultó motivador y desafiante, para otros fue una fuente de estrés, dictadura, desgaste, tensiones internas y un ambiente de alta presión.

En resumen, su enfoque le permitió revolucionar la industria tecnológica con productos geniales y amables, pero también su liderazgo lo volvió controversial: claramente autoritario, justificado por un profundo compromiso con la innovación y la excelencia. Para muchos, esta mezcla lo convirtió en un líder altamente influyente y visionario que desafiaba a las personas a alcanzar su máximo potencial, mientras que otros lo vieron como una fuente de Gran Torbellinazgo y dictador.

2. Hubert Joly (CEO de Best Buy)

Es reconocido por liderar una de las transformaciones empresariales más notables, al rescatar a Best Buy de una situación crítica y convertirla en un referente del sector minorista. Al asumir el liderazgo en 2012, Joly apostó por un enfoque centrado en las personas, colocando a los empleados y clientes en el centro de su estrategia. Implementó el plan "Renew Blue", "Renovar el Azul" en referencia a renovar y revitalizar la marca, cuyo color característico es el azul. Este priorizaba mejorar la experiencia del cliente, fortalecer la cultura interna y revitalizar las operaciones de la empresa, transformar su presencia digital y renovar la cultura interna. Joly puso énfasis en el servicio personalizado, la integración omnicanal, la inversión en empleados, alianzas estratégicas con grandes marcas y la optimización de costos. Esta estrategia permitió a la empresa recuperarse y destacarse en el competitivo sector minorista, demostrando el poder de un enfoque centrado en personas y experiencias.

A diferencia de muchos líderes que recurren a recortes masivos, Joly invirtió en la capacitación y el bienestar de los empleados, lo que generó una mayor motivación y compromiso, apostando por el bienestar, la formación y el empoderamiento de los trabajadores, generando una cultura de motivación y compromiso.

Bajo su dirección, Best Buy se adaptó con éxito a los desafíos del comercio electrónico y de la competencia, demostrando que una cultura de empatía y colaboración puede impulsar la innovación y el crecimiento financiero.

3. Richard Branson (Virgin Group), liderazgo controversial

Fundador del Virgin Group, ha liderado múltiples empresas en sectores tan diversos como la música, los viajes y el turismo espacial, desafiando constantemente el status quo.

Ha sido criticado principalmente por su enfoque carismático y aventurero y su estilo de liderazgo informal, que algunos consideran demasiado arriesgado o poco convencional, lo que ha llevado a cuestionamientos sobre la sostenibilidad y la ejecución de algunos de sus proyectos. Aunque su ha sido clave para construir la marca Virgin, ha habido señalamientos por iniciativas fallidas o demasiado ambiciosas que han resultado en pérdidas financieras.

Además, Branson ha sido criticado por su manejo de ciertas

controversias laborales en sus empresas, como en temas de seguridad aérea y condiciones de trabajo, lo que a veces se percibe como una desconexión entre su imagen pública y la realidad corporativa.

3. Indra Nooyi (CEO de PepsiCo) y su desempeño con propósito

Es reconocida por su liderazgo visionario y transformador, que combinó el crecimiento empresarial con un compromiso con la sostenibilidad y el bienestar de los consumidores. Durante sus 12 años al frente de PepsiCo, Nooyi implementó la estrategia "Performance with Purpose" ("Desempeño con Propósito"), enfocada en mejorar la nutrición de los productos, reducir el impacto ambiental y empoderar a las comunidades y empleados. Bajo su dirección, PepsiCo diversificó su portafolio, invirtiendo en opciones más saludables y sostenibles, al tiempo que mantuvo un sólido crecimiento financiero.

Nooyi promovió una cultura de inclusión y diversidad dentro de la empresa, defendiendo el equilibrio entre la rentabilidad y el propósito social. Su liderazgo dejó un legado de innovación, responsabilidad social y compromiso con un impacto positivo para el futuro.

4. Marc Benioff (Salesforce): ¿político o empresario?

Benioff ha sido un promotor del liderazgo basado en valores disruptivos, combinando una estrategia de crecimiento ambiciosa con un fuerte énfasis en el impacto social y la innovación tecnológica.

CEO de Salesforce, ha sido criticado por su fuerte activismo político y social, lo que algunos consideran que puede desviar el enfoque de las prioridades centrales de la empresa.

Aunque su liderazgo ha impulsado la innovación y el crecimiento de Salesforce, hay quienes cuestionan si su énfasis en temas sociales y de justicia puede generar opiniones extremas y excluyentes entre empleados, accionistas y clientes. Además, a pesar de su compromiso con la filantropía y las causas sociales, también se le ha señalado por la cultura de alta presión y demandas intensas de desempeño en

Salesforce, lo que contrasta con su imagen de promotor de una cultura corporativa inclusiva y equilibrada.

5. Paul Polman (CEO de Unilever): Unidad entre rentabilidad y propósito social

Es ampliamente reconocido por su enfoque transformador durante su liderazgo en la compañía. Al asumir el cargo en 2009, Polman redefinió el papel de Unilever al demostrar que la rentabilidad y el propósito social podían ir de la mano. Su estrategia se centró en la sostenibilidad como motor de crecimiento, implementando el ambicioso Plan de Vida Sostenible de Unilever, que buscaba reducir el impacto ambiental y mejorar las condiciones laborales en toda su cadena de suministro, ofrecer productos más saludables, reducir el impacto ambiental y empoderar a las comunidades y empleados, impulsando así un crecimiento sostenible y responsable.

Polman rechazó las prácticas corporativas de corto plazo, como la publicación trimestral de resultados, para enfocarse en objetivos a largo plazo que beneficiaran tanto a la empresa como a la sociedad. Con su liderazgo, impulsó iniciativas de sostenibilidad, promovió una cultura organizacional inclusiva y mostró que el éxito empresarial puede ser compatible con el bienestar social y el respeto por el planeta.

6. Peter Thiel (PayPal, Palantir) en busca del control total

Thiel, conocido por su pensamiento contrario a las normas tradicionales de Silicon Valley, ha desafiado las convenciones con su enfoque estratégico y su énfasis en la innovación radical, tanto en la tecnología como en la inversión.

Peter Thiel, cofundador de PayPal y Palantir, ha sido criticado por su enfoque controvertido hacia la política y su influencia en la tecnología. Sus vínculos con figuras políticas polarizadoras y su activismo conservador han generado divisiones en la industria tecnológica y entre el público. Thiel también ha sido señalado por su defensa del uso intensivo de datos y la vigilancia masiva a través de Palantir, lo que ha suscitado preocupaciones sobre la privacidad y el uso ético de la tecnología. Su estilo de liderazgo y sus opiniones sobre el "monopolio como objetivo" en los negocios han sido considerados por algunos como contradictorios con los ideales de libre competencia y diversidad que promueve el ecosistema tecnológico.

Ocho historias noveladas a propósito del Gran Torbellinazgo en la organización

Estas historias exploran el impacto del Gran Torbellinazgo en diversas empresas y líderes, ilustrando cómo la disrupción, el liderazgo visionario y los costos humanos se entrelazan en el ámbito organizacional.

1. **Amazon: El paraíso empresarial, un infierno para sus empleados**
   Una mirada al éxito implacable de Amazon, donde la obsesión por la productividad y la innovación ha generado un entorno laboral intensamente demandante.
2. **El Torbellino Verde de Schultz: Una historia de transformación en Starbucks**
   Howard Schultz lidera una revolución empresarial basada en la empatía, el respeto por los empleados y la sostenibilidad, mostrando cómo combinar éxito financiero y propósito social.
3. **Reed Hastings: ¿El CEO o el malo de la película Netflix?**
   Una reflexión sobre el estilo de liderazgo en Netflix, donde la innovación y la libertad creativa chocan con un ambiente laboral de alto estrés.
4. **El Torbellino de Empatía de Nadella: Transformación en Microsoft**
   Satya Nadella guía a Microsoft hacia un renacimiento cultural, combinando innovación tecnológica con una gestión basada en la empatía y el aprendizaje continuo.
5. **Uber: La empresa innovadora, pero creadora de ambientes tóxicos**
   Un análisis de cómo la agresiva expansión de Uber revolucionó la movilidad, pero a costa de generar tensiones internas y prácticas cuestionables.
6. **Elon Musk y sus empresas sin tiempo para detenerse**
   Las empresas de Musk, impulsadas por una visión imparable y un estilo demandante, son ejemplo de innovación disruptiva con altos costos humanos.

7. **Alibaba y el demoniaco rito del "996" de Jack Ma**
   La cultura laboral "996" (trabajar de 9 a 9, seis días a la semana) promovida en Alibaba refleja los extremos de la productividad y sus impactos en los empleados.
8. **Sara Blakely: Controladora del Gran Torbellinazgo**
   Fundadora de Spanx, Blakely muestra cómo liderar con creatividad y humanidad en un entorno disruptivo, evitando los excesos de la cultura del torbellino.

Estas historias invitan a reflexionar sobre los costos y beneficios de la disrupción organizacional, ofreciendo ejemplos de grandeza y desafíos dentro del Gran Torbellinazgo y su Liderazgo Torbellino.

1. Amazon el paraíso empresarial, un infierno para sus empleados

Esta historia busca ilustrar tanto el impresionante ascenso de Bezos y Amazon como las complejidades y las sombras de un liderazgo impulsado por la ambición y la búsqueda de la perfección, sin validar a sus trabajadores e incorpora hechos reales sobre las demandas y críticas hacia las condiciones laborales en Amazon, proporcionando un contexto más profundo al relato novelado de Jeff Bezos.

El día amanecía lluvioso en Seattle, como si el cielo reflejara la tensión acumulada en la sala de reuniones de Amazon. Jeff Bezos, de pie junto a la pared de vidrio que ofrecía una vista del río Puget, parecía ajeno al murmullo de sus ejecutivos. Su mente estaba en otro lado, un hábito que quienes trabajaban con él conocían bien. Cuando Jeff pensaba, el mundo debía callar.

Había llevado a Amazon a la cima. De una modesta librería en línea en un garaje, la empresa se había convertido en un titán del comercio mundial. Todo estaba automatizado, eficiente, rápido; cada clic en la web generaba ecos en almacenes ubicados a miles de kilómetros, donde manos humanas se movían a una velocidad casi irreal. Esa era la visión de Jeff: un mundo que respondiera al instante a cada necesidad del cliente. Pero esa visión, como un río en su cauce, también erosionaba todo a su paso.

Mientras un joven directivo intentaba presentar una proyección de ventas, Jeff levantó una mano, implacable. "Eso es demasiado lento", dijo, con voz cortante. No había lugar para el error ni para la vacilación. Los empleados lo sabían; muchos lo admiraban y temían en igual medida. En el centro de la mesa había un "círculo de excelencia" invisible, y caer fuera de él significaba volverse irrelevante.

El éxito lo había cambiado, o quizá solo había revelado su esencia más cruda. No hacía mucho, Jeff había sido un soñador incansable, impulsado por la idea de construir algo nuevo. Pero a medida que Amazon crecía, la presión, la competencia y la obsesión por la eficiencia comenzaron a moldearlo en algo más: un líder incansable, a veces despiadado.

De noche, cuando la ciudad se apagaba, Jeff permanecía en su oficina, el brillo de la pantalla reflejado en sus ojos cansados. Revisaba reportes, trazaba estrategias y planificaba movimientos que harían temblar a los mercados. Pero a veces, una foto antigua, un pequeño recorte escondido en un cajón, emergía en su mente. Eran tiempos más simples, cuando aún tenía tiempo para cenas en familia, cuando sus hijos veían a un padre que no estaba constantemente conectado. Se decía a sí mismo que su sacrificio era por ellos, pero no podía evitar notar como la distancia crecía. En los almacenes, los trabajadores sentían la presión de cada decisión de Jeff. Las largas horas, las métricas inalcanzables, el constante monitoreo... Amazon prosperaba, pero no todos lo hacían con ella. Con el tiempo, los almacenes de Amazon se convirtieron en un campo de batalla mediático y laboral. Los trabajadores demandaban mejores condiciones laborales, señalando jornadas extenuantes y una cultura de vigilancia constante.

Jeff recibió cartas de empleados: algunas le agradecían la oportunidad; otras, más sombrías, hablaban de fatiga, de cuerpos que se rompían bajo el peso de su ritmo implacable.

Se conocieron historias de empleados que apenas podían hacer pausas para ir al baño, de otros que trabajaban bajo una presión que los empujaba al límite físico y emocional. Demandas sindicales surgieron en múltiples lugares, buscando derechos y protección para quienes sostenían la maquinaria de Amazon. Jeff lo veía desde la cúspide del imperio; sus abogados respondían, su equipo de relaciones públicas intentaba mitigar el daño, pero el eco de las quejas no se desvanecía.

En 2020, en plena pandemia, las críticas aumentaron. Los trabajadores denunciaban condiciones inseguras, insuficientes protecciones frente al COVID-19, y jornadas que se mantenían inalterables pese a las circunstancias. En ese mismo tiempo, la fortuna de Bezos se disparaba, marcando un contraste amargo para quienes se sentían desprotegidos y desechables. Se organizaron protestas, despidos controvertidos y una creciente presión pública que evidenciaba la brecha entre el éxito empresarial y la realidad de sus empleados.

Una noche, en un momento raro de introspección, Jeff caminó solo por un almacén. Las cintas transportadoras se movían como serpientes mecánicas, llevando paquetes a destinos que nunca conocería.

Pensó en su propia trayectoria: cada libro vendido, cada nueva categoría de productos, cada hora robada al sueño. "¿A qué costo?", murmuró, aunque no había nadie para responder.

El mundo le conocía como el hombre más rico, el visionario que cambió la manera de comprar. Pero Jeff también era el hombre que olvidó como escuchar. Las personas en su círculo se desvanecían con rapidez; los amigos se convertían en socios, luego en nombres que no recordaba. Y cuando cerraba los ojos, a veces soñaba con risas familiares que ahora solo eran ecos lejanos.

El éxito le había dado todo lo que deseaba y, al mismo tiempo, lo había dejado solo. Porque en el torbellino de construir un imperio, Jeff Bezos, el hombre, se había perdido a sí mismo.

NOTA: Jeff Bezos Fundador de Amazon, logró convertir a Amazon en una de las empresas más valiosas del mundo, la librería en línea titán del comercio global. Pero este crecimiento exponencial tuvo un costo: una cultura laboral de excesiva exigencia, con trabajadores enfrentando condiciones físicas y mentales extremas en sus almacenes.

Sin embargo, ha habido numerosas críticas sobre las condiciones laborales en los almacenes de Amazon, que incluyen quejas sobre exigencias físicas extremas, monitoreo constante del rendimiento y políticas que algunos consideran excesivamente estrictas. Además, los trabajadores han reportado estrés y fatiga debido a las altas expectativas de productividad.

Aunque más conocido por su carácter meticuloso y orientado a la ejecución, Bezos ha sido un disruptor masivo en múltiples sectores, desde el comercio minorista hasta la tecnología espacial con Blue Origin, promoviendo una visión ambiciosa y desafiando paradigmas establecidos. Transformó el comercio electrónico con una combinación de visión, estrategia e innovación. Aunque muchos admiran su genio empresarial, su impacto en la cultura laboral y las tácticas comerciales han suscitado fuertes críticas, dividiendo opiniones sobre su legado.

La historia de Bezos es una de éxito, pero también de sacrificio humano. Su obsesión por la eficiencia y la velocidad ha generado críticas sobre el trato a sus empleados y la cultura laboral de Amazon.

2. El torbellino verde de Schultz: una historia de transformación en Starbucks

En una fría mañana de 2008, Howard Schultz se sentó en su oficina de Seattle y observó en silencio el informe sobre su escritorio. Las cifras mostraban una dura realidad: la economía global estaba tambaleándose y Starbucks, su querida creación, había perdido su chispa. Con un suspiro profundo, Schultz supo que había llegado el momento de actuar. Necesitaba algo radical, un "torbellino" para revitalizar la empresa, pero con un propósito claro: no sacrificaría los valores fundamentales de respeto, dignidad y una comunidad centrada en el bienestar de sus trabajadores.

Al día siguiente, Schultz reunió a sus líderes en una sala abarrotada. Miró cada rostro con firmeza y habló con una mezcla de determinación y empatía. "No se trata solo de eficiencia", comenzó, "se trata de que cada uno de ustedes, y cada persona en cada tienda, se sienta valorada, respetada y escuchada. Este no es solo mi compromiso; es nuestro camino hacia adelante".

Primero, Schultz cerró cientos de tiendas sub rendidoras. Fue una decisión dolorosa, y él lo sabía. Sin embargo, en lugar de simplemente anunciar los cierres, visitó varias de las tiendas afectadas y habló directamente con los empleados. "Recuerdo que me miró a los ojos y me dijo: 'Esto no es el final para ti ni para nosotros'", comentó Rosa, una barista con una década en la empresa. "Sentí que no era solo un número. Sabía que, aunque estaba asustada, no estaba sola".

La decisión de cerrar tiendas fue solo el comienzo. Schultz redobló su compromiso con los beneficios para los trabajadores. Introdujo programas de seguro médico y acceso a educación universitaria gratuita para empleados a tiempo parcial y completo, a quienes siempre consideró "socios".

En una reunión interna, un trabajador, James, se puso de pie con la voz entrecortada: "Cuando mi hijo enfermó, el seguro que ofrecía Starbucks salvó nuestras vidas. No somos solo empleados. Somos familia". La sala estalló en aplausos y lágrimas. El "torbellino" estaba transformando el corazón mismo de la empresa.

El cambio no se limitó a beneficios tangibles. Schultz fomentó un entorno donde cada "socio" pudiera sentirse dueño de su destino. Escuchó historias de empleados en todas las tiendas que visitaba, implementó mejoras basadas en sus ideas y dejó claro que todos tenían un rol que desempeñar en la transformación de la empresa.

"Lo que logramos juntos no fue un simple cambio de políticas", reflexionó Marta, gerente de una tienda de Nueva York. "Fue un cambio de espíritu".

A medida que las tiendas se revitalizaban, los "socios" se mostraban más comprometidos y motivados. Sabían que no eran piezas desechables en una máquina, sino personas valiosas que impulsaban la misión de la empresa. Schultz se aseguró de que esta motivación no se perdiera. En una carta abierta a todos los empleados, escribió: "Cada café que servimos, cada sonrisa que compartimos, es parte de algo más grande. Estamos aquí para cuidar, no solo vender".

El "torbellino" de Schultz también se extendió a la sostenibilidad. Anunció el compromiso de Starbucks de obtener café de fuentes éticas y reducir su impacto ambiental. En una reunión comunitaria, uno de los socios le preguntó: "¿Por qué preocuparnos por sostenibilidad si el negocio necesita recuperarse?" Schultz sonrió y respondió: "Porque un negocio que cuida de su gente, su producto y el planeta siempre saldrá adelante. No sacrificaremos lo que somos por ser solo rentables".

El equilibrio entre disrupción, logros y estabilidad quedó claro para todos. En palabras de Carlos, un barista de una tienda en California: "Antes de esta transformación, solo éramos parte de la rutina. Ahora sabemos que formamos parte de algo más grande. Lograr cambios, pero cuidar la estabilidad, cuidar a las personas, es lo que nos impulsa".

El "torbellino" de Schultz no era un caos destructivo, sino un motor de cambio impulsado por la empatía y el compromiso. Starbucks no solo se recuperó; floreció. Los socios se convirtieron en los mayores defensores de la marca, y la empresa se transformó en un símbolo de cómo la disrupción, cuando se centra en las personas y en el respeto, puede crear un impacto duradero.

El "torbellino" de Schultz, alimentado por la disrupción consciente y el respeto por sus socios, mostró que es posible liderar con firmeza y corazón.

Al unir logros con estabilidad y bienestar, construyó un camino que convirtió desafíos en oportunidades, y a su gente, en el alma de su éxito.

NOTA: Howard Schultz de Starbucks, dejó su puesto en el consejo de administración de Starbucks en septiembre de 2023, pasando a ser presidente emérito vitalicio de la compañía.

Desde entonces, ha mantenido un perfil público activo, participando en diversas iniciativas empresariales y filantrópicas.

Su legado está profundamente vinculado a su transformación de Starbucks en una marca global y en un símbolo de experiencia, comunidad y sostenibilidad. Schultz redefinió la industria del café al convertir Starbucks en un "tercer lugar", un espacio que no sea ni el hogar ni el lugar de trabajo, sino un ambiente acogedor y neutral donde las personas puedan reunirse, relajarse, trabajar o simplemente disfrutar de su tiempo.

Este concepto, introducido por Howard Schultz, se basó en la idea de ofrecer algo más que café: una experiencia social y cultural que promoviera la conexión humana y un sentido de comunidad, con un diseño cómodo, Wi-Fi gratuito, un ambiente relajado y una atención al cliente cálida, todo enfocado en hacer que los clientes sientan que pertenecen. Este enfoque ayudó a diferenciar a Starbucks de otras cadenas de cafeterías, convirtiéndola en un punto de referencia para el consumo de café como una experiencia integral y no solo un producto.

Su liderazgo destacó por priorizar el bienestar de los empleados, sus "socios", introduciendo beneficios pioneros como seguro médico, participación accionaria y acceso a educación universitaria. Estas medidas fomentaron una cultura laboral basada en el respeto y la inclusión.

Además, Schultz impulsó la responsabilidad social de Starbucks mediante prácticas sostenibles, como la obtención ética del café, y abogó por iniciativas de impacto social, como oportunidades laborales para comunidades desfavorecidas y apoyo a veteranos y refugiados.

Su legado no solo abarca el éxito financiero de Starbucks, sino también su capacidad para equilibrar la rentabilidad con el propósito social, inspirando a otras empresas a seguir un modelo de negocios más humano y responsable.

3. Reed Hastings: ¿El CEO o el malo de la película Netflix?

El viento frío soplaba en la cima de Los Gatos, California, donde las oficinas de Netflix dominaban el horizonte tecnológico. A lo lejos, las luces parpadeantes de Silicon Valley recordaban a Reed Hastings que los imperios se construyen para ser desafiados, pero nunca para ser estáticos. Una madrugada, sentado en su oficina de paredes de vidrio, con el sonido constante del zumbido de los servidores, Hastings se enfrentó a la encrucijada que había creado: una cultura de excelencia que, para algunos, parecía más una película de terror que una historia de éxito.

El nacimiento de un imperio disruptivo

Desde sus inicios, Hastings era consciente de que la mediocridad no tenía cabida en la carrera que emprendía. En su visión, Netflix no era solo una empresa; era una revolución en la forma en que el mundo consumía entretenimiento. "Si no podemos cambiar la industria, entonces seremos consumidos por ella", solía decir con una mezcla de pasión y frialdad. Este mantra marcó el inicio de un viaje que vería a la empresa transformarse de un modesto servicio de alquiler de DVD a un coloso del streaming.

La cultura que Reed impuso estaba diseñada para atraer a los mejores. Quería un "equipo de clase mundial", y no es un lema vacío, es el enfoque donde solo los mejores jugadores continúan.

Desde el primer día, los nuevos empleados eran advertidos: "El rendimiento lo es todo aquí". Había generosidad en las compensaciones, pero también una expectativa implícita de que ningún error pasaría desapercibido. "La adecuación no es suficiente", decía el Documento de la Cultura de Netflix, un texto que se volvió tan famoso como temido en la industria.

La fina línea entre la excelencia y el miedo

Con el paso de los años, la cultura de alto rendimiento se hizo notoria. La política de "despidos rápidos" se convirtió en una leyenda urbana en Silicon Valley. Las anécdotas de despidos que sucedían después de un solo proyecto fallido circulaban en corrillos. Para algunos, esto era una motivación; para otros, era un infierno, donde un cuchillo colgaba sobre sus cabezas. Pero Reed siempre mantuvo su enfoque: "La mediocridad es el enemigo del cambio", repetía en las reuniones. La alta presión, combinada con la brutal honestidad de la retroalimentación, hacía que cada evaluación de desempeño fuese un acto de valentía… era el ejercicio de la **"cultura de alto rendimiento"** o "política de talento".

La farsa de la seguridad

En un café cercano a las oficinas, algunos empleados se reunían para compartir sus temores. "¿Cuánto tiempo pasará para que yo sea el siguiente en la lista?", preguntó una ingeniera con una sonrisa forzada. A su lado, un director de proyectos, con varios años en la empresa, suspiró: "Aquí, la seguridad no es un derecho; es un préstamo temporal". El miedo al despido y la necesidad de demostrar valor constantemente se sentían como un fuego que nunca se apaga. Y, sin embargo, ese mismo fuego alimentaba la innovación y el liderazgo de Netflix.

El legado de Hastings y la nueva era

Cuando Reed Hastings dejó su cargo de co-CEO en 2023, muchos se preguntaron si la cultura de alto rendimiento cambiaría. ¿Esto ya sería pasado? No, en junio de 2024, Ted Sarandos y Greg Peters, los nuevos líderes, que prometieron continuidad, reafirmaron los principios clave del famoso Documento de Cultura, pero con algunos matices. Ahora se hablaba de "responsabilidad individual" y "procesos efectivos", pero el núcleo seguía siendo el mismo: la dictadura de la excelencia por encima de todo.

Este enfoque duro ha sido clave para el éxito de Netflix, permitiéndole adaptarse rápidamente a los cambios del mercado y fomentar una cultura de innovación constante.

En los pasillos, los empleados debatían si Netflix seguía siendo el mismo lugar. "¿Es una cultura que te impulsa o que te quema?", preguntaba un joven creativo. En cada rincón, la sombra de Hastings, el hombre que desafió la televisión y reescribió las reglas del entretenimiento, seguía presente. Para algunos, era un héroe visionario; para otros, el director de una película de terror en la que la "alta presión" era la protagonista.

Una reflexión final de Hastings

Mientras, Hastings observaba desde su posición como presidente ejecutivo y veía cómo se fortalecía la cultura que había forjado, quizás se preguntaba si había sido demasiado duro. Tal vez Netflix no solo era una historia de innovación, sino también una advertencia sobre el precio de la ambición. Pero, en última instancia, para Reed, todo era cuestión de principios. "La mediocridad es el verdadero monstruo", murmuró, cerrando la puerta de su oficina por última vez. La historia de Netflix continuaba, pero el legado de su cultura seguiría siendo, para bien o para mal, un reflejo de su fundador.

NOTA: Reed Hastings, cofundador de Netflix, dejó su cargo como co-CEO en enero de 2023, asumiendo el rol de presidente ejecutivo. En octubre de 2024, vendió sus acciones de Netflix, obteniendo 32 millones de dólares, lo que generó especulaciones sobre su futuro en la compañía.

Aunque actualmente mantiene su posición como presidente ejecutivo, su participación activa en la gestión diaria de Netflix ha disminuido, no es necesario... otros ya aprendieron su estilo de Líder Torbellino.

En resumen, lo más duro de la cultura impulsada por Hastings, radica en su enfoque implacable en el rendimiento, que puede ser visto como despiadado y extremadamente exigente.

Si bien este enfoque meritocrático y su orientación hacia decisiones basadas en datos y métricas ha dado éxito mundial a la empresa, y busca fomentar la excelencia, ha sido percibida como insensible, priorizando resultados sobre el bienestar humano, creando un ambiente de constante competencia interna, donde los empleados viven la presión de demostrar su valor continuamente en una cultura de miedo, inseguridad laboral y estrés.

4. El Torbellino de Empatía de Nadella: Transformación en Microsoft

Cuando Satya Nadella asumió el cargo de CEO de Microsoft en 2014, encontró una empresa que, a pesar de su legado de éxito, se enfrentaba a una cultura interna rígida, de competitividad extrema y con signos de estancamiento. Las innovaciones que habían definido a Microsoft en el pasado se percibían como un reflejo lejano. Nadella supo que no podía simplemente implementar nuevas estrategias; necesitaba transformar el corazón de la compañía. Su "torbellino" sería uno de empatía, inclusión y un enfoque humano para liderar la disrupción.

El primer paso de Nadella fue escuchar. En reuniones abiertas, pidió a sus empleados que compartieran sus preocupaciones y aspiraciones. "Nunca habíamos tenido un líder que nos escuchara así", recordó Alex, un ingeniero con más de 15 años en la empresa. "Sentí que nuestras voces finalmente importaban". A partir de estas conversaciones, Nadella comprendió que la clave para transformar Microsoft no era solo mejorar los productos, sino reconstruir la cultura desde adentro.

Bajo su liderazgo, Nadella promovió una cultura basada en la mentalidad de crecimiento, un concepto que revolucionó la manera en que los empleados se veían a sí mismos y sus capacidades. Ya no importaba ser el más competitivo o sobresaliente; lo importante era aprender, colaborar y crecer juntos. En un evento interno, compartió su experiencia personal: "He cometido muchos errores, pero cada uno me ha enseñado algo valioso. No estamos aquí para ser perfectos, sino para aprender y superarnos cada día". Las palabras resonaron en los empleados, quienes comenzaron a verse como una comunidad unida por la mejora constante.

El "torbellino" de Nadella no se detuvo ahí. Promovió la inclusión y la diversidad, asegurándose de que cada voz, sin importar su género, raza o contexto, tuviera un lugar en Microsoft. Implementó políticas de contratación inclusivas y programas de desarrollo profesional para grupos subrepresentados. En una charla sobre diversidad, María, una joven ingeniera de software, habló con emoción: "Por primera vez, siento que pertenezco. No solo estoy aquí para trabajar, sino para ser parte de algo más grande, donde cada uno de nosotros importa".

La empatía también orientó sus decisiones estratégicas. En lugar de imponer su visión, Nadella alentó la colaboración interdepartamental, derribando las barreras que antes aislaban a los equipos. En un memorando que envió a sus empleados, escribió: "El éxito de uno debe ser el éxito de todos. Si trabajamos juntos, creceremos juntos". Esta filosofía se reflejó en la apertura de Microsoft hacia el mundo: un cambio histórico hacia la interoperabilidad y colaboración con otras empresas tecnológicas, algo impensable en el pasado.

La transformación cultural vino acompañada de una ola de innovación. Nadella impulsó el desarrollo de la nube de Microsoft Azure, el liderazgo en inteligencia artificial y una fuerte apuesta por la tecnología accesible e inclusiva. "La innovación no es un lujo", dijo en una conferencia mundial, "es nuestro compromiso con las generaciones futuras".

Sin embargo, siempre subrayó que el crecimiento debía ir de la mano con la responsabilidad social y el bienestar de sus empleados.

Para muchos, el impacto de su liderazgo fue profundo. Enrique, un líder de producto, compartió: "Antes, el ambiente era competitivo hasta el extremo. Ahora, colaboramos, aprendemos y nos apoyamos. Nadella nos mostró que ser fuertes no significa destruir al otro, sino crecer juntos". El respeto y el cuidado se convirtieron en la base de la cultura, y el cambio se sintió en cada rincón de la compañía.

Pero Nadella también enfrentó desafíos difíciles. En momentos de presión, demostró que la empatía no estaba reñida con la firmeza. Cuando Microsoft tuvo que reestructurar y ajustar su enfoque, Nadella se aseguró de que cada decisión fuera transparente y que los empleados afectados recibieran apoyo. "Transformar una empresa no significa ignorar el dolor que pueda causar", reflexionó en un discurso interno. "Significa hacer lo correcto, incluso cuando es difícil".

El "torbellino" de Nadella en Microsoft no fue un estallido caótico, sino una ola transformadora guiada por la empatía, la inclusión y la colaboración. Transformó una cultura competitiva y cerrada en una comunidad que aprende, innova y crece unida. Con ello, Microsoft se convirtió no solo en un líder tecnológico, sino en un ejemplo de como el cambio puede ser guiado con humanidad, generando impacto tanto en la industria como en las vidas de sus empleados.

NOTA: Satya Nadella (Microsoft). Ejecutivo empresarial indio-estadounidense que asumió el cargo de CEO de Microsoft en febrero de 2014. Nacido el 19 de agosto de 1967 en Hyderabad, India, Nadella es conocido por su liderazgo transformador en Microsoft, que incluyó un cambio cultural dentro de la empresa, con una mentalidad de crecimiento (growth mindset desarrollado por Carol Dweck). Con esto Nadella transformó la cultura de Microsoft, que previamente había sido percibida como rígida y competitiva, hacia una basada en la colaboración, el aprendizaje continuo, la flexibilidad, la empatía, la innovación y la sostenibilidad empresarial. Ha transformado a

Microsoft en una organización mucho más ágil, innovadora y centrada en la nube, liderando con una mezcla de empatía, visión y disrupción estratégica.

En lugar de ser sobre exigente, en el sentido tradicional, duro y autoritario, es un líder inspirador que busca sacar lo mejor de su equipo a través de la motivación, el respeto mutuo y la creación de una cultura de innovación y confianza, donde se sienten valorados y motivados para contribuir con sus ideas y creatividad. Con esto ha empoderado a sus empleados y los alienta a explorar nuevas ideas, aprender de sus errores y adaptarse al cambio. Este enfoque ha sido visto como una clave para el resurgimiento de Microsoft como una de las compañías tecnológicas más valiosas e influyentes.

Continúa liderando la compañía, en noviembre de 2024, durante la conferencia Ignite en Chicago, presentó nuevas herramientas de IA diseñadas para actuar en nombre de los usuarios, conocidas como "agentes de IA", que buscan automatizar tareas en entornos personales y profesionales.

5. Uber, la empresa innovadora, pero creadora de ambientes tóxicos

Esta historia novelada busca capturar el ascenso meteórico de Travis Kalanick y el precio que pagó por su estilo de liderazgo, desde su éxito empresarial hasta las controversias que marcaron su salida de Uber.

La noche estaba en su punto más oscuro en San Francisco cuando Travis Kalanick, con los ojos cansados pero chispeantes de energía, revisaba los datos de la última semana en Uber. Cada ciudad, cada mercado, cada trayecto era un reflejo de su obsesión: conquistar la movilidad mundial. Había llevado a Uber desde ser una idea ambiciosa hasta convertirse en un fenómeno global que redefinió la manera en que las personas se desplazaban. Los números le decían que la empresa seguía creciendo, más rápido que cualquiera de sus competidores, y esa idea le hacía sonreír. Pero cada expansión tenía un precio.

Travis siempre se había considerado a sí mismo un guerrero en una batalla constante contra un sistema que consideraba obsoleto. Regulaciones, sindicatos, competidores: todos eran obstáculos que había aprendido a sortear con la misma astucia que usaba en el ajedrez. La cultura de Uber era un reflejo de su personalidad: agresiva, competitiva y dispuesta a hacer lo que fuera necesario para ganar. No todos podían seguirle el ritmo, y los que lo hacían, pagaban un precio.

Un mensaje interrumpió sus pensamientos. Era un correo de un empleado que denunciaba una serie de problemas dentro de la compañía: sexismo en el ambiente laboral, acoso, y una cultura de presión extrema. Travis lo ignoró al principio. Para él, la competencia brutal era una señal de compromiso, y las quejas eran para los débiles. Pero las historias no se detuvieron. Comenzaron a salir a la luz públicamente. Había testimonios de ex empleados que describían un ambiente tóxico, donde se celebraba la agresividad y la sumisión era una forma de sobrevivir.

En una reunión de alto nivel, Travis, con su característica franqueza y desdén por lo políticamente correcto, escuchó a sus ejecutivos discutir las crecientes críticas. "Estamos aquí para crear algo nunca visto ¿Están preparados?", dijo, golpeando la mesa con la palma. "Los débiles se apartan, los fuertes avanzan".

Algunos asintieron, otros guardaron silencio. Uber seguía creciendo, y para Travis, el crecimiento justificaba cualquier método.

Pero incluso él tenía sus momentos de duda. Después de una confrontación pública con un conductor de Uber que lo grabó reclamando sobre las políticas de la empresa, Travis se retiró a su oficina, solo. La grabación se volvió viral, mostrando a un Kalanick iracundo, despreciando las preocupaciones del conductor. Por primera vez en mucho tiempo, vio su reflejo en la ventana y no le gustó lo que vio. ¿Cuándo se había convertido en el tipo de jefe que siempre había odiado?

La presión continuó aumentando. Las demandas laborales se multiplicaron; los movimientos de protesta cobraban fuerza en ciudades de todo el mundo. La cultura de "hustle" que Travis había cultivado comenzaba a volverse contra él. Esta cultura promueve el esfuerzo constante, productividad extrema y largas jornadas como claves del éxito profesional. Valora el rendimiento y la dedicación total. Promueve la idea de que el éxito solo se logra con sacrificios personales y jornadas interminables, aplicando la mentalidad de "grind", donde "nunca es suficiente", alimentando la necesidad de trabajar más para mantenerse competitivo, estando desconectado de aspectos importantes de la vida, como las relaciones personales, la salud y el ocio. Aunque popular en startups y entornos competitivos, ha sido criticada por provocar agotamiento, falta de equilibrio y riesgos para la salud física y mental, anulando el equilibrio entre trabajo y bienestar personal.

Estos temas no se hablaban en reuniones, ni escuchando a los accionistas. Eran los pasillos los que hablaban, era en la hora del café y por contactos personales en que se cuestionaba su liderazgo, su temperamento y el impacto que estaba creando en la cultura y marca de Uber.

Una tarde, al salir del edificio, vio una protesta. Conductores, empleados y defensores laborales se unieron en un canto que resonaba con fuerza: "Justicia y dignidad ahora" Travis los observó, su mandíbula tensa.

Había creado un millonario monstruo organizacional; el monstruo lo estaba devorando. Pero en el fondo, seguía siendo ese emprendedor que soñaba con crear algo nunca visto. Solo que ahora, el mundo hustle lo había cambiado a él.

Regresó a su despacho, sabiendo que su tiempo al frente de Uber estaba contado. El éxito no bastaba. Necesitaba más. Necesitaba redención, pero eso era algo que no se compraba con capital de riesgo.

NOTA: Travis Kalanick (CEO de Uber), durante su mandato, Uber se convirtió en un gigante global, pero también enfrentó serias críticas por su cultura corporativa, con un estilo de liderazgo combativo y desafiante de regulaciones locales, enfrentando competencias y estableciendo un modelo de negocio disruptivo y un entorno agresivo y tóxico, con denuncias de acoso, discriminación y un enfoque excesivamente competitivo y despiadado hacia los empleados y conductores.

Su mantra de "crecer o morir" y "ganar a toda costa" y sus prácticas como el "Hustle Harder" (trabajar con intensidad extrema), alta presión, estrés y burnout, competitividad desenfrenada entre los empleados, largas jornadas laborales y una obsesión por los resultados que dejaba poco espacio para el balance vida-trabajo, por meses y años, fue motivo de renuncias y quejas públicas.

Rey del "darwinismo empresarial", esa loca lucha de las especies organizacionales y la competencia en el mercado donde solo las empresas más fieras, adaptables, innovadoras sobreviven, mientras las menos preparadas enfrentan el fracaso y desaparición.

Al estar centrado en una productividad enferma, no se atendían situaciones laborales internas como de acoso y discriminación. Uno de los casos más graves fue el de Susan Fowler, una ex ingeniera de Uber, quien escribió un blog en 2017 detallando su experiencia de acoso sexual en la empresa y la falta de respuesta efectiva por parte de Recursos Humanos. Su relato desató una ola de críticas hacia la cultura interna de Uber y expuso un entorno donde las mujeres, en particular, se sentían marginadas y desprotegidas. Este testimonio contribuyó a desencadenar una investigación interna y reformas dentro de la compañía tras la salida de Kalanick como CEO.

Ciertamente este estilo de gestión contribuyó al crecimiento acelerado de la empresa, pero también fue objeto de críticas por fomentar un entorno tóxico y asesino de la Comunidad Laboral y sus derechos, lo que en última instancia llevó a Kalanick a renunciar como CEO en

2017, demostrando que el Gran Torbellinazgo es un monstruo productivo y millonario, pero también que puede ser también altamente autodestructivo y pobre.

6. Elon Musk y sus empresas sin tiempo para detenerse

Esta historia busca mostrar el genio y el costo humano de Elon Musk, destacando su implacable búsqueda de innovación y los sacrificios que exige tanto de sí mismo como de los demás.

El reloj marcaba las dos de la madrugada en la sede de SpaceX en Hawthorne, California. La mayoría de los empleados ya se habían ido, pero Elon Musk aún caminaba de un lado a otro, murmurando ecuaciones, trazando diagramas en las paredes de vidrio con un marcador azul. El lanzamiento de prueba más reciente había fracasado, y el cohete, una esperanza de democratizar los viajes espaciales, se había desintegrado en el aire. Elon no parpadeó cuando le dijeron la noticia; ya estaba pensando en la solución y en nuevas victorias.

Para los que trabajaban con él, Elon era un visionario al borde de la obsesión. Quería llevar al ser humano a Marte, revolucionar la industria automotriz con Tesla y transformar la energía sostenible. Para él, los límites eran un reto, no una barrera. En su oficina, los modelos de cohetes y los prototipos eléctricos competían por el espacio con notas escritas a mano y diseños futuristas. En su mente, todo parecía posible. Pero sus ambiciones, a menudo titánicas, también tenían un costo humano.

Una reunión de emergencia se convocó al amanecer. Los ingenieros, algunos con ojeras profundas y otros con café en mano, se sentaron en silencio mientras Elon repasaba cada detalle del lanzamiento fallido. "Esto no lo voy a aceptar", dijo con voz firme.

No había espacio para la mediocridad. En su universo, solo había dos opciones: éxito o fracaso, sin grises. "Si no puedes darlo todo, este no es tu lugar".

Algunos ingenieros se sentían inspirados, otros abrumados. Todos, sin embargo, sabían que trabajar para Elon significaba vivir al borde.

En Tesla, la situación no era diferente. La producción del Model 3 enfrentaba demoras, y Elon pasó semanas durmiendo en la fábrica, inspeccionando cada proceso, desafiando a sus empleados a superar los límites.

"Estamos aquí para cambiar el mundo", repetía como un mantra. Pero detrás de las puertas cerradas, algunos empleados hablaban en voz baja sobre la presión insostenible, los horarios interminables y el desgaste mental que generaba trabajar para alguien que veía el futuro con tanta intensidad que a veces olvidaba el presente.

No todo era admiración. Las críticas hacia su estilo de liderazgo se acumularon: despidos repentinos, exigencias imposibles, expectativas inhumanas. En un momento de frustración, un trabajador veterano le preguntó si alguna vez pensaba en el costo humano de su visión. Elon lo miró, y por un instante, el brillo de sus ojos pareció apagarse. "Estoy pensando en el futuro de la humanidad, no hay tiempo para detenerse", respondió.

Sus sindicatos presentaron el 2024 una denuncia contra Trump y Musk por prácticas laborales injustas después de que ambos conversaran en la red X sobre la "conveniente" decisión de Musk de despedir a trabajadores en huelga y por intentar impedir que sus miles de trabajadores se sindicalicen, "Esto no es tema mío, lo verán mis abogados" , concluyó y terminó rápidamente de comer sus donas. Musk nunca se detiene.

Luchó con tiempo, dinero y su imagen para que Donal Trump saliera presidente. Lo lograron, y en noviembre 2024, el Presidente electo lo designó líder del Departamento de Eficiencia Gubernamental (DOGE), una nueva comisión que busca reformar el gobierno de Estados Unidos, reduciendo la burocracia y el gasto público, con un enfoque empresarial-productivo en la administración pública.

¿Otro triunfo en los trofeos de Musk? "Es un logro que me llevará a cambiar el mundo, para eso estoy", se repetía.

Al día siguiente de su nombramiento, Elon leía la prensa, primaba una pregunta ¿Qué ganará Elon con este nombramiento? Y muchos críticos respondían: "El no hace nada gratis, sus compañías se beneficiarán en la presidencia de Trump. Una de ellas, SpaceX, ya domina el negocio del envío de satélites gubernamentales al espacio", otros agregaban " ¿Y qué decir de sus autos Tesla, que las regulaciones gubernamentales los restringen demasiado. El no quiere restricciones".

Musk dio un golpe en su PC que le mostraba la prensa digital y gritó en medio de su oficina "¡He sido frenado por las regulaciones del gobierno que ha cuestionado mis nuevas tecnologías, como la conducción autónoma, los chip de neurociencia, la constelación de mis satélites y me han retrasado en más de 20 años! ¡Quiero estar más allá de sus limitaciones y fronteras. Quiero vencer a estos burócratas!".

Gritaba como salvaje que tiene hambre de nuevas retribuciones (y no solo de negocios), ya no le basta con ser el humano más rico del mundo, ahora quiere ser el más admirado, famoso, querido y festejado.

Musk, recordó la crítica a sus rivales, incluyendo a Boeing, por cómo están estructurados sus contratos con el gobierno, diciendo que desincentivan la competencia con sus empresas, pues SpaceX ha comenzado desarrollar nuevos proyectos aeronáuticos y a construir satélites espías justo cuando el Pentágono y las agencias de espionaje estadounidenses van a invertir miles de billones de dólares en ellos.

Mientras tanto, Tesla, podría cosechar los beneficios de una administración Trump, luego de que en noviembre 2024, la agencia estadounidense encargada de regular la seguridad vial reveló que estaba investigando los sistemas de software de conducción autónoma de Tesla. Él podría lograr que se los aprueben.

Una tarde en SpaceX, Elon se encontró solo en el hangar. Los cohetes, en distintas fases de desarrollo, se alzaban como monumentos a su obsesión. Tocó el metal frío de una de las carcasas y, por primera vez en mucho tiempo, pensó en su propia fragilidad. ¿Valía la pena todas las enormes metas que se imponía? ¿En qué quiere cambiar el mundo" ¿Quiere hacerlo "SU" mundo?

El precio que exige de sí mismo y de los demás es altísimo. Algunos le llaman genio, otros, tirano y loco. Tal vez todos son ciertos. Otros, desde lejos, le empiezan a mirar con pánico, son quienes forman parte de del gobierno de los EE.UU... la DOGE y Elon empiezan a apuntarles.

El éxito lo persigue, y él persigue algo aún más grande que el éxito. Pero a menudo, en su carrera hacia el infinito, deja atrás a quienes no pueden seguir su ritmo. Para Elon, fallar no era una opción; para muchos, trabajar con él significaba una elección entre grandeza y agotamiento.

Mientras salía del hangar, el sonido de los motores de prueba rugió en la distancia. La misión continuaba. Elon sabía que el futuro no esperaría. Y él tampoco, a nadie, nunca.

NOTA: Elon Musk (Tesla, SpaceX, Neuralink, The Boring Company, SolarCity, OpenAI, PayPal), es un ejemplo emblemático de liderazgo visionario y del Liderazgo Torbellino: logros impresionantes y rápidos que han capturado la admiración del mundo, su deseo de transformar la movilidad eléctrica, llevar al ser humano a Marte y avanzar en tecnologías disruptivas ha posicionado a sus empresas como referentes de innovación global. Sin embargo, este estilo de liderazgo tiene un costo humano considerable.

Musk adopta un estilo gerencial intensivo y demandante, caracterizado por expectativas altas y jornadas laborales prolongadas. Aunque esta presión genera resultados sobresalientes, también ha tenido un impacto significativo en el bienestar de su equipo. Se ha reportado que el estrés elevado, las largas horas y los estándares frenéticos casi imposibles de cumplir han provocado una alta rotación y tensiones internas. Detrás de cada cohete lanzado, cada auto eléctrico producido o cada chip cerebral desarrollado, hay historias de empleados enfrentando estas exigencias.

Todas sus empresas son microgestionadas por Musk, quien se involucra en los detalles más específicos de las operaciones. Este enfoque garantiza altos estándares y fomenta la innovación, pero a menudo se percibe como una falta de confianza en los líderes de sus equipos. Su determinación de asumir riesgos significativos impulsa avances revolucionarios, pero también plantea preguntas sobre la estabilidad y sostenibilidad de sus negocios a largo plazo.

Además, su comunicación disruptiva en redes sociales refleja su estilo impredecible, directo y radical, que atrae a seguidores leales pero genera frecuentes controversias y volatilidad. Este comportamiento ha llevado tanto a su glorificación como a críticas contundentes sobre la imagen pública y la gestión interna de Musk.

El liderazgo de Musk muestra cómo algunos líderes, seducidos por el Gran Torbellinazgo, pueden ser a la vez inspiradores y agotadores. Aunque sus logros económicos y tecnológicos son innegables, sus prácticas laborales y estilo de gestión han enfrentado controversias relacionadas con el trato a sus empleados. Musk encarna la dualidad del éxito disruptivo: grandeza transformadora y desafíos humanos, una paradoja que invita a la reflexión.

7. Alibaba y el demoniaco rito del "996" de Jack Ma

Jack Ma, fundador de Alibaba, es un símbolo del liderazgo disruptivo y carismático en China, promoviendo una cultura de innovación y superación de obstáculos en un contexto altamente competitivo. A la vez dominante, estricto y centralista en su dirección.

La siguiente historia povelada refleja el ambiente de intensa dedicación, la presión y el impacto de la cultura laboral en Alibaba bajo el liderazgo de Jack Ma, mostrando tanto su pasión por el éxito como las tensiones que genera.

El sol aún no se asomaba en Hangzhou cuando las luces en el edificio de Alibaba ya brillaban intensamente. Los empleados, con café en mano y rostros tensos y agotados se preparaban para otro día que prometía ser interminable. Jack Ma caminaba por el pasillo principal, saludando a algunos trabajadores con una sonrisa y una palmada en la espalda. Para muchos, su energía y carisma eran contagiosos; su historia de pasar de maestro de inglés a magnate tecnológico era la inspiración que los había llevado hasta allí. Pero no todos compartían la misma admiración. En las esquinas, algunos murmuraban en voz baja sobre el costo que esto tenía en sus vidas.

En una reunión, Jack subió al escenario y, con su característica pasión, habló sobre la importancia de la dedicación. "Si quieres tener éxito, debes abrazar el '996'. Trabajar de 9 a 9, seis días a la semana, es un privilegio", dijo, sus ojos brillando de determinación. Algunos aplaudieron, otros miraron al suelo. Sabían que esas palabras no eran solo un discurso; eran un recordatorio de que debían estar disponibles a cualquier hora, que el descanso era un lujo reservado para quienes no tenían ambición.

Para Chen, un joven desarrollador, las palabras de Jack resonaban como una sentencia. Llevaba meses durmiendo en la oficina, apenas viendo a su familia. Cada línea de código era revisada, cada error criticado. Había momentos en que quería rendirse, pero pensaba en el sacrificio de sus padres y se convencía de seguir.

La presión era constante. "Estamos aquí para ser los primeros", decía uno de sus jefes, citando a Jack. Pero en los pasillos, otros hablaban del costo: colegas que colapsaban, relaciones rotas, enfermedades que no podían ignorarse.

Una tarde, durante un evento interno, Jack Ma caminó entre los empleados, escuchando ideas y proponiendo nuevas metas. Su mente no se detenía nunca, y esperaba lo mismo de los demás. "No estamos compitiendo solo con empresas chinas; estamos compitiendo con el mundo", repetía con fervor. Pero en el fondo, algunos se preguntaban si ese mundo que intentaban conquistar valía la pena cuando les costaba su salud, su tiempo y su paz.

Un día, una noticia circuló por los pasillos: un empleado había colapsado después de varias semanas sin descanso adecuado. Aunque se atendió rápidamente y se evitó una tragedia, el hecho despertó conversaciones que nadie quería tener. Algunos comenzaron a cuestionar si el "996" era realmente un camino hacia el éxito o una trampa demoniaca que devoraba a los soñadores. Sin embargo, otros seguían adelante, convencidos de que el sacrificio los acercaba a algo grande.

En su oficina, Jack se enteró del incidente. Se sentó en su silla, mirando la vista de Hangzhou desde la ventana. Para él, Alibaba era más que una empresa; era su legado, su contribución al mundo. Había construido algo que nadie creía posible, y en su mente, cada sacrificio parecía necesario. Pero esa noche, el silencio en la oficina se sintió más denso. Recordó los días en que todo era más sencillo, cuando las metas no devoraban a las personas.

Al día siguiente, volvió al trabajo con el mismo ímpetu de siempre. "Hay que seguir, no podemos detenernos" le dijo a su equipo. Pero algo en sus ojos reflejaba la duda de si estaba pidiendo demasiado, si el precio del éxito podía ser demasiado alto para algunos.

NOTA: Jack Ma, fundador de Alibaba, ha sido una figura destacada en el ámbito empresarial global por su estilo de liderazgo carismático y su enfoque en la innovación. Sin embargo, también ha enfrentado críticas y controversias relacionadas con el entorno laboral en su empresa, aunque estas situaciones son algo diferentes a las de figuras como Jeff Bezos o Travis Kalanick.

Algunas situaciones relevantes sobre el entorno laboral en Alibaba y Jack Ma incluyen:

- **996 Cultura Laboral**: Jack Ma respaldó esta cultura, afirmando que trabajar muchas horas era una "bendición" para los jóvenes.
- **Críticas sobre el equilibrio vida-trabajo**: Los comentarios de Jack Ma y el apoyo de Alibaba a una cultura laboral intensiva llevaron a un debate generalizado en China sobre el equilibrio entre la vida personal y las condiciones laborales y la validación de malas prácticas que pueden afectar el bienestar de los empleados.
- **Desgaste y presión laboral**: Si bien Alibaba es conocido por ofrecer oportunidades significativas y una cultura innovadora, se ha informado que, como en muchas grandes empresas tecnológicas de China, existe una presión considerable para mantener el ritmo en un mercado altamente competitivo.

En resumen, aunque Jack Ma no ha sido acusado directamente de crear un entorno tóxico o de acoso laboral, su defensa de una cultura de trabajo extremo y la presión inherente al entorno de Alibaba han generado críticas sobre el equilibrio vida-trabajo y el desgaste del personal. Esto lo diferencia de otros líderes que enfrentaron denuncias más directas sobre toxicidad en el lugar de trabajo, pero muestra como sus expectativas de alto rendimiento han influido en la percepción pública sobre las condiciones laborales en Alibaba.

8. Sara Blakely: controladora del Gran Torbellino

Esta historia novelada busca mostrar un liderazgo basado en la empatía, la inclusión y el empoderamiento, en contraste con el "Líder Torbellino". El enfoque de Sara Blakely representa una alternativa que pone a las personas en el centro, creando una cultura donde el éxito y el bienestar pueden coexistir.

El sol se filtraba suavemente a través de las ventanas de la oficina principal de Spanx en Atlanta, iluminando las paredes decoradas con colores vibrantes y frases motivadoras. Sara Blakely, con una taza de café en la mano, se detenía a menudo para saludar a sus empleados, preguntando con genuino interés sobre sus familias, sus proyectos y sus sueños. Para ella, Spanx no era solo una empresa, era una comunidad, una extensión de su pasión por empoderar a las mujeres y hacerlas sentir seguras de sí mismas.

El día había comenzado con una reunión creativa. Sara, con su energía característica, dirigía la sesión sentada en el suelo junto a sus diseñadores. No había mesas formales ni barreras que separaran a la fundadora de su equipo. Todos tenían voz, todos eran escuchados. "La mejor idea puede venir de cualquiera", decía, animando incluso a los más tímidos a compartir sus pensamientos. En ese espacio, el miedo no tenía cabida.

Spanx había crecido a pasos agigantados. Desde su idea inicial de crear ropa interior modeladora más cómoda y funcional, Sara había llevado la marca a niveles internacionales. Pero lo que la diferenciaba no era solo su visión comercial, sino su estilo de liderazgo. Mientras otros líderes presionaban y dictaban, Sara escuchaba y motivaba. Cuando la empresa celebró un hito importante, ella sorprendió a sus empleados con boletos de avión de primera clase a cualquier parte del mundo y cheques de bonificación. No era un truco de marketing, era su manera de decir gracias.

Sin embargo, ser una líder empática y centrada en las personas no significaba que careciera de estándares. Cuando un proyecto importante enfrentó retrasos, Sara convocó a su equipo. ¿Qué necesitamos para hacerlo mejor?, preguntó, sin rastros de reproche. La conversación giró en torno a soluciones, no a culpas. Al final, los empleados salieron con un plan renovado y la confianza de que sus aportes eran valorados. En otro contexto, un líder más autoritario habría impuesto a gritos, plazos y metas, generando miedo y tensión. Sara eligió inspirar.

Durante un almuerzo informal con sus empleados, alguien le preguntó como manejaba el éxito sin perder de vista a las personas. Sara sonrió y recordó los primeros días cuando llevaba sus productos de puerta en puerta. "La empatía y la creatividad son nuestro motor, no quiero construir un imperio a costa de nadie. Quiero que todos crezcamos juntos", respondió.

No todo era perfecto, por supuesto. En una ocasión, un empleado expresó sentirse abrumado por la carga de trabajo. Sara lo escuchó y, en lugar de minimizar su preocupación, reorganizó las responsabilidades para garantizar que el equilibrio y el bienestar fueran prioridad. Su liderazgo no estaba exento de desafíos, pero ella enfrentaba cada uno con compasión, dispuesta a cambiar el rumbo si eso significaba cuidar de su equipo.

El mundo de los negocios era feroz, lo sabía. Pero Sara Blakely había elegido un camino diferente, uno donde el éxito y la humanidad no eran mutuamente excluyentes. Al salir de la oficina esa tarde, vio a un grupo de empleados riendo juntos en la sala de descanso. Se detuvo un momento y, con el corazón lleno, pensó: "Esto es lo que quiero. No solo una empresa exitosa, sino un lugar donde las personas se sientan valoradas y protegidas".

Mientras se alejaba, el eco de risas la acompañó. Para ella, eso era la victoria más grande: liderar con amor y crear un espacio donde todos podían florecer, también ella.

Al pasar por su calle, se encontró con la publicidad de una revista que mostraba la historia de Spanx. Su pequeño taller, hoy es una marca globalmente reconocida y ella es una de las mujeres más influyentes en el mundo de los negocios. Su historia no solo inspira a aspirantes a emprendedores, sino que también destaca la importancia de la innovación y la resiliencia en el éxito empresarial.

En un mundo donde las grandes ideas pueden surgir de cualquier lugar, la historia de Sara Blakely nos recuerda que la pasión, la determinación y una idea innovadora pueden llevar a la creación de imperios empresariales. Su legado es un poderoso recordatorio de que, con la mentalidad adecuada, cualquier sueño es alcanzable.

NOTA: Sara Blakely, fundadora de Spanx. Irrumpió en la industria de la moda con su enfoque innovador, desafiando las normas tradicionales y construyendo una marca desde cero con un liderazgo audaz y carismático.

En contraste con el Liderazgo Torbellino, ha construido su empresa con un enfoque humanista y un liderazgo empático, inspirador y empoderador, centrado en la autenticidad, la innovación, la creatividad, el apoyo mutuo y el bienestar de sus empleados. Se le ha reconocido por fomentar un ambiente de trabajo inclusivo, de apoyo y colaborativo, en el que se valora a cada miembro del equipo, diferenciándose de líderes más autoritarios.

Mientras ellos exigen sacrificios extremos, Blakely fomenta un ambiente donde cada empleado es valorado y escuchado, celebraciones, reconocimiento y un enfoque humano han convertido a Spanx en un ejemplo de como el éxito puede lograrse sin sacrificar el bienestar de las personas. Es conocida por celebrar hitos empresariales de manera generosa y creativa, incluyendo regalar importantes bonos o vacaciones a su personal en momentos clave.

En Spanx, cada empleado sabe que su voz cuenta. Las celebraciones son auténticas, los logros se comparten, y el trabajo no se hace a expensas del bienestar. Sara demuestra que el liderazgo puede ser poderoso sin ser cruel, y que el éxito se construye con la gente, no sobre ella. Para ella, el éxito no es solo alcanzar metas, sino hacerlo mientras se cuida a las personas.

Además de su éxito empresarial, Blakely es conocida por su filantropía. Ha donado millones de dólares a diversas causas y estableció la Fundación Sara Blakely para apoyar a mujeres emprendedoras en todo el mundo.

Metaevaluación del Capítulo 5
Historias del Gran Torbellinazgo en la organización

El Capítulo 5 del libro aborda de manera práctica y reflexiva cómo el Gran Torbellinazgo se manifiesta en organizaciones y personas mediante experiencias reseñadas y situaciones noveladas. A continuación, se presenta una metaevaluación dirigida a ejecutivos y CEOs, con preguntas, ejercicios de reflexión y análisis crítico para profundizar en las lecciones y desafíos descritos.

¿Por qué hacer una Meta Evaluación de esto?

Esta metaevaluación le puede servir al lector, para llevar estos conceptos y reflexiones, más allá de su lectura. Puede ser una proyección hacia su propia persona y su gestión como agente de cambio en su organización, pues le ofrece una reflexión profunda y estructurada sobre las experiencias y desafíos asociados con el Gran Torbellinazgo, permitiendo aplicar conceptos teóricos a situaciones prácticas.

A través de preguntas críticas, ejercicios de simulación y análisis de casos reales, la metaevaluación ayuda al lector a identificar fortalezas, debilidades y oportunidades en su estilo de liderazgo y en la cultura organizacional.

Este proceso de autoconocimiento permite a ejecutivos y CEOs explorar el manejo de la disrupción, el cambio y la polarización de manera consciente y efectiva, adaptando las lecciones aprendidas a sus propios contextos. De esta manera, no solo se mejora la comprensión del fenómeno, sino que se fomenta un liderazgo más estratégico, inclusivo y resiliente frente a las fuerzas disruptivas que puedan surgir en la organización. Bueno, estas bonitas palabras (lo imagino) no sirven de nada si usted no toma estos ejercicios y los realiza...

entonces, ¡Toma este (pip) … libro, mueve tus manitos y responde! verás como te servirá y hasta los podrías aplicar con el equipo en tu organización.

1. Reflexión sobre las reseñas de ejecutivos y empresarios

Interrogantes:

- ¿Qué patrones o temas comunes identificas en las experiencias de los ejecutivos y empresarios que relatan cómo gestionaron el Gran Torbellinazgo en sus organizaciones?
- ¿Cuáles de estas historias resuenan más con tus propias experiencias? ¿Por qué?
- ¿Consideras que el Gran Torbellinazgo en estas reseñas es más un motor de innovación o una fuente de disrupción no controlada?
- ¿Cómo influye tu respuesta en tu enfoque de liderazgo?
- ¿A quiénes de las siete reseñas y de las ocho historias noveladas, elegirías como "Padrino" de Gestión? ¿Qué razones tendrías para hacerlo?

Ejercicio de análisis comparativo

- Elige dos de los casos presentados en el capítulo.
- Compara y contrasta los enfoques de esos ejecutivos para manejar el Gran Torbellinazgo. Identifica fortalezas, debilidades, oportunidades y amenazas (análisis FODA) en cada caso.
- ¿Qué lecciones puedes aplicar a tu contexto organizacional?
- ¿Qué nos esperaría si nuestros liderazgos preferidos, fuesen torbellinos? ¿Un choque, una violencia permanente? ¿Una cofradía torbellina?

2. Ocho historias noveladas sobre el Gran Torbellinazgo

Interrogantes:

- ¿Cuál de las historias noveladas consideras que ilustra mejor los desafíos del liderazgo torbellino en un entorno organizacional? ¿Por qué?
- ¿Qué impacto tuvieron las decisiones de los personajes principales en sus organizaciones? ¿Fueron decisiones que promovieron un cambio positivo o exacerbaron los problemas?
- ¿Qué crees que simbolizan los personajes novelados en relación con el liderazgo disruptivo? ¿Son representaciones de líderes visionarios o advertencias sobre el exceso de disrupción?

Ejercicio de un escenario de simulación

- Imagina que eres el líder principal de una de las organizaciones descritas en las historias noveladas.
- Toma una decisión estratégica clave para enfrentar el Gran Torbellinazgo, rescatando su lado positivo.
- Reflexiona sobre las consecuencias potenciales de tu decisión a corto, mediano y largo plazo.

Ejercicio de creación de un caso paralelo

- Redacta una breve historia que refleje tu experiencia personal y que contenga algún elemento del Gran Torbellinazgo.
- Considera incluir obstáculos, decisiones difíciles y lecciones aprendidas.
- Luego, comparte esta historia con tu equipo para fomentar una discusión sobre cómo enfrentar desafíos similares, algo así como un estudio de casos.

3. Profundización crítica

Interrogantes:

- ¿Crees que el Gran Torbellinazgo puede ser una fuerza de cohesión y motivación dentro de la organización, o es más probable que genere divisiones y un caos inmanejable?
- Justifica tu respuesta basándote en las historias leídas.
- ¿Qué rol juega la comunicación disruptiva en las historias del capítulo?
- ¿Es una herramienta que empodera o que puede fracturar la confianza?
- ¿Cómo impacta la polarización, presente en varias historias, en el clima organizacional y la cultura de equipo?

Ejercicio de un Plan de mitigación y fortalecimiento

- Diseña un plan de acción para gestionar el impacto del Gran Torbellinazgo en tu organización.
- El plan debe incluir estrategias de comunicación, manejo de conflictos y cohesión del equipo.
- Considera tanto los riesgos como las oportunidades, inspirándote en los ejemplos del capítulo.

4. Evaluación personal y compromiso con el aprendizaje

Interrogantes

- Después de leer el capítulo, ¿has cambiado tu percepción sobre el Gran Torbellinazgo y su impacto en la organización? ¿Cómo? ¿En qué?
- ¿Qué pasos específicos puedes tomar para convertir la energía disruptiva del Gran Torbellinazgo en una fuerza positiva en tu entorno laboral?

Ejercicio de Autoevaluación de liderazgo

- Realiza un análisis crítico de tu estilo de liderazgo.
- ¿Te identificas con algunos de los líderes descritos en el capítulo?
- Si es así, ¿cómo puedes mejorar o ajustar tu enfoque?

Compromiso de acción

Redacta tres compromisos concretos que implementarás para mejorar tu manejo del Gran Torbellinazgo en tu organización, basados en las lecciones del capítulo.

Conclusión de la Metaevaluación

Este conjunto de interrogantes y ejercicios busca ofrecer a ejecutivos y CEOs una oportunidad para reflexionar profundamente sobre el liderazgo torbellino y su impacto en las organizaciones, tomando lecciones prácticas y estratégicas de las historias narradas. La intención es transformar el aprendizaje en acción, integrando un enfoque consciente y efectivo hacia la disrupción y la innovación... ¿Lo hiciste completo? ¿O fueron simplemente palabras bonitas? ¿O lo tomaste como un examen de grado? Bueno, siempre está la posibilidad de volver...

Palabras de despedida:

Vamos, la nueva galaxia organizacional no(s) espera

He tratado de que este libro haya sido una exploración exhaustiva del Gran Torbellinazgo y el Liderazgo Torbellino, te he invitado a buscar respuestas a la gran pregunta: ¿Quieres ser espectador o actor del nacimiento de una nueva galaxia en el liderazgo global?

Espero que la lectura de este libro te haya ayudado a buscar respuestas, aunque no es malo que termines lleno de nuevas interrogantes, ellas te harán ser más crítico y creativo en este nacimiento global.

Vivimos enormes dolores de parto, esto está ocurriendo ahora, los contenidos de este libro, no solo reconfiguran nuestra visión del liderazgo, sino que también plantean desafíos urgentes y de profunda relevancia para nuestra realidad actual.

Vivimos en tiempos de crisis y de urgencia, marcados por la velocidad, la incertidumbre y el constante cuestionamiento de las estructuras tradicionales, donde el poder de la disrupción puede ser una bendición, pero también una amenaza si no se maneja con una ética sólida y un compromiso genuino con el bienestar comunitario.

Hemos analizado como este tipo de liderazgo tiene el potencial de movilizar, transformar e inspirar cambios rápidos y necesarios. Pero también hemos advertido sobre los peligros inherentes de una fuerza que, sin límites ni humildad, puede polarizar, desestabilizar e incluso deshumanizar.

La responsabilidad que recae sobre los líderes de hoy y del futuro es inmensa: ¿Cómo transformar sin destruir? ¿Cómo inspirar sin caer en la trampa del ego y la autocomplacencia?

El "memento mori" nos recuerda que el poder es efímero y que cada acción debe ser guiada por un propósito que trascienda nuestras figuras, buscando siempre el bien de todos, entre todos.

La urgencia de comprender y gestionar el Gran Torbellinazgo no es un asunto lejano y ajeno; es un conflicto que hoy afecta nuestras organizaciones, nuestra política y nuestras relaciones sociales. En un mundo donde los líderes pueden polarizar o inspirar, movilizar o dividir, la pregunta que queda es: ¿Cómo construiremos un liderazgo que sea capaz de mantener el equilibrio entre la disrupción y la sostenibilidad, entre la velocidad, la rentabilidad y la humanidad?

Te invito, amable lectora o lector, a reflexionar profundamente sobre tu papel en este desafío contemporáneo. El Gran Torbellinazgo no es solo una teoría; es una realidad viva que exige líderes conscientes, preparados para manejar la complejidad con empatía y firmeza y que se animen a responder con acciones la pregunta: ¿Quieres ser espectador o actor del nacimiento de una nueva galaxia en el liderazgo global?

Si, nace esta galaxia en el mundo organizacional global, no es menor, ¡por ello tenemos que actuar en parte de esa galaxia y orientar sus procesos! Que este libro haya sembrado en ti preguntas y deseos de seguir explorando, de desafiar las normas y crear un impacto positivo. En un mundo que cambia vertiginosamente, tu liderazgo puede marcar la diferencia entre un camino de construcción, de expectación o de caos.

No estás solo en este viaje. Somos una enorme constelación de quienes deseamos construir un estilo humanizador en la organización y construir un futuro donde la disrupción sirva para elevar a todos, no para dividir, donde el poder inspire y no corrompa. ¿Qué legado dejarás como líder en medio del Gran Torbellinazgo? La respuesta espera por todos nosotros. Sigamos aprendiendo, cuestionando y liderando, con un propósito mayor y la convicción de que podemos, y debemos, hacer la diferencia. ¡El viaje apenas comienza hacia esta nueva galaxia organizacional!

El Autor

Sobre el autor

Winston H. Elphick D., nos ofrece su 16° libro, fruto de su trabajo con personas y grupos en el ámbito educativo y organizacional.

Profesor con grado de Magíster en Administración, ha desarrollado una amplia gama de trabajos y asesorías en temáticas de gestión como evaluación y certificación de centros educativos, especialista en aplicación de la norma Chilena SENCE que hace referencia a las regulaciones y normativas relacionadas con los programas de capacitación y formación profesional en Chile.

Asesor de empresas en diversas temáticas como creación de Comité Bipartito de Capacitación, Planes de desarrollo en Gestión del Talento, Detección de necesidades de capacitación (DNC), programas de capacitación y trazabilidad organizacional. Consultor en desempeño personal y organizacional, clima y cultura.

Ha sido Sub Director, Rector, Representante Legal de Colegios, Director Ejecutivo de una red de nueve colegios.

Asesor de instituciones como Municipalidad de Santiago, Ministerio Educación del Paraguay, Mineduc Chile, diversas congregaciones religiosas. Ha ejercido como Presidente en 10 fundaciones de fines sociales y educativos.

Creador del Método de las 3A para crear o evaluar Proyectos Educativos de centros educativos, aplicado en 26 colegios en Chile y en empresas productivas.

Actualmente es presidente de Fundación Amares, reconocida por el Ministerio de Educación de Chile y del Centro para el desarrollo de las personas en el trabajo, adscrito al Ministerio de Trabajo de Chile.

Miembro con publicaciones en la Comunidad ÉTNOR, foro español de debate sobre ética y responsabilidad social en empresas y organizaciones.

Libros Publicados

- Paz de Jóvenes, Editorial San Pablo.
- Técnicas de organización, conducción y dinámicas de grupo, Isech- Cipie-Comisión de las Comunidades Europeas.
- Conciencia de Pasos, Editorial San Pablo.
- SLP -Síndrome de Lata Profunda, Ed. Breviarios Sudamericanos y Editorial San Pablo.
- ¿Quo Vadis? Orientaciones para centros educativos, FIDE
- La Administración , Llave para el cambio educativo, Ed. Breviarios Sudamericanos.
- Tiempo de Volantines, Editorial San Pablo.
- 101 actividades para trabajar la Transversalidad Educativa, Ed. Tiberiades
- Currículum Evangelizador. Bases Generadoras para la Escuela Católica, Conferencia Episcopal de Chile.
- Éxodo de Inicio de Milenio o Manual para tontos sobrevivientes del siglo XX. Editorial Palibrio, Bloomington, EE.UU.
- Francisco repara mi Iglesia. Vida y obra Papa Francisco, Decamino Editores/ Salesianos Impresores

- Brotar en las cuatro estaciones, Decamino Editores.
- Síndrome Geppetto, Decamino Editores.
- 40 mitos recurrentes en Educación, Decamino Editores.
- No venda su alma a los diablos organizacionales, Decamino Editores.

Artículos publicados

- Revista OEI -Organización de Estados Iberoamericanos- Revista Presencia, Revista de Educación(Mineduc).
- Revista SERVICIO (CECH), Umbrales (Uruguay), Docente (Paraguay), Revista Evangelizar Educando (Vicaría Edu. Arz. Stgo.), Revista Educación y Sociedad, Chile.
- Diario El Mercurio de Antofagasta, El Día de La Serena.
- Participación en sitios web con artículos educativos y de gestión directiva
- Democratizando el proceso educativo / Contexto educativo: revista de investigación y nuevas tecnologías, Argentina
- Registrado en DIALNET, servicio de bases documentales y hemeroteca de la producción científica en lengua española.
- Recomendado como autor en el sitio de CEIPA (Centro de Estudiantes del Instituto de Profesores Artigas. Uruguay).
- Recomendado por la Red por los Derechos de la Infancia en México, coalición de 62 organizaciones de la sociedad civil mexicana que desarrollan programas a favor de niñas, niños y adolescentes mexicanos en situaciones de vulnerabilidad.

Sitio web personal con cerca de 500.000 visitas:
https://www.winstonelphick.net/

Fundación: https://www.fundacionamares.org/

Presencia en X, con 97.000 seguidores: @ElphickOne

Correo personal: w@winstonelphick.net

www.ingramcontent.com/pod-product-compliance
Lightning Source LLC
Chambersburg PA
CBHW020632220526
45464CB00001B/124